图 1-1　左图：运用多传感器数据记录的示意图（由 Clemens Dannheim 提供）；
　　　　右图：武汉大学东风测试车中的两台试验摄像机（由 Li Ming 提供）

图 1-2　ADAS 常用的传感器类型

图 1-9　在多架无人机（左上图）中记录的单目视频数据可用于创建给定道路环境的三维模型（右下图），在下一帧中分析 SURF 特征（右上图）的相应特征（左下图显示连接相应特征的向量）。这使我们能够估计多无人机的自身运动以及基于两个后续帧进行立体声重建的基本矩阵［由谢仁杰（Johnny Chien）提供］

图 2-2　左图：使用颜色键（不同于图 2-4 中所示的颜色键）来显示通过立体匹配计算的深度数据。右图：计算值的说明（基于上述的深度数据，形成一个占据网格）、stixel 分组，以及这类 stixel 组的估计运动（由 Uwe Franke 提供）

图 2-3　上部图：将在本书后面章节详细讨论较差光照条件下的单目车辆检测，检测到的车辆也被标记为单目距离估计。下部图：从透视视角到鸟瞰视角的转换被用于单目距离估计（由 Jiang Ruyi 提供）

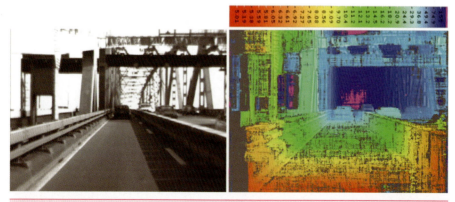

图 2-4　左图：一对立体视角在奥克兰海港大桥上拍摄。右图：使用顶部显示的颜色键来显示深度图，以便为特定颜色分配以米为单位的距离。灰色像素表示该像素处计算深度值的可信度较低（由 Simon Hermann 提供）

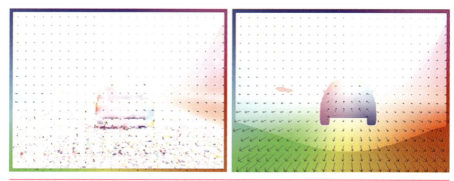

图 2-5 使用在图像边缘显示的颜色键来显示光流,以便为特定颜色指定方向;流矢量的长度由饱和度表示,其中"白色"(即未定义的饱和度)值对应"无运动"。左图:利用 1981 年发表的霍恩 - 舒克(Horn-Schunck)算法对图 1-3 右侧的图像进行光流计算。右图:EISATS 提供的真值(由 Tobi Vaudrey 提供)

图 2-10 左上图:检测输入图像中的相关特征。左下图:检测到由 SIFT 特征通过潜在位置过滤器确定的标志。右图:新西兰 P30 标志外观的多样性(由 Feixiang Ren 提供)

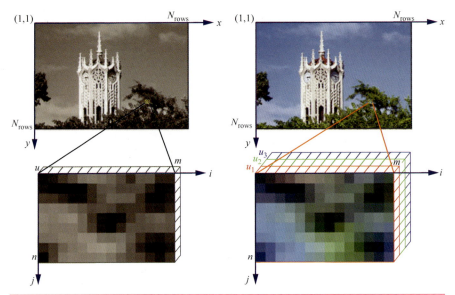

图 3-1 左手坐标系,图像"金字塔"中有一个 14×9 个子图像(窗口),以灰度或彩色值格式显示,后一种情况下,红色、绿色和蓝色值有三个指定的数组。第一行:xy 坐标下的图像。底部一行:ij 坐标下的窗口

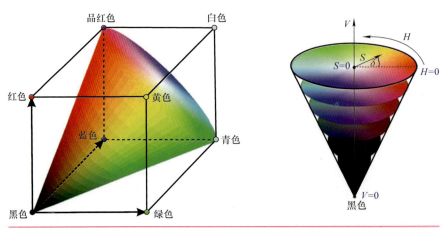

图 3-3 RGB 三次色空间(左图)和 HSV 二次色空间(右图)

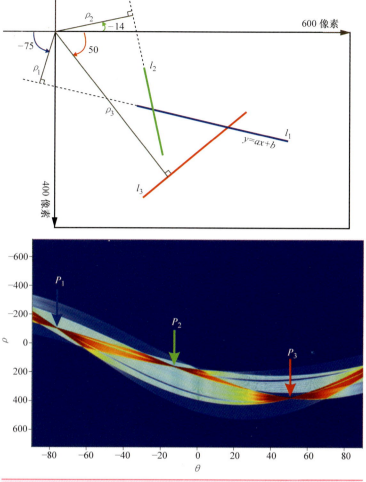

图 3-4 上图：极坐标下的直线表示。下图：$\rho\theta$ 霍夫空间中的线检测，蓝色值表示较低的累加器值，红色值表示较大的累加器值，点 P_1、P_2 和 P_3 是已定义集群的中心，对应于线 l_1、l_2 和 l_3

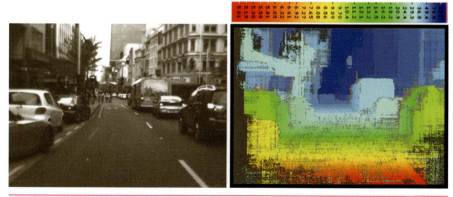

图 3-5 左图：立体对图像（来自 EISATS 上可用的测试序列）。右图：使用顶部显示的颜色键可视化深度图，用于为特定颜色分配以米为单位的距离。如果计算出的视差值在这个像素上的可信度较低，那么该像素将显示为灰色（由 Simon Hermann 提供）

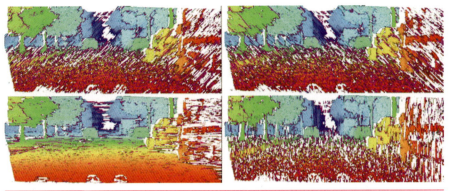

图 3-6 在 SGM 平滑约束下,仅对 DPSM 使用一条扫描线,并使用 3×9 MCEN 数据代价函数,得到立体数据视差图。左下图:从左到右的水平扫描线。左上图:从左下角到右上角的对角线扫描线。右下图:自上而下的垂直扫描线。右上图:从左上角到右下角的对角线扫描线。白色像素用于低置信度的位置(这里由非均匀视差位置标识)(由 Simon Hermann 提供,输入数据由戴姆勒公司提供)

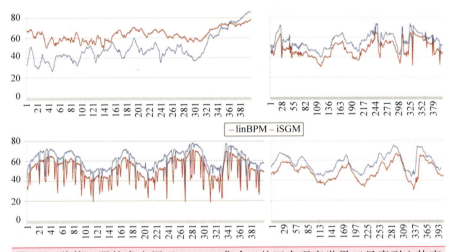

图 3-7 将第三眼技术应用于 EISATS 集合 9 的四个现实世界三目序列立体声匹配器 iSGM 和 linBPM 的 NCC 结果(由 Waqar Khan, Veronica Suaste 和 Diego Caudillo 提供)

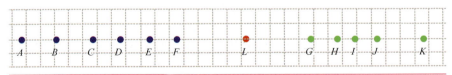

图 4-3 一维场景中作为理想超平面的一个分割点

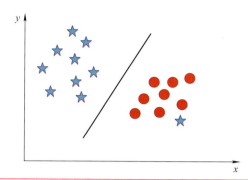

图 4-7 在这种情况下,对于一个线性的分割面,零误差是不可能的

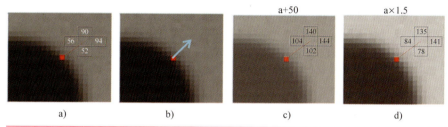

图 4-10 计算标量图像中单个像素的梯度向量和梯度大小(通常是图像强度)。解释见正文

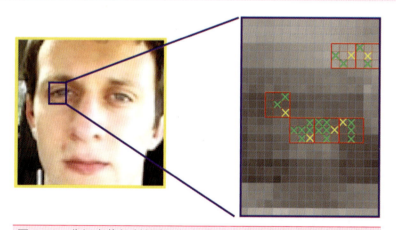

图 4-28 非极大值抑制的实现。左图:一个选定的小窗口,用于说明。右图:3×3 的像素邻域,绿色像素是 λ 高于选定百分比的像素的结果,黄色像素是非极大值抑制的结果

图 4-29 KLT 特征跟踪方法用于检测人脸

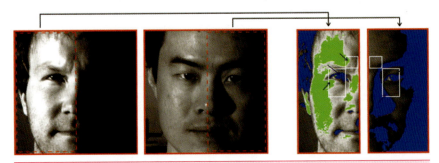

图 5-7　通过排除非常亮和非常暗的区域来进行眼睛检测的平均强度测量。绿色：阈值范围 210~255。蓝色：阈值范围 0~35

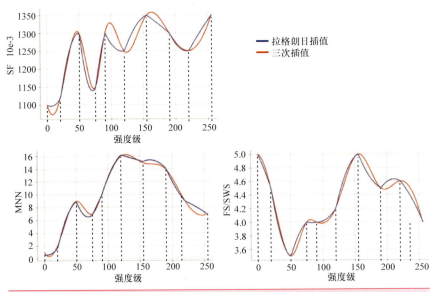

图 5-9　拉格朗日插值、三次插值对 MNN、SF、SWS 参数的拟合曲线

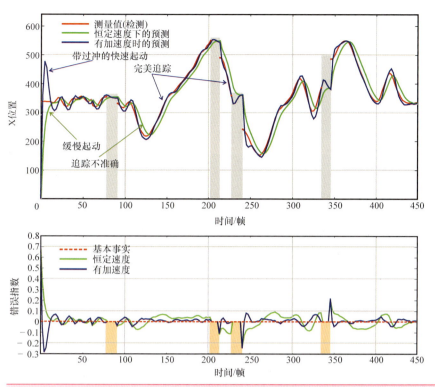

图 5-19 有加速度时的跟踪结果（蓝色图），无加速度时的跟踪结果（绿色图）。灰色块：时刻故意停用测量模块（没有红色图），但仍然成功的跟踪结果

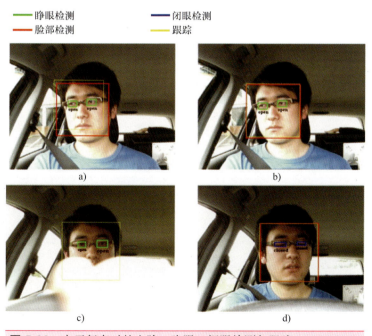

图 5-20 白天行车时的人脸、睁眼、闭眼检测与跟踪

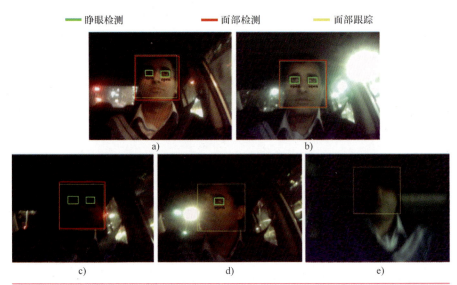

图 5-21 夜间照明困难时面部、睁眼、闭眼的检测与跟踪图 e 显示了运动模糊导致检测失败，但仍然是稳定的跟踪

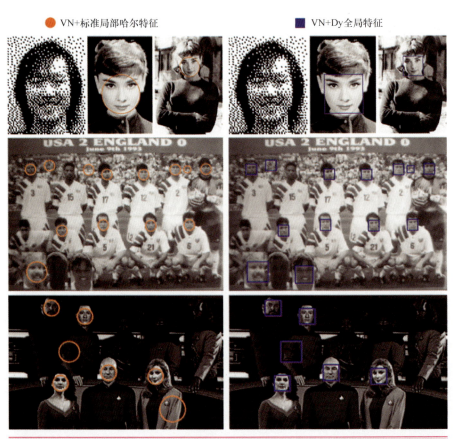

图 5-26 使用方差归一化数据集，前两个基于标准哈尔特征（橙色圆圈）或动态全局特征（蓝色方块）训练的分类器的样本检测结果（低质量图像）

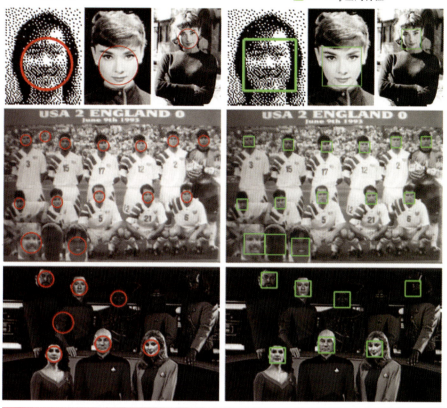

图 5-27 最后两个基于全局特征（红色圆圈）或动态全局特征（绿色方块）训练的分类器的样本检测结果，使用建议的去噪数据集

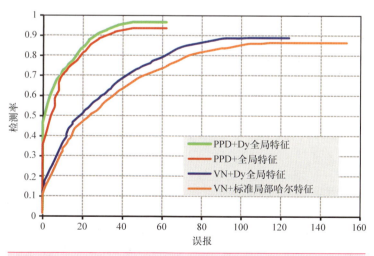

图 5-28 在 MIT-CMU 数据集上建议的检测器的 ROC 曲线。PPD+DGHaar 表示使用局部和动态全局特征基于去噪样本训练的分类器。PPD+GHaar 表示使用局部和全局特征基于去噪样本训练的分类器。同样，通过方差归一化数据集训练其他两个检测器

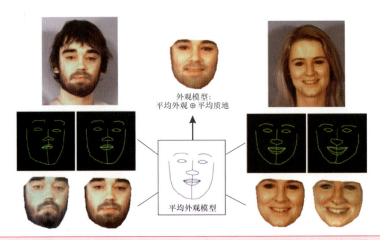

图 6-2 将两个样本面部的面部形状和面部纹理模型转换为平均外观模型

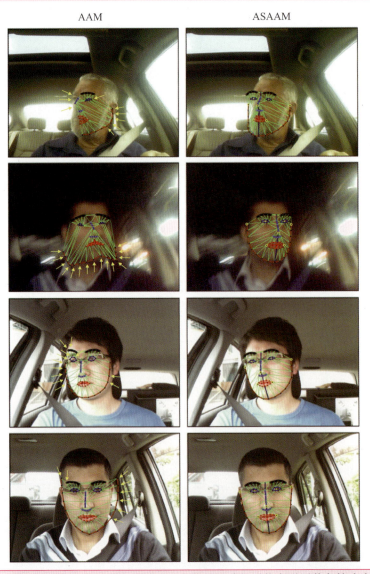

图 6-10 AAM 与拟议的 ASAAM 的对比。由残差导致的形状变形用黄色箭头突出显示

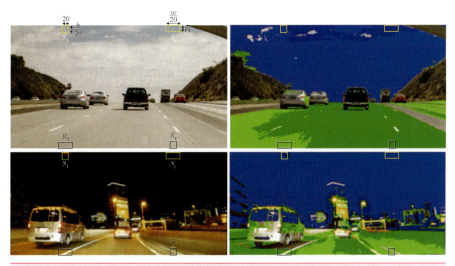

图 7-5 在白天和夜晚状态下对于道路和天空区域强度值的测量

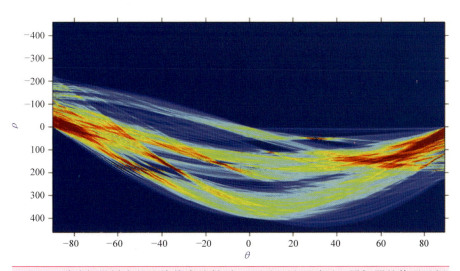

图 7-7 道路场景样本的边缘像素映射到 θ-ρ 空间（极坐标）。累加器的值通过颜色值来显示（深蓝色为 0，红色为较高的值，浅蓝色为较低的正值）

图 7-17 基于鸟瞰图的距离估计

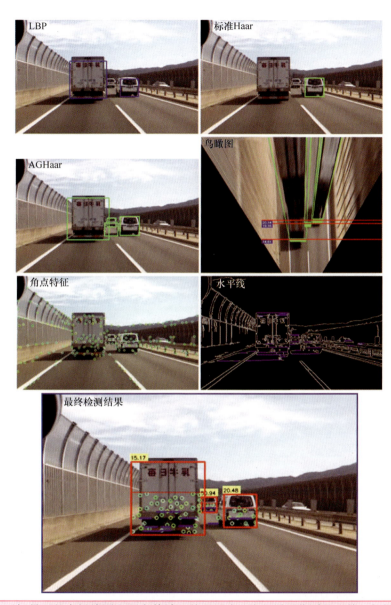

图 7-23 白天场景下的车辆检测和距离估计。从左至右，从上到下分别是：前三幅图为所讨论的 LBP、Haar 和 AGHaar 方法的检测结果，第四幅图为鸟瞰图法的距离估计对于使用 AGHaar 方法检测的图像，第五幅图为检测出的角点特征，第六幅图显示出了水平边缘检测的效果，第七幅图显示在使用所提出的数据融合技术后车辆检测和距离估计的结果。估计的距离（单位为 m）以位于红色边框左上角的黄色矩形的形式给出

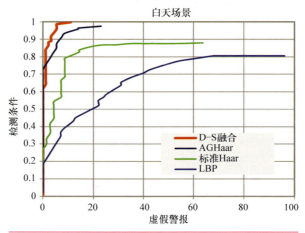

图 7-24 四种车辆检测方法在白天场景下的表现评估

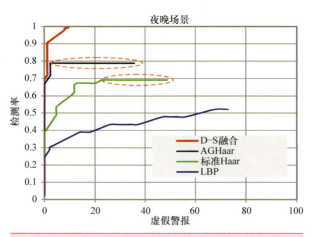

图 7-26 夜晚状况下的车辆检测性能评估

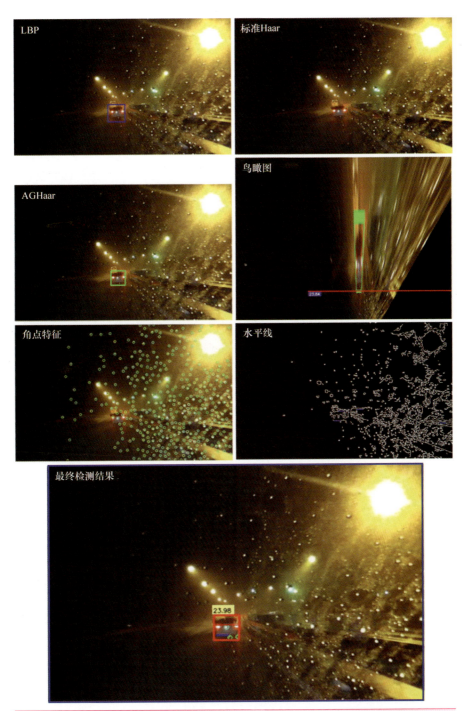

图 7-27 雨夜情况下的车辆检测及距离估计效果（图像及其描述顺序同图 7-23）

图 7-28 雨天情况下的车辆检测及距离估计效果（图像及其描述顺序同图 7-23）

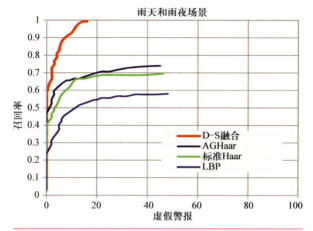

图7-29 雨天和雨夜状况下的车辆检测性能评估

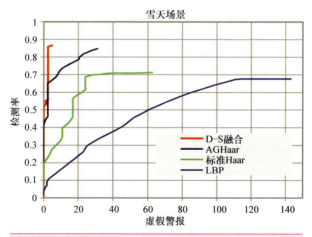

图7-31 雪天状况下的车辆检测性能评估

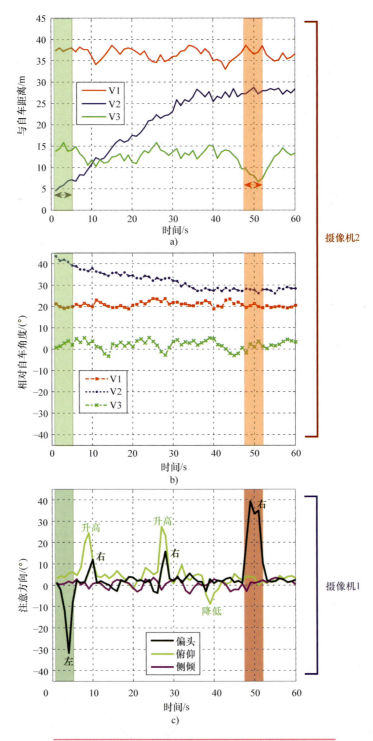

图 8-4 同时进行驾驶员和道路监控的处理后的数据
a) 驾驶员的头部姿态 b) 检测到的车辆与自车的角度 c) 检测到的车辆与自车的距离

汽车先进技术译丛　智能网联汽车系列

驾驶辅助系统计算机视觉技术

［伊朗］马哈迪·雷猜（Mahdi Rezaei）　著
［新西兰］莱茵哈德·克莱特（Reinhard Klette）

吉林大学汽车仿真与控制国家重点实验室　组译
高振海　胡宏宇　沈传亮　译

机械工业出版社

本书回顾了过去几十年相关领域的研究及目前的先进技术。针对单目摄像机提出了各类计算机视觉算法与技术。本书包括三方面内容，第一方面是介绍驾驶员的状态检测，包括对驾驶员面部特征的分类、检测和跟踪，如眼睛状态、头部姿态、打哈欠和点头等；第二方面，通过对车辆识别算法和距离估计算法进行介绍，进而对道路和道路危险检测进行阐述；第三方面，实时分析驾驶员注意力（车内数据）和道路危险状态（车外数据）。本书对两种数据进行融合来预测当前驾驶环境的整体危险系数，以避免和减小车辆碰撞的危险，协助注意力不集中的驾驶员及时有效地完成规避操作。在几方面的讨论中，本书呈现并分析了基于行业标准的真实环境下的试验数据。

本书适合自动驾驶与先进驾驶辅助系统的研究开发人员阅读使用，也适合车辆工程专业师生参考阅读。

前　言

当前，汽车工业正经历着三个重大变革：内燃机被电动机取代，车－车、车－基础设施通信一体化，以及自动驾驶的兴起。后者仍处于期望驾驶员始终控制车辆的阶段，但是所提供的车辆自动控制功能已经在很大程度上提升了安全性和驾驶员舒适度。在面对当前自动驾驶的发展时，我们更倾向于谈论驾驶员辅助系统。车辆的驾驶员辅助功能大多基于各种传感器提供的数据，如雷达、LIDAR、超声波、GPS、惯性测量单元（IMU）或摄像机。在本书中，我们将讨论摄像机在驾驶员辅助系统方面的应用。

基于计算机视觉的驾驶员辅助是一个在汽车工业和学术界新兴的技术。尽管现在已经存在一些商业应用的安全系统，如夜视、自适应巡航控制和车道偏离警告系统，但我们仍处于开发下一代智能汽车的漫长研究道路的起点。

任何高级驾驶员辅助系统（ADAS）的开发人员都关注的主要问题是：在真实驾驶场景中往往有着恶劣的照明条件，同时还需要监控驾驶员的状态和道路危险，确保系统实时响应，以及严格遵守法律的要求。

本书回顾了过去十年来的相关研究以及该领域的最新进展，提出了各种计算机视觉算法、技术和方法来解决上述问题与挑战。这些主要适用于解决单目视觉问题。

移动设备（如移动电话或小型计算设备）通常会配备一个或多个摄像机。如果它们还带有立体摄像机，则通常具有较小的基线（即两个摄像机之间的距离），该基线支持立体可视化，但不支持精确的立体图像分析。作为汽车的常见附加组件，用于驾驶员监控或交通观察的专用处理单元也将从单目视觉解决方案中受益。然而，我们对单目视觉的关注并不排除将所提供的解决方案集成到多传感器环境中的可能性，也可能通过使用立体视觉、激光测距仪、雷达、超声波、GPS、惯性测量单元或其他传感器来收集数据。

单目视觉的讨论也是具有学术意义的，它回答了"只用一只眼睛"可以充分解决哪些任务的问题，这本身就是一个重要的研究课题。

本书包括三方面内容，第一方面侧重于监视驾驶员的状态，包括分类、检测和跟踪驾驶员的面部特征，即眼睛状态、头部姿态、打哈欠和点头等。第二方面通过引入用于车辆检测和距离估计的新颖算法，主要为道路感知和道路危险监视方法做出了贡献。第三方面，我们同时分析了驾驶员的注意力（车内数据）和道路危险（车外数据）。我们在两个数据源上都应用了一种数据融合方法，以衡量驾驶状况的总体风险、预防或避免即将发生的交通事故，并及时有效地协助注意力不集中的驾驶员。

对于我们讨论的每一部分，我们都展示和分析真实场景的试验结果，并通过对广泛数据集的基准测试加以支持。

本书由八章组成，每一章都有一个主要目标。所有章节都遵循独特的结构，首先是引言和相关工作的概述，然后是提出的技术或方法，最后将提出的方法与常见的现有技术进行比较，并讨论基于经验、分析或试验结果的新颖性和改进。本书的简要内容如下：

第1章：基于视觉的驾驶员辅助系统

本章概述了在汽车中摄像头工作时要解决的任务。

第2章：驾驶员环境理解

本章对第1章所述的一般任务进行了细化，具体阐述了驾驶员监控与道路环境之间的交互。本章还回顾了其他已发表的相关工作。

第3章：计算机视觉基础

本章简要介绍了常见的计算机视觉概念（理论和数学概念），这些概念与本书后面的章节相关。本章给出了一些图像符号，包括积分图像、颜色转换、直线检测（Hough空间）、摄像机坐标和立体视觉分析。

第4章：目标检测、分类与跟踪

本章提供分类和机器学习的基础知识。首先介绍了目标检测的基本概念，然后讨论了有监督分类技术和无监督分类技术，最后简要介绍了目标跟踪。这些知识是与本章之后章节相关的内容。

第5章：驾驶员疲劳检测

本章分析了常见的面部检测器（如LBP和哈尔检测器）的优缺点以及它们在驾驶员辅助系统（DAS）应用中的适用性，讨论了驾驶环境下面部检测失败的原因，并提出了改进措施。本章最重要的部分是引入一个自适应全局和动态全局哈尔特征分类器，作为对标准Viola–Jones检测器在"训练"和"应用"两个阶段的显著改进。本章还提供了一个基于卡尔曼滤波的跟踪方案，可以成功地跟踪驾驶员的睡意状态，特别是在夜间，在明亮的路灯、较强的阴影、强烈的背光和部分遮挡的场景下进行睁眼和闭眼检测。

第6章：驾驶员注意力分散检测

根据前一章检测到的初始面部特征，本章继续介绍利用鲁棒技术来检测驾驶员的注意力分散。本章的主要目的是实现6D头部姿态估计，包括t时刻头部的转动、倾斜、俯仰，以及具体的头部位置(x, y)。通过精确的姿态检测以及第5章中讨论的眼睛状态检测，我们能够评估驾驶员的疲劳或注意力分散程度。

第7章：车辆检测与距离估计

本章介绍了一个基于 AGHaar 的车辆检测器，它采用了多特征分析和 Dempster–Shafer 融合。本章提供了足够的试验来保证车辆检测算法在不同天气和挑战条件下的鲁棒性。

第 8 章：避免碰撞的模糊融合

本章介绍了根据从第 5~7 章获得的在线数据（即驾驶员的状态、道路上检测到的车辆以及自车与前车的距离和相对角度）为驾驶的每一时刻定义风险。

在模糊融合平台中，我们将车内数据与道路外危险数据关联起来，并根据 8 个输入参数识别潜在碰撞驾驶条件的风险水平：头部转动、倾斜、俯仰（驾驶员的注意力方向），驾驶员眼睛状态（眼睛的开合），打哈欠，点头，自车与前车的距离和相对角度。

本书还简要讨论了立体视觉对驾驶员的辅助作用，但重点还是单目视觉数据的分析。我们并未全面介绍依靠单目视觉可能解决的所有任务，如还存在交通标志识别、车道检测和运动分析（如光流计算），这些是仅使用单目视觉就能取得实质性进展的领域。通过讨论驾驶员监控和交通监控的实例，我们提出了所需的基本内容，说明了将车内数据和车外数据的分析结合起来的重要作用。

作者感谢环境感知和驾驶员辅助项目的同事、访问者和学生的合作。该项目最初在奥克兰大学，现在在奥克兰理工大学。我们特别感谢 Zahra Moayed 和 Noor Saleem 提供了关于 KLT 跟踪器的相关文献。

Mahdi Rezaei
Reinhard Klette

目 录

前　言

第 1 章　基于视觉的驾驶员辅助系统 …………… 1
 1.1　面向自动驾驶的驾驶员辅助系统 ……………………… 1
 1.2　传感器 ………………………… 1
 1.3　基于视觉的驾驶员辅助 …… 3
 1.4　安全和舒适功能 …………… 6
 1.5　VB - DAS 范例 ……………… 7
 1.6　最新进展 …………………… 10
 1.7　本书的范围 ………………… 14

第 2 章　驾驶员环境理解 ………… 17
 2.1　驾驶员与周围环境 ………… 17
 2.2　驾驶员监测 ………………… 18
 2.3　基础环境监测 ……………… 22
 2.4　中层环境感知 ……………… 27

第 3 章　计算机视觉基础 ………… 32
 3.1　图像符号 …………………… 32
 3.2　积分图像 …………………… 33
 3.3　RGB 到 HSV 的转换 ……… 34
 3.4　霍夫变换直线检测 ………… 35
 3.5　摄像机 ……………………… 37
 3.6　立体视觉和能量优化 ……… 38
 3.7　立体匹配 …………………… 41

第 4 章　目标检测、分类与跟踪 … 43
 4.1　目标检测与分类 …………… 43
 4.2　有监督分类技术 …………… 44
　4.2.1　支持向量机 …………… 45
　4.2.2　方向梯度直方图 ……… 49
　4.2.3　哈尔特征 ……………… 53
 4.3　无监督分类技术 …………… 57
　4.3.1　k - 均值聚类 ………… 57
　4.3.2　高斯混合模型 ………… 61
 4.4　目标跟踪 …………………… 65
　4.4.1　均值漂移 ……………… 67
　4.4.2　连续自适应均值漂移 … 71
　4.4.3　Kanade - Lucas - Tomasi（KLT）跟踪器 …………………… 71
　4.4.4　卡尔曼滤波 …………… 75

第 5 章　驾驶员疲劳检测 ………… 79
 5.1　引言 ………………………… 79
 5.2　训练阶段：数据集 ………… 80
 5.3　增加参数 …………………… 82
 5.4　应用阶段：简要的想法 …… 83
 5.5　自适应分类器 ……………… 85
　5.5.1　在具有挑战性的照明条件下的问题 ………………… 86
　5.5.2　混合强度平均 ………… 86
　5.5.3　参数适配 ……………… 88
 5.6　跟踪和搜索最小化 ………… 90
　5.6.1　跟踪注意事项 ………… 90
　5.6.2　滤波器建模和实现 …… 91
 5.7　相位保持去噪 ……………… 92
 5.8　全局哈尔特征 ……………… 94
　5.8.1　全局特征与局部特征 … 95
　5.8.2　动态的全局哈尔特征 … 96

5.9 利用局部和全局特征增强级联 …… 96
5.10 试验结果 …… 97
5.11 总结 …… 106

第6章 驾驶员注意力分散检测 …… 108
6.1 引言 …… 108
6.2 非对称外观模型 …… 109
 6.2.1 模型实施 …… 110
 6.2.2 非对称 AAM …… 112
6.3 驾驶员的头部姿态和视线估计 …… 113
 6.3.1 优化的二维到三维姿态建模 …… 114
 6.3.2 通过费马变换进行面部匹配 …… 116
6.4 试验结果 …… 118
 6.4.1 姿态估计 …… 118
 6.4.2 哈欠检测和头部点头识别 …… 123
6.5 总结 …… 123

第7章 车辆检测与距离估计 …… 125
7.1 引言 …… 125
7.2 方法概览 …… 127
7.3 自适应全局特征哈尔分类器 …… 129
7.4 直线与角点特征 …… 131
 7.4.1 水平边缘 …… 132

7.4.2 特征点检测 …… 134
7.5 基于尾灯的检测 …… 135
 7.5.1 尾灯规格：讨论 …… 136
 7.5.2 色谱分析 …… 137
 7.5.3 尾灯分割 …… 138
 7.5.4 基于模板匹配的尾灯配对 …… 139
 7.5.5 基于虚拟对称检测的尾灯配对 …… 140
7.6 数据融合和时间信息 …… 143
7.7 车距估计 …… 146
7.8 试验结果 …… 149
 7.8.1 距离估计 …… 149
 7.8.2 车辆检测器的评估 …… 150
7.9 总结 …… 160

第8章 避免碰撞的模糊融合 …… 162
8.1 引言 …… 162
8.2 系统组成 …… 163
8.3 模糊器和隶属函数 …… 164
8.4 模糊推理和融合引擎 …… 167
 8.4.1 隐含规则 …… 168
 8.4.2 聚合规则 …… 168
8.5 去模糊化 …… 168
8.6 试验结果 …… 169
8.7 总结 …… 175

参考文献 …… 177

第1章　基于视觉的驾驶员辅助系统

1.1　面向自动驾驶的驾驶员辅助系统

驾驶员辅助系统（DAS）仍然假设在自车中存在一位驾驶员。在这里，自车是在交通场景中与"其他"车辆相对的参考车辆。全自动驾驶预计将从现在开始在未来几年内越来越占据主导地位，它将从驾驶员辅助解决方案中逐步受益。

为什么选择驾驶员辅助系统　根据世界卫生组织（WHO）的数据，每年约有124万人死于交通事故[283]（平均每分钟约2.4人），此外还有5000万人受到重伤。例如，在2011年，道路伤害在全球死亡原因中排名第9位，这远远超过了所有与战争有关的死亡。

近年来，交通事故每年造成的全球损失约为5000亿美元，占世界各国国内生产总值的1%～3%。该报告[283]还预测，到2020年道路交通事故将成为致死和致伤的第三大原因，每年的死亡和受伤人数将会增加到190万。

现有的被动和主动安全系统[286]可以减轻交通事故所带来的影响。被动安全系统，如安全气囊、安全带、填充仪表板或车辆的物理结构，通常有助于减轻事故的严重程度或后果。主动安全系统，如自适应巡航控制系统（ACC）、自动制动系统（ABS）或车道偏离警告系统（LDWS）的设计目的是防止或减小碰撞事故发生的可能性。

设计驾驶员辅助系统是为了减少交通事故的数量（即对于驾驶员、所有车上的乘客以及其他任何道路交通参与者来说更加安全）。

提高舒适性是设计驾驶员辅助系统的第二个原因。例如，以较低速度走走停停的驾驶方式可以被自动驾驶代替；前方道路的不均匀性可以通过汽车自带的传感器[10]来检测和调整。诸如自适应巡航控制这样的子系统可以减轻驾驶员长途驾驶或在高速公路上行驶的压力[167]。

1.2　传感器

一个全面的驾驶员辅助系统通过各种传感器收集信息并对当前的驾驶时刻是

否可能导致潜在的事故做出决策。

VB – DAS 基于视觉的驾驶员辅助系统（VB – DAS）使用摄像机作为传感器。从过往经验上看，VB – DAS 从车道偏离或盲点监测的解决方案入手，相关的参考文献可以参见文献［177，243］。VB – DAS 拥有目前汽车的共同特点，可以参见文献［10，244］。一个后置摄像头，也可能是两个摄像头集成到侧镜，与仪表板上的显示器连接，这两种都是提高目前汽车安全性和舒适性的相对简单且非常有效的辅助设备。

多传感器数据采集 除了摄像机，DAS（通常被称为 ADAS，即更高级的 DAS）使用更先进的传感器，如 GPS（全球定位系统）、IMU（惯性测量单元）、雷达、声呐或者 LIDAR（激光测距仪），具体内容见文献［15］。自适应巡航控制系统（ACC）在 1990 年初率先采用了这些方法：纵向距离由雷达装置测量（如安装在前格栅后面或保险杠下面），最近还采用了激光测距仪或立体视觉[109]。图 1-1 所示为汽车中多传感器数据收集的示意图。

图 1-1 左图：运用多传感器数据记录的示意图（由 Clemens Dannheim 提供）；
右图：武汉大学东风测试车中的两台试验摄像机（由 Li Ming 提供）（见彩插）

通过传感器收集数据 DAS 可以通过与外部无线传感器网络（WSN）[31]、卫星或全球定位系统（GPS）通信来帮助驾驶员选择路线和获取网络定位信息。ADAS 还可以通过车对车（V2V）[60,266]或车辆对基础设施系统（V2X 或 V2I）[129]与其他车辆进行通信或"交谈"。配备了这些系统的车辆，可以与附近的车辆交换数据或接收关于交通堵塞、交通事故或直径 5km 以内其他道路危险的补充信息[180]。

驾驶员辅助系统（DAS）和智能交通系统（ITS）中常用的传感器有超声波传感器[100]、视觉传感器[241]、雷达[288]、激光雷达和激光测距仪[138,228]。传感器从道路环境中收集数据并将其作为单个或多个信息源提供给 DAS[74]。

超声波传感器与激光雷达 超声波传感器通常对短距离检测障碍物是有效的，如辅助驾驶员纵列式停车或利用自动停车系统停车。激光雷达技术包括对发射的激光脉冲进行测距和扫描，然后基于渡越时间的概念来测量与障碍之间的距离。这种系统可以根据激光扫描仪的分辨率从道路场景中产生一个精确的地形图。激光雷达系统可用于短程和远程障碍物检测或自适应巡航控制,但系统的性能可能会由于光反射或天气条件恶劣而下降。

雷达与激光雷达 雷达传感器发射无线电波并通过接收器分析反射电波。这些传感器可以通过测量由多普勒效应引起的返回信号的频率变化来探测移动物体的距离和速度[288]。因为雷达传感器发射的无线电波长相对于激光雷达要长得多,它们可以用于更快的扫描(分析道路的整体状态)。激光雷达可以提供更高的分辨率。

摄像机与激光雷达 摄像机传感器比雷达和激光雷达传感器都便宜,它们通常需要更高级的后处理(图像处理、图像分类、目标检测等),以便将原始的感知图像转化为有意义的信息或对复杂交通场景的解释。

数据融合 上述每一种传感器都有其优点和局限性,因此,研究人员考虑了多传感器数据融合的方法。这为 DAS 研究带来了更可靠的解决方案,但也带来了更高的硬件费用,以及更高的计算成本。图 1-2 所示为一个多传感器平台和所讨论的传感器的具体应用。

图 1-2 ADAS 常用的传感器类型(见彩插)

1.3 基于视觉的驾驶员辅助

基于视觉的驾驶员辅助系统(VB – DAS)是 DAS 的重要组成部分。计算机视觉一般用来处理和分析现实世界中记录的图像和视频数据。在这里,图像或视频数据记录是指车载摄像机获取的数据。交通监控还包括在十字路口、人行横道交叉口等处安装监控摄像头。我们在这本书中不讨论监视,只讨论与车载记录内容相关的计算机视觉任务。

VB – DAS 结合一个或多个摄像头，具有已装备实际应用程序的处理单元，与车辆中可用的其他传感器或与车辆控制相关的车辆部件（例如，如果系统检测到车辆左侧的障碍物，则向左转向将会被锁死）接口连接，向驾驶员发出通信预警（例如，使用风窗玻璃作为平视显示器，视觉信号可能指向一个潜在风险）。

计算机视觉 这本书的重点是与驾驶员辅助有关的计算机视觉任务（如何解决驾驶员辅助的自动视觉感知任务?），不包括非摄像机传感器或车载其他组件的接口。

计算机视觉[119]通常将方法分为低级视觉（如图像处理、立体视觉或光流）、中级视觉（如语义的图像分割、目标检测、目标追踪或目标聚类）和高级视觉（对感知场景的复杂理解，如场景中不同对象之间当前和将来可能产生的交互作用）。

该分类与所研究问题的复杂性不对应，如光流计算（一种用于运动分析的低级视觉方法）通常比车道分析更具有挑战性，尤其是在涉及标识良好的车道和拥有合理照明条件的情况下，而且通常也比检测和识别特定的交通标志（如停车标志或限速标志）更具挑战性。

存在性证明 人类的视觉系统提供了一个存在性证据，证明在三维（3D）世界中[36]，仅依靠视觉就可以提供几乎所有安全移动所需的信息。

视觉里程计由"内置 IMU"（即加速度计和陀螺仪等一些相关的传感器）支持，定义了人类导航。因此，原则上多个摄像头和一个 IMU 可能就足以解决现实世界中的导航任务。

火星探测器"好奇号"和"机遇号"是基于计算机视觉的，而且"机遇号"从 2004 年开始就这样做了。

摄像机和帧 自车中的摄像机在不同的时间段记录帧通常为 25Hz 或更高频率。如果这些图像数据是在 t 时刻被记录的，我们称为帧。形式上，帧由 $I(.,.,t)$ 表示，假设有一个用于记录的单一摄像机（即单目），摄像机在时刻 t 的像素位置 (x,y) 上记录灰度或颜色值 $I(x,y,t)$。

在时刻 t 记录的帧是与时间同步的立体图像。在这种双目情况下（例如，人类立体视觉），我们有两个视频流；一帧由两个图像 $L(.,.,t)$ 和 $R(.,.,t)$ 组成，分别用于左右通道，形式上为 $I(.,.,t) = [L(.,.,t), R(.,.,t)]$。

通常，外部记录（或向外观察）的帧应具有较大的位深度（例如，每个记录通道中的每个像素至少 10 位），高动态范围（即能够处理帧与帧之间或单帧内光强的"突然"变化）和高像素分辨率（例如，比 640×480 的 VGA 图像分辨率大得多），以便在考虑较宽水平视角（不考虑宽垂直视角）时保证精确视觉算法的运用。

用于监视驾驶员或自车乘员的内部记录（或向内观察）的帧[260]可能比外部记录帧的像素分辨率低。

外部记录应尽可能覆盖车辆周围，形成一个360°全景图。为此，可以在自车周围安装多个时间同步摄像机，如向前或向后的立体摄像机，这将双目视觉扩展到多目视觉，然后时刻 t 的记录帧由多层图像组成。

性能要求和评估 理想情况下，VB–DAS必须在任何可能发生的情况下运行，无论是阳光照射还是夜间下雨，无论是在隧道里行驶还是在蜿蜒的道路行驶，无论是在城市行驶还是在高速公路上行驶等。同时，还有碰撞测试来评估车辆零件性能，评估VB–DAS解决方案在可能发生的情景下的大规模应用是很必要的。测试数据（即视频数据基准）可以在现实世界中被记录，也可以通过计算机图形程序生成（如模拟已处理帧中的特定变化）。

在文献［120］中已经讨论了与特定真实场景相关的解决方案的评估，解决方案的特点是准确而可靠。准确性意味着给定方案的正确性；可靠性是指一组方案都"足够"正确，其中可能还包括具有挑战性的方案。理想情况下，可靠性应该能够处理现实世界中给定任务的任何可能场景。

准确性（或鲁棒性）可以用单个数字表示，如可以使用0到1区间内的任一数字，其中1表示"理想精度"（如通过与真实数据的完美匹配来标识），0表示测量值超出了相对于真实值预先确定的误差范围。DAS的性能可以根据常见的分类标准来定量界定（例如，使用正确检测或错误检测的次数，这将在后面详细讨论）。

使用的基准应该具有高度的多样性和复杂性，使用的视频数据需要被评估以了解其复杂性。例如，可以通过使用诸如视频描述符[25]或数据度量[236]等定量度量来表征记录视频数据中的变化，基准数据集应代表在各种可能情况下的行驶小时数或天数。

当前，只有非常有限的公开数据集可用于比较VB–DAS评估。图1-3所示为两种可能生成基准的方法，一种是通过使用计算机图形来渲染具有准确已知真实值的序列，如文献［56］中对一个数据集所做的；另一种是通过使用高端传感器（在图示中[118]的情况，使用激光测距仪可提供近似程度的真实值）。

自适应解决方案 在比较评估VB–DAS应用程序的计算机视觉解决方案时，我们不能期望一直做"赢家"。车辆在现实世界中行驶，情况如此多变以至于并非所有可能发生的事件都可以在设计程序的基本约束内进行建模。

特定解决方案在不同情况下的执行情况有所不同，我们只能评估特定解决方案在特定情况下的执行效果，然后可能会设计一种适合当前VB–DAS情况的优化策略。

重要期刊和主要会议 VB–DAS的研究成果通常出现在主要期刊上，例如，

图1-3 在交通环境下可用计算机视觉算法比较分析的基准数据示例。左图：在KITTI上提供的真实世界序列的图像（在文献［118］上具有关于距离的近似真实值）右图：在EISATS上提供的合成图像序列（包括有关距离和运动的准确值）

IEEE Transactions on Intelligent Transportation Systems，*IEEE Intelligent Transportation Systems Magazine*，*IEEE Transactions on Vehicular Systems*，*IEEE Transactions on Pattern Analysis and Machine Intelligence*，*Computer Vision and Image Understanding*。主要的英文会议有 *the annual IEEE Intelligent Vehicles Symposium*，*the annual IEEE Intelligent Transportation Systems Conference*。

1.4 安全和舒适功能

在讨论计算机视觉任务之前，我们先简单介绍一下功能，其中记录的视频数据或图形可视化仅用于增强驾驶员对环境的视觉感知，以确保行车安全或舒适。

盲区检测 盲区是驾驶员无法看到的自车周围的总区域，通常由车辆后方区域和车辆左右两侧的两个区域组成。一个简单的VB–DAS解决方案是在相关时间将这些盲域的视频数据显示在屏幕上供驾驶员观看。美国法律要求从2018年5月1日起生产的车辆必须具有后视摄像头[39]。

夜视 VB–DAS还可在夜间或其他有限的视觉条件（如雨、雪或雾）下支持驾驶员的视觉感知，从而增加了视距并提高了物体识别能力。这通常是通过在屏幕上显示改进的视频数据来实现的，但是这也可以通过使用风窗玻璃显示来实现。雾气检测（用于警告驾驶员），请参见文献［190］，是区分天气状况的一个示例。

汽车工业设计主动式（即使用内置在车辆中的近红外光源，人眼看不见，但标准数码摄像机可见）或被动式（即不对场景进行特殊照明，而是捕获热辐射）记录系统为驾驶员提供增强的图像。

虚拟风窗玻璃 风窗玻璃或虚拟风窗玻璃是向驾驶员传递信息的有效方式，而无需更改头部姿势（图1-4）。带有面部检测功能的车内记录仪可以用来准确了解驾驶员的头部姿势。

例如，虚拟风窗玻璃可用于提供有关速度、到目的地的距离或导航数据的信息。在这些情况下，不需要计算机视觉。

虚拟风窗玻璃还可用于提供有关当前应用的交通标志的信息（如限速标志），或在夜间提供车道边界的增强视图，或显示指示潜在危险位置的闪光灯（如在弱光条件下检测到的人行道），或标记可见的建筑物（如连锁酒店）。

图 1-4　宝马虚拟风窗玻璃的两个示例。左图中的"7"
表示当前档位（由 Clemens Dannheim 提供）

对于上述示例，显示的信息主要来自特定的 VB – DAS 应用程序（例如，用于交通标志检测和识别，可视车道边界分析或先进的交通危险检测系统，详情请参阅本章后面的相关内容）。

智能前照灯控制　自适应 LED 前照灯根据可见的交通场景来调整自己的光束[222]。（每个可寻址 LED 发射器的）光束可以在低目标近光束和高目标远光束之间变化，调整光束以使自车中驾驶员的视野最大化，但要避免其他车辆或行人使驾驶员眼花缭乱。

自车中的摄像头可以更改前照灯的无眩目远光灯模式，用于车辆和行人检测（有关这些话题，请参阅本章后面的内容）。

1.5　VB – DAS 范例

交通场景由道路（带有车道标记、人行横道、减速带、凹凸不平的路面等）、道路设备（如交通标志、楼梯扶手或建筑工地区域）、各种障碍物（驾驶的车辆、行人、岩石、停放的车辆等），以及与交通相关的建筑物、隧道、桥梁等组成。

复杂的场景分析需要了解当前与交通相关的组成，其运动及其与自车可能的未来交互，甚至包括可能对其他交通参与者产生的影响。在讨论从自车向外指向的摄像机进行交通场景分析任务之前，我们首先考虑将摄像机对准驾驶员（监控驾驶员的意识）的一些任务。

驾驶员监测　摄像机不是监测驾驶员意识的唯一方法。例如，还有在转向盘上使用嵌入式传感器的触觉解决方案，详情请参见文献［108］。摄像机不仅可用于了解驾驶员的状态（如睡意检测），而且适用于分析视线方向。

面部和眼睛检测[270]或头部姿势分析[174]是该领域的基本任务。可以通过头部姿势分析来估计视线方向，凝视分析[251]是估计视线方向的一种替代方法，该方法也涵盖了对眼睛状态的分析（即睁眼或闭眼的百分比估计）。但这种方法照明条件恶劣，解决方案不尽人意，有关这种情况详情请参见文献[210]。脚部姿态或视觉手部动作模式是驾驶员监测的进一步可能指标[182,258]。

可以通过将驾驶员监测结果与给定交通场景的环境分析相关联来定义驾驶员意图。驾驶员不仅需要注意驾驶，视线或头部姿势[211]也应（一段时间）对应于发生与安全相关事件的外部区域。在此，通常在进行头部姿势或面部检测之后进行眼睛检测以及对眼睛状态或视线凝视检测的分析，如图1-5所示。

在应用的脸部或眼睛检测技术[270]中，搜索窗口会在当前输入图像中进行扫描，将强度与局部哈尔小波特征进行比较。有关此类小波的示例，如图1-6右图所示。Rezaei和Klette[210]还引入了具有挑战性光照条件（图1-5）的全局哈尔小波（将在本书后面进行介绍）。图1-6说明了如何使用面部模型来识别眼睛区域。

有关驾驶员监测的更详细介绍，请参见第2.2节。

图1-5 在充满挑战的照明条件下进行的面部检测、视线检测和面部跟踪的结果

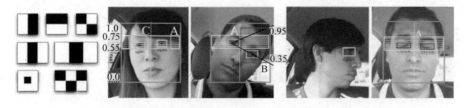

图1-6 左图：局部哈尔小波的示例。其他图像：在驾驶员面部中检测到的眼睛是基于在检测到的面部中为预期眼睛位置定义的感兴趣区域

速度适应应用 现在我们提到外部录制摄像机的第一个任务。智能速度适应（ISA）可以在了解当前应用的速度限制、道路状况、与前方车辆的距离以及与交通有关的其他事件（如靠近道路区域出现正在玩耍的儿童时经常需要减速）之后进行应用。

ISA的基本信息可通过GPS在电子地图中找到，视觉技术足以收集现场信息。速度标志[55]或道路标记[114]的检测和解释是交通标志分析的示例,对道路状况的评估也是道路环境分析的一部分(详情请参见以下相关段落)。

排队 自动队列辅助(AQuA)适用于高速公路上交通拥挤的情况(请参阅文献[80]中的沃尔沃 AQuA 设计功能)。例如,对于货车车队而言,保持稳定的速度和货车之间的距离很重要,在任何交通拥挤的情况下这都很重要。

理想情况下,AQuA 应用应该结合纵向距离控制(与前一辆车的距离)来调节速度和横向控制来监督转向(即与侧车的距离)。驾驶员监测(请参阅以上段落)对于理解驾驶员的意识(睡意或注意力不集中)也具有重要意义。车道检测和分析(如车道曲率,请参见上文)对于车辆的正确定位控制至关重要。

例如,一个货车车队可以组成一个纵列进行自动驾驶,目的是减小货车之间的距离以增加道路通行能力。

泊车 自动泊车通常比盲区监视需要更宽广的视野,同时需要一个 360°全景记录来支持这两种应用,即自动泊车和盲区监视[274,304]。

自动泊车系统通常使用多个传感器,如超声波传感器、近距离雷达、激光扫描仪(安装在汽车的前后保险杠中)或视觉传感器。该系统需要检测可能的停车位,并需要将车辆自动引导到该停车位。需要注意的是,装有传感器的保险杠视野有限(即靠近地面)。

自动泊车(过去 20 年来在亚洲和欧洲进行了设计、测试和使用)现已拥有可在更普通的停车场内自动泊车的方案,视觉传感器在此类应用中起着至关重要的作用。

盲区监测 在本章的开头,我们已经提到了盲区可视化。采用更高级的应用分析记录的盲区视频数据,并仅将必要的信息(如左侧还有另一辆车)传达给驾驶员[201]。例如,沃尔沃于 2005 年推出的盲区信息系统(BLIS),如果在自车的左侧或右侧检测到其他车辆(通过分析录制的视频),则会发出警报。详情参见文献[253]。

车道偏离警告 如果驾驶员(如货车或长途公交车驾驶员)对这种类型的支持感兴趣,车道分析(如上所述)的目的是提供有关车道变更的信息。

检测错误车道 与车道错误相关的事故数量相对于事故总数,仅为一小部分,但车道错误极有可能导致发生正面撞车事故。世界上约有 33.6% 的人口是靠左侧行驶的。

基于电子地图和 GPS 的车道定位算法[17,193,231,232]与错误车道检测有关,由于(标准)GPS 数据中存在差异,这种地图匹配方法尚不准确。车道定位模块以及车道检测和跟踪模块使我们能够设计出检测错误车道的系统。

GPS 提供的位置可以与可用的电子地图(如开放街道地图)匹配,当前位置的车道数量和车道方向也需要从此地图中读取。除了使用 GPS 和电子地图,其他传感器，如车载里程表或陀螺仪，也可用于确定车辆在道路上的定位精度[232]。

将多车道检测结果（例如，如图 1-7 所示）映射到当前车道配置上，从而支持（除了对道路中间中央标记的检测）当前正在车道上行驶的自车的判定。文献［47，82，314］中描述的方法解决了多车道检测问题，车道一致性度量方法可用于对检测到的车道进行加权，以产生稳定的检测结果[250]。

文献［40］中报道了一种通过读取高速公路的禁止进入标志来检测错误车道驾驶的首要辅助系统，文献［166］中分析了高速公路交通中的运动模式以了解错误车道驾驶。Tao 等人在文献［250］中提出了一种通过组合多车道检测结果和电子地图信息来进行错误车道行驶检测的系统。

第 2.3 节和 2.4 节详细介绍了有关环境分析的几个主题。

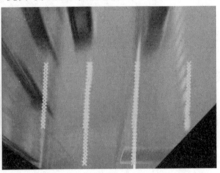

图 1-7　在左侧行驶的国家中，有 3 条检测到的车道。匹配可用的电子地图可简化有关当前车辆行驶在哪个车道上的决定（Junli Tao 提供）

1.6　最新进展

视觉技术与未来技术发展相结合，为改善交通安全性和舒适性提供了各种新的机会。

主动安全系统　以上，我们简要回顾了各种主动安全系统和算法的主题领域。计算机视觉技术[92,308]，特别是基于立体视觉的技术[268]，为当前自动驾驶的快速发展做出了贡献。准确度问题（在 2012 年"鲁棒视觉挑战赛"[87]中仍很明显）目前正在解决，因为具有挑战性的情况越来越多。LIDAR[202,281]可以提供准确的范围信息（成本随着生产数量的增加而下降），如何克服稀疏数据收集仍然是该领域中的关键问题。雷达和视觉等多种传感器的融合[74,86,160]结合了各个传感器的优势。

如果无法将立体视觉、LIDAR 或雷达融合或融合不具有成本效益，则基于单目视觉的解决方案也是一种选择策略。例如，使用智能手机或其他移动设备的解决方案[317]。

在基于计算机视觉的方法中，当前的研究解决了以下问题：基于分析车辆下方阴影来进行车辆检测[3,84]，利用立体视觉估计自车与障碍物之间的距离[257]，基于光流的方法来检测运动物体和车辆[32]，局部二值模式（LBP）[184,203]或哈尔特征[79,171,299]的使用。

粒子滤波器和卡尔曼滤波器 图像数据（视频）的时间序列支持使用时间滤波器。现今，在设计 VB–DAS 时，通常会使用各种类型的卡尔曼滤波器或粒子滤波器。例如，Danescu 和 Nedevschi[42]使用立体视觉和粒子滤波支持的跟踪进行车道跟踪。他们将线性卡尔曼滤波（KF）与粒子滤波进行了比较，得出的结论是在应用粒子滤波时性能更好，特别是在道路不连续、车道分叉、车道连接或陡峭曲线的情况下，线性 KF 可能会失效或发散。但是，基于粒子滤波器的方法在密集的城市道路区域，准确性方面表现不佳。在分析视频数据时，讨论标志性、扩展性或无损性 KF 是常见的做法。

三个重要的过程 在 2016 年，我们在汽车行业经历了三个相互关联的重要发展：

- 电动汽车（EV）正在取代内燃机汽车。
- 自动驾驶正在逐步取代人工驾驶，驾驶员辅助（特别是 VB–DAS）在过渡阶段提供实用的解决方案。
- 车辆对车辆（V2V）、车辆对基础设施（V2I）和车辆对路边（V2R）通信正在发展成为一种通用技术。

在本章的结尾，我们简略地提到了在此情况下的一些发展，仅用于说明，而无意于详细介绍这些复杂的发展。

驾驶员环境理解 以上各节讨论了驾驶员的理解（即用于分析意识、眼睛凝视等车内记录），以及用于车外记录的 VB–DAS 的各种模块。显然，下一步是将驾驶员的理解与交通场景的理解相关联，如预警已发现的问题，即使驾驶员尚未注意[80,211]。本书有两章专门讨论在给定交通场景下如何理解驾驶员。

例如，虚拟风窗玻璃似乎是一种很好的实现方式，用于在交通状况之外检测到特定问题时向驾驶员发出警告，通过驾驶员相关的头部姿势来表明。

VB–DAS 的方法结合了内在和外在的技术，为实现主动安全功能提供了意义重大的支持。详情参见文献[51, 157, 181, 252, 261]和图 1-8。

车间通信 汽车之间的通信（一种非视觉技术）为理解大范围道路环境提供了更好的支持，这从单辆汽车的角度来看是无法理解的。这种方法也称为车对车（C2C）。预计这些通信网络将包含本地社区中的车辆，也包含路边资源作为节点（C2I 车载基础设施）。

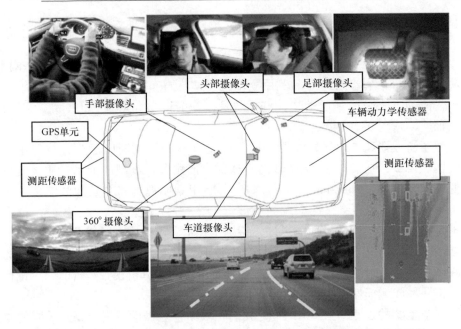

图 1-8 使用多个传感器进行车内和车外记录的整体场景理解和驾驶员监控
可以基于对这些数据的综合分析来建模分析驾驶员意识（由 Mohan Trivedi 提供）

传达的信息将包括通过 VB – DAS 收集的数据，以及通过沿道路布置的固定摄像机收集的数据。汽车之间的通信将成为预期智能运输系统（ITS）的一部分，用来定义未来运输的总体环境。

自动驾驶 在设计 DAS，特别是 VB – DAS 时，自动驾驶是最终目标[218,219]。已经有各种各样的车辆证明，使用集成在汽车中的立体视觉[68]或安装在汽车顶部的激光测距仪[44]（以及非常精确的电子地图和 GPS 数据），可以实现自动驾驶。在这两种情况下，环境和天气条件都必须满足特定的约束条件以确保系统能够正确运行，同时驾驶员仍然有责任观察给定的情况。

全世界的汽车工业（传统公司以及新进入该领域的公司）已经分配了主要的研发资源，为 DAS 或自动驾驶提供有竞争力的解决方案。道路车辆中的计算机视觉在减少交通事故中的人员伤亡方面可以发挥重要作用，全世界每年有数十万人在交通事故中丧生。对于研究人员而言，为改善道路安全做出贡献是一项非常令人满意的任务。VB – DAS 还有助于提高现代汽车的驾驶舒适性。

环绕地图 Gandhi 和 Trivedi[72]提出了一种驾驶员辅助系统，通过使用两种全向摄像机开发一种新颖的方法来创建"环绕地图"。这种摄像机可以捕获自车周围的全景。由于视觉区域（FOV）很大，因此，所有摄像机录制的视频的分辨率都明显低于标准摄像机拍摄的视频，这也需要添加到失真错误中。因此，该方法可能更适合近距离障碍物和车辆的检测。鲁棒 ADAS 需要在高速驾驶条件下执行，因此，对于任何实际的 ADAS 而言，能够做到及时检测近距离和远距离的危险都是必不可少的要求。

道路环境　在分析道路环境时，我们通常对检测和解释道路设施、人行横道、马路边、减速带或诸如隧道入口或桥梁等大型目标感兴趣。准确的电子地图和 GPS 可提供有关预期环境的信息，摄像机和计算机视觉可用于检测这种环境中的变化。

基准记录和 3D 重建（即仅在车辆内使用摄像机，而不是在空中采集）是一个有趣的话题。例如，文献［76，93，296］中所有车辆都使用多个摄像头，在一次行驶中记录路边的情况，而在自车中移动的摄像头基本上只在与道路边界平行这一个方向上（即在路径上没有任何明显的变化）。

三维道路可视化或三维环境建模是目前人们对 VB – DAS 兴趣以外的应用领域。移动平台的三维重建[296,309]，可能与多无人机等飞行平台的三维重建相结合（图 1-9），可以用于比当今平面电子地图更精确的环境模型。

图 1-9　在多架无人机（左上图）中记录的单目视频数据可用于创建给定道路环境的三维模型（右下图），在下一帧中分析 SURF 特征（右上图）的相应特征（左下图显示连接相应特征的向量）。这使我们能够估计多无人机的自身运动以及基于两个后续帧进行立体声重建的基本矩阵［由谢仁杰（Johnny Chien）提供］（见彩插）

测试平台　碰撞测试在自动化行业中具有悠久的历史，在非常精确的条件下对汽车进行测试，以评估其机械安全参数。DAS 和自动驾驶汽车包含各种传感器和控制模块，它们也需要进行测试。这些传感器和模块必须能够测量和理解各种交通场景，并且可能方案的多样性要求有关现代车辆测试平台的设计有新的思路。测试平台可以是公共道路（具有足够的传感器来测量车辆的性能），也可以是经过特殊设计的本地交通区域，有机会创造特别具有挑战性的场景，并广泛使用集成到测试平台中的传感器。

1.7 本书的范围

正如前面所强调的，在本书中，我们只讨论摄像机传感器和基于计算机视觉的技术。在计算机视觉领域，关于驾驶员行为和交通场景同时监控的研究还很有限。一般来说，这些主题被视为独立的研究方向。从事驾驶员面部或行为监控的研究人员通常不从事交通场景监控。因此，很难对所提出的方法在实际 ADAS 中的有效性进行适当的评估。

为了填补这一研究空白，我们从第 3 章开始，回顾所需的理论基础，然后继续详细开发一个实际的 ADAS 应用，以同时监视驾驶员和道路场景。我们的目标是通过实时提供真实驾驶场景的试验结果来验证所提出的方法。

目标检测与分类重点 在我们的介绍中，我们将重点介绍目标检测和分类方法：我们检测人脸、眼睛、车辆等，并通过使用常见的分类度量来评估所开发的分类器。

动机 我们致力于进行驾驶员行为监测（检测驾驶员的注意方向、闭眼、打哈欠和头部姿势监测）、道路危险分析（尤其是检测前方车辆及其与自车的距离），找到"驾驶员注意方向"和"道路危险"之间的相关性，并同时分析"驾驶员"和"道路"数据以确定高风险驾驶情况。我们的最终目标是防止因驾驶员疲劳、困倦或分心而导致的紧急撞车事故。

单目视觉算法 除了简要讨论立体视觉，我们在这本书中重点讨论了单目视觉带来的前景（例如，当使用移动设备时，我们只能在一个观察方向上使用一个摄像头）。我们对车内（即驾驶员）和车外（即道路）监控的目标分类和跟踪的单目视觉算法特别关注。单目视觉技术的低计算成本一直是我们的动力，它可能会促进我们的研究成果以低成本的芯片、集成电路和系统，甚至是智能手机或其他移动设备上的应用程序的形式安装启用。

面部检测 作为驾驶员行为监测的前提，在进行驾驶员面部特征分析和头部姿态估计之前，我们需要一个非常准确和鲁棒的人脸检测算法。

人们普遍认为，现有的人脸检测方法，如文献 [8, 224, 271] 在理想条件下的准确性是可以接受的。一些研究人员致力于位姿变化[187]和旋转不变的[28]人脸检测技术。最近也有研究试图提高现有人脸检测算法的速度和检测精度[188, 226]。

对现有方法的文献回顾表明，基于哈尔特征和级联分类器的 Viola – Jones（V – J）人脸检测方法在世界范围内排名最高[269, 271]。自从大约 10 年前这个方法被引入以来，它已经在文献中被引用了几千次。最近的研究还使用了可变形部件模型（DPM）[63]来将目标分类为不同部件的联合检测，然而，它们的速度只有标准分类方法的 1/20[61]。

准确性和低计算成本 所考虑的多种 DAS 需要监视车辆内部和外部。它必须足够快地执行以确保实时处理、实时决策和对驾驶员需求进行实时响应。因此，此研究中提出的任何建议方法都必须准确且计算成本较低，才能符合实时要求，并且在研究时还必须仅使用现有的通用硬件。

照明条件 当今的数码摄像机和许多其他商用设备广泛使用 V-J 方法进行人脸检测[310]。然而，V-J 方法在有噪声图像或在困难的照明条件下进行的正面人脸检测存在问题，就像最近的一些出版物中阐述的那样，参见文献［107，206，246］。

V-J 方法用于实时人脸检测的普遍成功，以及其在照明条件不佳情况下的弱点[206]，都是人们试图改进 V-J 方法的强大动机，正如本书所述。

本书的成果 考虑到所讨论的动机、要求和现有的研究差距，本书的贡献如下：

我们首先细化训练步骤，包括对分类器参数和数据集的细化，以使用与 V-J 方法相同的哈尔类特征。创建一个更有效的级联分类器。

我们的下一个贡献是基于自适应全局哈尔相似特征（AGHaar）和动态全局哈尔特征（DGHaar），设计两个新颖的分类器。这改进了原始方法，通过确保更高的检测率、更低的误报率和更高的性能，它成为更加强大的检测器。我们将建议的分类器用于各种室外或天气条件下的面部特征分析和车辆检测，以获取复杂环境下的图像检测结果。

为了定义驾驶员注视方向（即驾驶员的注意方向）和道路危险之间的相关性，我们定义了一个 t 时刻、位置 (x,y) 下的六维驾驶员头部姿势，包括头部倾斜、偏转、俯仰。不限于驾驶员的脸，许多对称的物体可能看起来是不对称的，这取决于光源的位置和角度，或者由于照明条件一直处于不对称状态，这是许多物体误读和误检的根源。例如，在真实的驾驶条件下，驾驶员脸部的一部分可能会比另一部分接收更多来自侧窗的光线。在这种情况下，脸部（或物体）的一部分可能会提供完全不同的特征点，另一部分由于接收的光线比较少，处于较暗的环境中，提供的信息会少很多。我们提出了一种非对称主动外形建模方法（ASAAM）和一种新的费马点变换技术来解决强度不对称问题，并从二维图像中获得高精度的三维头部姿态估计。

在本书的第二部分中，我们提出了在道路场景中进行多辆车辆检测和车辆间距离估计的算法，提出了虚拟对称检测、水平边缘检测、角点分析等技术，以及基于 Dempster-Shafer 理论的多线索数据融合技术。所介绍的技术使车辆能够在各种照明（从非常亮到非常暗）和噪声条件下成功地进行检测。我们还开发了一种基于鸟瞰图和摄像机位置三角测量的混合距离估计技术，只需要使用单目摄像机就可进行检测。

该领域的另一个空白是缺乏公开可用的道路数据集,特别是在夜间、雨、雾或其他具有挑战性的驾驶情况下。只要适用,我们就使用研究人员提供的现有数据集来对我们提出的方法进行基准测试。为了解决缺乏具有挑战性的道路数据集的问题,我们还开发了自己的 iROADS 数据集[214],以满足照明和天气条件的多样性。我们使用公开可用的数据集和自己开发的数据集来执行试验结果,以评估提出方法的鲁棒性。

最终,我们定义了一个基于模糊逻辑的融合平台,该平台可以处理驾驶员的行为数据并将其与道路上检测到的车辆的位置和距离进行关联。融合模块充当决策层,可以有效识别给定驾驶情况的风险级别,并有望提供及时的警告以防止即将发生的碰撞。我们还期望整个已开发的 ADAS(包括驾驶员的头部姿势分析、睡意检测、车辆检测、距离估计和数据融合)可以实时良好地执行。

第 2 章　驾驶员环境理解

2.1　驾驶员与周围环境

正如计算机产生问题的原因通常来自于操作计算机的人，交通事故也通常是由驾驶员造成的。

驾驶疏忽　美国国家公路交通安全管理局[265]和弗吉尼亚理工大学运输研究所[272]的研究指出：近 80% 的车辆事故都涉及驾驶员疲劳、打瞌睡或注意力分散，通常可以概括为事故发生前 3s 的疏忽驾驶[141]。在本研究中，93% 的追尾碰撞的事故原因都是驾驶员注意力分散[272]。这与先前得出的驾驶员注意力分散只占事故原因的 25% 的研究结果相矛盾。

像新西兰（人口约为 490 万）这样发达国家的研究也显示出类似的统计特性。根据新西兰交通部 2010 年的统计数据，该国有 384 起致命车祸、14541 人重伤，全国经济损失达 53 亿美元。52% 的道路致命事故是由于驾驶员在驾驶时睡着、驾驶疲劳或注意力不集中造成的[29,176,179]。

驾驶员和道路危险的同时评估　这些统计数据强调研究和开发以"驾驶员行为"为重点的先进驾驶员辅助系统的重要性。因此，引入一个积极主动，同时能评估驾驶员的警惕性以及道路的危险程度的安全体系是很有意义的。这也是本书的一个主题。

三类参数　通常，先进驾驶员辅助系统 ADAS 可包括一组有效的安全系统，它们协同工作以增加驾驶员、乘客、行人和其他道路使用者的安全性[120]。其目的在于通过内部参数表征的车辆或驾驶员认知，或由外部参数表征的道路危险来识别关键驾驶情况。此外，本文没有特别强调由环境参数表征的天气和光照条件。

内部参数可能包括：自身车速、转向角或驾驶员的意识水平。我们强调自车是被考虑在系统中的工具；它安装了不同的传感器来监控道路或驾驶员的状况。

外部参数可以描述自车周围静止或移动的车辆、道路边界、交通标志以及易受伤害的道路使用者，如行人和骑自行车者。

光照条件（白天或夜晚）或天气条件可以用环境参数来模拟。这些参数对先进驾驶员辅助系统 ADAS 的精度和性能有很大的影响。

驾驶员或道路监控　第一章回顾了与交通安全和驾驶员辅助系统有关的各个学科领域。交通标志识别[159]、车道检测[236]、行人检测[49]、车辆检测[241]和驾驶员行为监测[175]，包括驾驶员疲劳、嗜睡和注意力分散的监测，已经有许多刊物专门介绍这些领域的内容。在本章中，我们回顾选定的研究成果，这些成果可被分为两大类，一类与驾驶员有关，另一类与道路监测有关。在本书中，我们将通过讨论完整的解决方案来连接这两个类别。

2.2　驾驶员监测

在我们的选择性回顾中，我们通过简要讨论学术界和工业界过去十年直至最新的研究的优点、缺点或局限性，对该领域的工作进行评价。

我们对在第 1.5 节已经给出的关于驾驶员监测的初步评价进行扩展。驾驶员监测伴随着与此应用的挑战性相关的几个难点。问题在于其规模、姿态、方向、面部表情、光照条件或遮挡情况都是变化的。

面部检测　面部检测根据不同的方法可分为四类[301,310]：

基于知识的方法：使用一些预先定义的（也就是基于已有知识的）规则来评估存在于任何"典型"面部的一些常见面部特征。

特征不变的方法：使用一些面部结构特征，在一些情况下可以成功地检测不同姿态或旋转后的面部。

模板匹配的方法：使用整个面部几个选定的模式、面部部分模式和单独面部特征模式（如眼睛、鼻子或嘴）作为面部检测的参考。然后，检查输入图像与存储模式的相关性，以接受或拒绝其作为人脸图像。由于不同人的面部模型可能会有所不同，因此定位结果受面部模型和图像对比的严重影响。高运算成本也阻碍了这种方法的广泛应用。

基于外观的方法：它使用面部数据集来了解面部外观的变化。学习过程以物体的共同光学特征为基础，并且基于一个不同姿态的面部图像集。

面部和眼部检测　Kasinski 和 Adam 提出了一种用于面部和眼部检测的分层结构，该结构使用通过两个简单规则增强的普通哈尔级联分类器（CHCs）[111]。该方法将哈尔（Haar – like）特征应用于已经检测到的人脸的眼部，如果检测到的一对眼睛的角度 θ 大于 20°，或者没有检测到一对眼睛，则该图像不能作为人脸图像。本文中分类器的性能在精度和训练速度方面都优于其他分类器。然而，该方法是在未知数据集上测试的，并且定义的规则并不总是正确。在许多情况下，脸可能是（一半）侧面的姿态，所以其中一只眼睛可能是看不到的，或是被鼻梁遮挡住的。在这种情况下，所提出的方法不能将其识别为人脸图像。在实际情况下，我们希望一些假负类结果存在。特别是在驾驶时，驾驶员需要不断地看向后视镜。在这些情况下，驾驶员的面部图像可能会因为姿势和位置的变化而有所不同。此外，用于我们试验结果的数据集图像分辨率很高，为 2048 × 1536 像素，这是在受控制的理想光照条件，没有特别的挑战、噪声或检测困难的情况下。在现实的驾驶场景中，我们不得不面对更困难和嘈杂的环境。

Wilson 和 Fernandez[289] 提出了一种区域化搜索技术。该方法试图减少人脸检测的搜索区域，以最小化假正类检测。他们简单地考虑将面部上 5/8 部分用于眼部检测，下部用于口鼻部检测，但并没有提供具体的统计分析。

面部特征 Batista[14] 提供了一个框架将面部特征的位置与基于肤色的人脸检测方法结合起来。他考虑手动定义眼睛、眉毛、嘴和鼻子的比例距离，以便在图像二值化后找到面部特征。定义的参数不一定适用于所有类型的面孔、种族和性别。此外，该方法在高质量图像的室内条件下得出试验结果，没有在实际驾驶条件下进行试验。

光照条件 在朗伯（Lambertian）反射假设[13]和具有多个光源的条件下，一个面（或一个物体）可以形成一个非常大的多面体照明锥[130]，其中包含了一个固定姿态面在不同角度的光线和阴影下的所有变化。这使得每一个面部姿势都会产生大量的极端射线。即使我们基于 20×20 像素的面部特征块来判断面部检测，我们也并不处理每个像素，这样就会有一个带有 $O\left(\left[\frac{n}{20 \cdot 20}\right]^2\right) = O(n^2)$ 极端射线的照明锥，其中 n 是给定图像中的像素数。

这是许多文献，如文献 [107，204，224] 中经常忽视的最重要的技术问题之一。出于同样的原因，许多用于驾驶员行为监测的数据集和后续的性能分析是不完整或不准确的。

图 2-1 所示为光源方向变化的影响。它对边缘信息有显著的影响，特别是对于对称的对象（如人脸）。这在驾驶过程中是一个非常常见的情况：驾驶员一半脸从侧窗接收到更多的阳光，另一半脸在较暗的环境中。如图 2-1 所示，在右下角的图像中，给定的人脸左半部分没有任何有意义的边界或特征。在这种情况下，许多当前的人脸检测算法都很容易失败。驾驶员行为监测成功与否取决于太阳的位置，或是夜间的路灯，这是驾驶员行为监测的一大难点。

耶鲁大学面部数据集 据我们所知，耶鲁大学面部数据集[300]是唯一一个公开可用的数据集，它提供了 5000 多张不同光源角度下记录的面部图像。这些图像都是在受控的室内条件下用单一光源记录下来的。随后，我们将在试验中演示这个数据集的使用。

2D 级联训练 与 Viola – Jones（V – J）在每个阶段使用级联引导拒绝识别

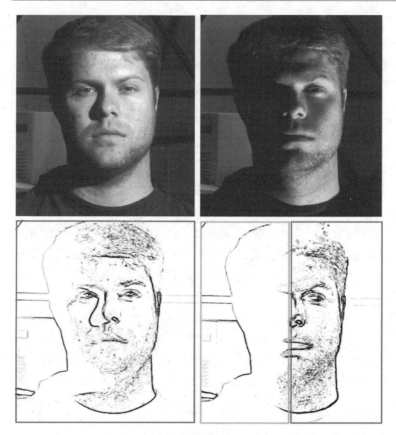

图 2-1　光照条件可能导致边缘和面部特征信息的明显缺失。图中显示相同的人，以相同的姿势，在只有 20°的光源角度变化下的图像（由耶鲁开源数据集提供[130]）

负类图像的方法不同，Niu 等人引入一种基于正类、负类图像自引导的眼部检测系统。因此，该方法通过在每个训练阶段拒绝一些多余的正类图像来更快速地处理较大的训练数据集。根据 BioID 或 JAFFE 这样的高分辨率的数据集得到的试验结果表明，与标准 V-J 方法相比，Niu 等人的方法在给定时间内可以学习更大的训练数据集。尽管训练速度有所提高，但该方法在无约束条件下，或对受到动作模糊、图像失焦、灯光伪影或面部表情因素影响的噪声图像的识别结果不够稳定。

驾驶员疲劳分析　一些研究人员专门研究了驾驶员疲劳分析。Wang 等人[275]研究了使用颜色相关图[106]和自适应增强[70]机器学习策略用于眼部状态检测。作者认为，颜色相关图代表了眼部图像的全局性和旋转不变性特征。因此，他们表示左眼和右眼之间微不足道的差异是可以忽略的。

在没有明确检测眼睛状态的情况下，Sigari[239]考虑使用驾驶员面部上半部分的时间信息来进行驾驶员疲劳检测。该方法以驾驶过程前 100 帧的平均水平投影为基本信息，比较了当前帧的水平投影与基础数据的相关性。如果相关值低于阈值，则系统将视其为闭眼状态。该方法由于忽略了许多影响检测性能的现有参数，被认为是眼部状态检测的基本方法。路灯引起的光照条件突然变化，在隧道内驾驶，或由路旁树木的阴影而引起的光线强度变化，都是可能影响系统准确性的参数。

Miyaji 等人提出了一种认知疲劳检测方法[163]，该方法使用立体视觉检测被试者的头部和眼部运动，以及基于心电图的心率监测。作者比较了"正常驾驶"和"认知负荷驾驶"两种状态下头部和注视角度的标准差。研究结果表明，注视随着注视角度标准差的减小而变得更加集中。研究结果是有意义的，并可用于确定驾驶员的警惕性的总体状态。然而，计算眼睛注视的标准差需要在过去几分钟的驾驶过程中进行测量，这使得该方法总是落后于注意力分散的实际时刻。这可能导致不能及时防止碰撞事故发生。该方法仅在模拟试验台上进行。

闭眼率 自 2010 年以来，闭眼率的特征描述[284]也成为计算机视觉中睡眠缺乏研究和驾驶员昏睡检测的常用方法之一[50,75,233]。这种方法根据在给定的一段时间内闭眼率的剩余增长来评估驾驶员的警觉性。如果闭眼时间超过 80%，则认为是嗜睡的标志。尽管闭眼率方法很受欢迎，但目前仅靠闭眼率不足以防止由于驾驶员意识不清醒而导致的碰撞事故，特别是在高速驾驶情况下，微睡眠状态[148]可能造成灾难性的事故。微睡眠状态可能会突然发生在任何驾驶员的身上，它没有任何可以通过计算机视觉方法测量的预警或早期信号。

嘴部和打哈欠分析 Wang 等人研究了一种使用仪表板安装的 CCD 摄像机来检测和记录驾驶员打哈欠频率的嘴部运动跟踪方法[276]。该方法在肤色分析的基础上确定人脸区域，然后利用费希尔（Fisher）分类器和连通域分析（CCA）对唇部像素进行分割。这项研究的主要贡献是应用一个置信传播人工神经网络（BPANN）来检测三种嘴部状态，包括闭合状态、张开状态和完全张开状态（打哈欠）。这篇论文只把嘴部状态看作是驾驶员疲劳的标志，而许多驾驶员可能没有打哈欠而在驾驶时睡着。

驾驶员的警惕性 Bergasa 和 Nuevo 的有影响力的论文[16]使用红外视觉系统通过分析驾驶员面部的六个参数来跟踪驾驶员的警惕性，这六个参数为闭眼率、闭眼时间、眨眼频率、点头频率、面部位置、固定注视检测。由于使用了红外摄像机，该方法对于夜间驾驶时的瞳孔检测具有很强的鲁棒性，但在白天，尤其是在晴天，其性能会急剧下降。这篇论文根据瞳孔和鼻尖位置来确定面部的位置。这可以粗略估计出头部或面部，但是，如果错误地检测瞳孔和鼻子，它很容易失败或得出错误的结果。在第 5 章和第 6 章我们进一步讨论了这两个挑战，提供了两种具有鲁棒性的方法，在白天或夜间条件下进行眼部状态监测，以及高度精确的头部姿势检测。

在最近的另一项工作中，Miyaji 等人[164]还将身体精神和计算机视觉方法结合起来，以评估驾驶员的警惕性水平。作者介绍了一种使用支持向量机（SVM）和自适应增强学习相结合的方法，用于根据脑电图（EEG）波形和瞳孔直径这样的视觉信息对心跳间期（也称为 R-R 间期）分类。这种方法的主要缺点是由于被评估数据类型之间存在显著差异，因此有对数据进行规范化和时间同步的要求（例如，与心率分析相比，计算机视觉技术的计算时间差异）。在离线处理中，该方法的最终结果比单个结果更精确。然而，该方法只用在驾驶模拟器上，因此，系统的可靠性和实际驾驶条件下的脑电图（EEG）信号需要进一步评估。

驾驶员注意力分散分析 Doshi 和 Trivedi[52]利用商用的视线追踪器研究了可能导致注意力分散的参数。这项研究是在被试听模拟演讲的同时，对其目光转移进行的研究，研究的结果被直接概括为驾驶员注意力分散分析。该方法本身是经过仔细评估的。然而，我们认为通过模拟演讲所获得的结果很难适用于驾驶场景中注意力分散的情况。

其他研究人员，如 Peiris 等人[191,192]、Portouli 等人[200]和 Furman 等人[71]通过考虑脑电图（EEG）、心电图（ECG）、皮肤电压、心率变化和呼吸等生理现象，提出了测量注意力分散的方法。这类研究的预期结果将比基于视觉技术更精确，但其实现和应用需要在驾驶员的身体上布置测量装置，这在实际驾驶情况下是不切实际的，甚至更使人分散注意力。此外，将这些额外的装置连接到驾驶员身上可能会引起意料外的干扰，对于正常警觉的驾驶员来说也是如此。这也是本书更专注于非入侵式视觉基础方法的原因之一。

一些研究人员致力于基于驾驶员的头部姿态估计的驾驶员注意力分散研究[175]。基于正交和缩放比例的姿态检测（POS）[45]、迭代的基于正交和缩放比例的姿态检测（POSIT）[153]或是随机森林技术等被广泛考虑。Fletcher 和 Zelinsky[66]等研究人员使用立体视觉数据进行姿态分析。每种方法都有所局限，计算成本高、精度低或鲁棒性不足。

在接下来的章节中，我们提出了一些解决方案，以应对一些关于驾驶员的行为监测，即针对车内监控的挑战进行讨论。

2.3 基础环境监测

基本的交通环境包括自车、其他车辆或行人、交通障碍物或交通标志、地面形状（几何地平面表面，通常，至少在自车的局部周围中可以假设地面形状近似是地平面）、道路和车道。第 1.5 节已经简短地评论了环境监测工作。

自身运动描述的是自车在现实世界中的运动。视觉可以根据给定的障碍或计划帮助控制自身运动。由于基本导航的支持，只有不了解障碍的类型、运动或这些运动可能的影响时，才需要检测障碍。

车外监控（对道路）与车内监控（对驾驶员）有许多不同之处。对于一个实际的驾驶过程，我们可能会预料到不同的情况（如一直向前行驶，转弯，超车或避开前方车辆、障碍物或行人），每一种情况都存在不同类型的挑战[207]。

障碍物检测 单目或立体视觉通常与更多的传感器一起提供输入数据，以检测车辆、行人或道路上的更多的障碍[240]。

例如，在应用立体视觉时，需要分析 3D 场景中检测到的点是否只是噪声或是实际道路上的障碍物。在道路上方一定高度处检测到的局部点簇定义一个 stixel[7]，它是一个直立在假定地平面上的长方体，受检测到的局部点簇的高度限制。当假设长方体的下表面在地面上有一个规则的网格时，就形成了规则的 stixel 如图 2-2 所示。stixel 分类的目标是识别基本的物体形状，如汽车、公共汽车、交通标志或施工区。立体视觉还支持在非平面道路上的物体检测[137]。在文献 [143，278] 中对通用物体检测进行了研究，在文献 [118] 中显示了良好的性能。

图 2-2 左图：使用颜色键（不同于图 2-4 中所示的颜色键）来显示通过立体匹配计算的深度数据。右图：计算值的说明（基于上述的深度数据，形成一个占据网格）、stixel 分组，以及这类 stixel 组的估计运动（由 Uwe Franke 提供）（见彩插）

单目物体检测[198] 也对单目视频记录的情况（例如，将移动设备连接到车辆的风窗玻璃）进行了深入的研究。Ali 和 Afghani[3] 从底部的阴影中推断出一辆车（在自车前行驶）。Rezaei 和 Klette[211] 建议使用增强分类器（基于全局哈尔（Haar – like）特征、角和线特征以及车辆尾灯的虚拟对称性）的数据采集方法，对车辆进行有效检测，特别关注具有挑战性的光照条件。图 2-3 所示为这本书[78] 讨论的在交通环境中对行人的检测，详情请参见文献 [150] 和数据库[53]。关于行人保护的调查研究，参见文献 [73]。

车辆检测 Vargas 等人[267] 提供了一种车辆检测系统，该系统使用基于 Sigma – Delta 的背景减法将运动的车辆（前景）与道路（背景）分开。记录摄像机是固定的（在一个非移动平台上）。这种方法简单，但计算成本高。它非常适合监测交通密度，但该方法不能识别单个车辆。

Haselhoff 等人[86] 使用雷达传感器来最小化基于计算机视觉方法的感兴趣区

域（ROI），该方法使用标准的哈尔（Haar – like）特征进行车辆检测。缩小搜索区域可以减少假正类结果，但是，该方法仍然存在许多缺点，如雷达和视觉传感器的时间同步问题，以及系统成本的增加。

图 2-3　上部图：将在本书后面章节详细讨论较差光照条件下的单目车辆检测，检测到的车辆也被标记为单目距离估计。下部图：从透视视角到鸟瞰视角的转换被用于单目距离估计（由 Jiang Ruyi 提供）（见彩插）

O'Malley 等人[185]提出了基于尾灯分割的车辆检测方法。作者假设黑暗中的尾灯和制动灯以白色斑点、周围是红色光环的形式出现。这种假设可能不一定是正确的，因为目前的摄像机有自动曝光控制，也不会捕捉到红色尾灯的白色中心点。第二个缺点是这种方法只适用于夜间条件，第三个缺点是该方法只适用于检测与自车处于同一水平面的车辆，所提出的方法无法检测倾斜的车（例如，由于道路坡道，在弯道处或在转弯时）。

距离计算　立体视觉是计算机视觉计算距离的主要方法。相应的像素是由场景中的一个表面点投影到多个摄像机的图像来定义的。应用视觉系统已知这些摄像机的校准数据，并将记录的图像校正成典型的立体几何，这样就可以进行限制相同图像行的一维（1D）对应搜索。

相应的像素定义一个视差，它是根据摄像机参数反映的距离或深度。对于立体匹配已经有了非常精确的解决方案，但是具有挑战性的输入数据（雨、雪、灰尘、阳光、刮水器等）仍然可能会造成问题。图 2-4 所示为深度图的实例。例如，结合运动分析的立体视觉（称为 6D 视觉，参见文献[1]）提供了用于戴姆勒（Daimler）的"智能驾驶"系统的基本信息。

图2-4 左图：一对立体视角在奥克兰海港大桥上拍摄。右图：使用顶部显示的颜色键来显示深度图，以便为特定颜色分配以米为单位的距离。灰色像素表示该像素处计算深度值的可信度较低（由Simon Hermann提供）（见彩插）

第三眼性能评估[168,236]提供了一种控制立体匹配器精度（即计算的视差值）的方法。用基于归一化互相关（NCC）的度量逐帧评估差异，从而识别所选立体匹配器失败的情况（并由另一个匹配器代替，参见前面关于自适应解决方案的一节）。

将立体视觉和激光测距仪提供的距离数据结合起来，是一种发展前景很好的多模态距离计算方法（本书只讨论视觉传感器）。在单目视频数据中也有估计距离的方法[211]，这些方法将在本书后面详细讨论。

运动计算 密集运动分析的目的是计算在时间t处拍摄的每帧中每个像素的"基本"位置$p=(x,y)$的大致正确的运动矢量[119]，示例如图2-5所示。离散运动分析被设计为在几个选定的像素位置具有精确的运动矢量。密集运动分析适用于检测短位移（称为光流计算）[105]，离散运动分析也可用于检测长位移[161]。运动分析是一个困难的二维对应问题，解决方案可能通过在未来以更高的帧率记录高分辨率图像变得更容易。

可以通过使用重复检测或者通过跟踪检测到的对象在时间t这一帧到时间$t+1$这一帧记录的位置来跟踪交通场景中的运动对象。卡尔曼滤波器（线性的、通用的或不敏感的）可用于建立跟踪运动的模型以及涉及噪声的模型[199]。基于提取权重的粒子滤波器也可以用于追踪粒子在粒子空间中的潜在移动。

自身运动 目标追踪是理解交通场景中自车或其他动态物体运动的重要任务。为了了解安装在自车上的传感器的运动，需要计算自身运动。例如，自车的惯性测量单元（IMU）为自身运动分析提供了一种非视觉的方法。

图2-6所示为视觉测距仪使用录制的视频数据来计算自身运动。可能的方法的特点是特征追踪（一个特征是一个关键点，也就是一个像素，在一帧中，加

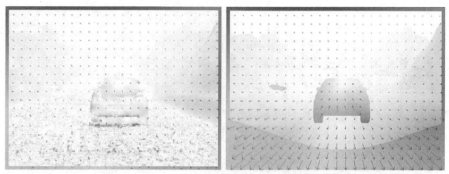

图 2-5 使用在图像边缘显示的颜色键来显示光流,以便为特定颜色指定方向;流矢量的长度由饱和度表示,其中"白色"(即未定义的饱和度)值对应"无运动"。左图:利用 1981 年发表的霍恩 – 舒克(Horn – Schunck)算法对图 1-3 右侧的图像进行光流计算。右图:EISATS 提供的真值(由 Tobi Vaudrey 提供)(见彩插)

上描述该关键点周围图像数据的描述符,参见文献 [119])、束调整[259,313](即交通场景中摄像机运动和检测到的 3D 点的联合分析)或通过直接运动估计,如简单地应用结合非视觉传感器数据(如 GPS 或惯性测量单元(IMU)[123])的光流算法,或更先进的应用 6D 视觉[1]。

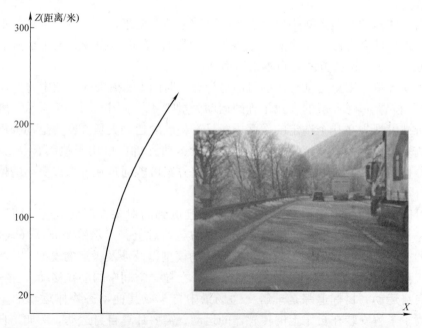

图 2-6 EISATS 数据集 1 中序列 3 的自车计算轨迹(由 Ali Al – Sarraf 提供)

Triggs 等人[259]通过改进 3D 模型以及检测摄像机参数来定义束调整。从 m

个摄像机中可以看到一组 a_j 个三维点 b_i（例如，在记录视频序列时，摄像机在 j 个不同的时间内）。摄像机有参数 i。设 X_{ij} 是摄像机 a_j 上第 m 点的投影。通过束调整，最小化对 3D 点 b_i 和摄像机参数 n 的重投影误差。这是一个非线性极小化问题，可以用迭代方法求解，如神经网络滤波（Levenberg – Marquardt）算法。

2.4 中层环境感知

目标分析（在检测后进行）、目标跟踪、目标分类和目标识别是中层视觉的例子，在尝试处理高层视觉中复杂的动态场景问题之前，必须了解它们。

检测和追踪 交通场景中存在静态（即相对于地面静止）或动态物体，需要检测、理解和进一步分析。通常，这些物体或是自车，或是道路上的其他车辆（包括自行车），或是行人。

车辆追踪 车辆追踪是避免碰撞系统的重要组成部分。通过对可见车辆轨迹的分析，将其与自身车辆的轨迹进行比较，有可能预测即将发生的碰撞危险（例如，它可以用来触发自动制动）。

通过重复检测进行追踪可以使用前文车辆检测部分中提到的技术。一般来说，车辆追踪过程中使用立体视觉效果（即视差或深度值）[12]，而不仅仅使用单目视频数据是有益的。

车辆追踪通常比行人检测和追踪更容易执行，车辆的形状和外观更易于建模（如车灯、保险杠的外观、水平线段、检测到的角的密度或视觉对称性，参见文献[211]）。由于遮挡、光照困难（如树木和强烈的阳光造成的灯光伪影）、反光（如潮湿路面上反射的汽车前照灯）以及更多可能出现的问题，车辆追踪是很难的。文献[183]中提出了从模型集合中学习的方法，使用文献[118]的数据来训练和测试。监督学习增强了从记录的视频数据中创建一个基于部分的识别模型（DPM）的能力[62,303]。

行人追踪 行人检测、追踪和预测仍然是非常具有挑战性的课题。如果只考虑过道路的行人，而不考虑接近道路的行人（例如，决定行人是否会在下一秒踏上道路，或儿童是否可能把玩具扔到路上），这项工作就会简化。一种简单的追踪方法是重复检测，在分析第 $t+1$ 帧时可能考虑先前的检测结果（第 t 帧）而进行改进。

标准的检测过程如下：首先，将边界框（窗口）作为感兴趣区域进行检测，该区域可能包含行人。为这个边界框应用分类器，以检测行人。该分类器可以基于边界框的方向梯度直方图（HOG）[41]，在导出方向梯度直方图描述符之后，该分类器决定行人是否存在。还可以在随机决定区域（RDF）[24]中使用这样的方向梯度直方图描述符来执行分类任务。

例如，如果边界框到达检测过的区域中的任何元素，对于"行人"类而言，其存在概率大于 0.5，则该框可以按这种方式分类（使用简单的最大值规则）。在重叠边界框的情况下，可以将结果合并到单个检测框中，如图 2-7 所示。

行人检测或追踪的性能评估可以基于带有人工识别真值的图像数据，如参见加州理工学院的行人检测基准。TUD 多视角行人数据库和 CCV 行人数据库可用于人体方向分类。

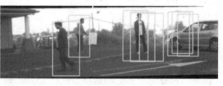

图 2-7　使用 RDF 检测行人序列的两帧。有一些假正类（在右边的两帧中），也有一些重叠的真正类边界框（在右边帧中右边的人）。进一步的处理需要消除误报，并统一重叠的框（由 Junli Tao 提供）

基础设施要素的检测　道路、标记车道和交通标志确定了与交通相关的环境基础设施的关键要素。

道路检测　道路检测常常被认为是车道分析之前的一个预处理模块[5]，特别是在非高速公路驾驶的情况下。Wedel 等人[279,280]讨论了如何在自身车辆前建立可见道路表面模型。

道路可以通过路缘，一种特殊的表面纹理，或者道路两侧停放的汽车之间的空间来识别，也可以通过非常具体的特征来识别。图 2-8 所示为两个特别的示例。在隧道内的道路中，墙壁和地面可能具有相同的纹理，但它们的表面梯度不同。在沙漠中一条未铺设的道路上，道路表面的纹理可以在左边或右边继续，只有先前的交通痕迹才能表明道路的实际位置。

图 2-8　左图：Argentina 附近的一条土路。右图：隧道中的道路（在 Guanajuato 历史中心下方）（由文献[237]的作者提供）

车道分析　在一般意义上，车道的定义是有足够的宽度供车辆行驶，它是左右车道边界之间的空间。许多不同的数学模型被用来定义车道（例如，分析定义的曲线或遵循某种系统模式的个别边界点的序列）。在最简单的情况下，直线段用于描述零曲率车道边界，以及非零曲率车道边界的二阶曲线或回旋曲线。

车道分析已经有多种可用的解决方案，参见文献［9，115，144，156，237］。

车道检测基本上解决了在驾驶过程中车道标记、车道几何形状和能见度条件合理的情况，但在具有挑战性的情况下（如地下通道交叉口、未铺路面的道路或没有任何车道标记的非常宽的道路交叉口），仍然需要对车道边界检测器或追踪器进行研究。

目前还没有任何令人满意的量化的车道检测器性能自动评估方法。例如，我们可以宣布"在距离真实的车道边界最多5cm的误差范围内，正确地检测到了车道边界"。"真实的车道边界"到底是什么？我们如何在图2-9所示的情况下测量它？KITTI视觉基准套件[118]提供了一些手动标记的框架来评估车道检测。文献［248］提供了用于评估车道边界探测器的综合数据。

图2-9　文献［20］提供的三个数据示例，其中使用的车道检测器遵循其通过时间推断检测车道边界的策略，但是仅使用给定的一帧不足以判断检测到的边界是否正确。这三幅图像显示了检测到的由各个点的序列组成的车道边界（由 Bok – Suk Shin 提供）

车道边界的检测有时甚至是对人类视觉的挑战。车道边界通常不能在单个帧中识别，如图2-9所示。汽车的宽度或以前的轨迹等额外的知识可以用来估计车道的连续性。

Borkar 等人[20]提出了一种用于车道检测的半自动生成真值的技术。他们使用时间切片，定义为在随后的帧中使用指定的单行和检测到的车道位置，并对这样的时间序列中各个点的结果序列进行样条拟合。通过指定不同的行，创建了不同的时间切片。所提出的方法在清晰地标记路面方面十分有效。但存在人为错误和可用性有限的风险。

路缘检测　Wijesoma 等人[285]开发了一种使用2D LIDAR 扫描仪检测路缘的技术。该方法比基于毫米波雷达的测量方法简单快速。该方法不存在基于视频的方法的局限性。然而，由于 LIDAR 分辨率的自然限制，该方法可能无法检测高度小于25cm的路缘。换句话说，对于非标准道路、无路缘道路、受损道路或有坡道的道路，这种方法并不十分准确。

交通标志检测与识别 道路标志是道路上或附近与驾驶车辆有关的交通标志（停车标志、速度标志等）或任何书面表示（指示、天气情况、车道封闭时间等）或图形表达的信息（斑马线、减速带、图标等）。道路标志类别可以定义一个复杂的计算机视觉系统的特定模块用于自车控制。关于交通标志检测的综述参见文献[165]。

Wen等人[282]提出了一种两步启发式方法用于道路视频记录中的文本和符号检测。该方法首先尝试对交通标志进行定位，然后针对已经检测到的交通标志进行文本检测。该工作的主要创新点是将二维图像特征与从视频序列中提取的三维几何结构相结合进行文本检测。该方法使用基于特征点检测（可能的水平文本行）、高斯混合模型（GMM）和最小边界矩形（MBR）组合的启发式方法。该方法不能检测出圆形或三角形符号。这种方法也可能会因为错误地检测到街道广告牌或公共汽车背面的印刷广告而失效。

一个标准方法[58]可以简要概述如下：可能预处理图像（如彩色图像映射到HSV颜色空间[119]），检测几何形状（圆形或多边形）的潜在候选的交通标志（可能使用色彩作为指导），提取特征，并比较这些交通标志的特征数据库。

解决方案一般可以分为两类，一是侧重于颜色的使用，二是侧重于初始检测时形状的使用。例如，可以使用霍夫（Hough）变换[119]或径向对称方法[11]来检测圆。根据这些区域交通标志的大小优先级，记录的图像被细分为感兴趣的区域（即道路的左侧、右侧或顶部）。如图2-10所示，左侧两图为均匀检测图像特征时的情况，整个图像，中间为限制搜索兴趣区域时的情况，右图为交通标志多样性的情况。交通标志分类是文献[58]中的核心内容。

文献[173]的作者提出了一种交通标志识别的评估方法，规定了比较真值与检测到的标志的方法。当然，在应用此方法之前，需要提供真值，到目前为止，它是手动标注的。GPS和数字地图（也称为电子地图）允许我们将检测到的交通标志位置与地图上的标志位置进行比较。

自由空间检测和走廊 自由空间是自车可以安全行驶的区域。Crisman和Thorpe[38]是基于颜色分析检测自由空间的早期工作的一个例子。自由空间可以通过使用占据网格来方便地表示。

最近的VB-DAS解决方案使用立体视觉来计算占据网格[230,279,280]。图2-2左侧底部所示为一个占据网格的stixel插图。

自车在未来几秒内可能会驶过的空间被称为走廊。走廊的宽度与自车大致相同，它应该是自由空间的一个子集。如图2-11所示。走廊可以根据之前的自车运动、检测的车道边界和计算的自由空间来估计。

在第4章和第7章中，我们讨论了车辆监控的解决方案，特别是车辆检测、车辆跟踪和距离估计。在第5章和第6章中，我们说明了驾驶员嗜睡和注意力不

图 2-10 左上图：检测输入图像中的相关特征。左下图：检测到由 SIFT 特征通过潜在位置过滤器确定的标志。右图：新西兰 P30 标志外观的多样性（由 Feixiang Ren 提供）（见彩插）

图 2-11 左图：检测到车道边界。右图：自车将驶入的期望区域（即走廊），
在穿越车道后调整至车道边界（由 Ruyi Jiang 提供）

集中的检测方法。在详细讨论特定技术之前，我们将在下一章简要回顾一下计算机视觉领域的一些概念。

第 3 章 计算机视觉基础

3.1 图像符号

为了在本书中保持一致的方法,以下我们将采用在二维网格上定义数字图像 I。

像素、像素位置和强度值 图像由像素 (x, y, u) 构成的矩形数组组成,分别由一个位置 $p = (x, y) \in \mathbb{Z}^2$ 和一个积分强度值 u(暂时假设是灰度图像)表示,其中 $0 \leq u \leq G_{max}$,如 $G_{max} = 2^8$ 或 $G_{max} = 2^{16}$。图像域,也称为载体,

$$\Omega = \{(x,y) : 1 \leq x \leq N_{cols} \wedge 1 \leq x \leq N_{rows}\} \subset \mathbb{Z}^2 \tag{3-1}$$

包含 $N_{cols} \geq 1$ 和 $N_{rows} \geq 1$ 所有的像素位置。

我们假设一个如图 3-1 所示的左手坐标系。行 y 包含像素位置 $\{(1,y), (2,y), \cdots, (N_{cols}, y)\}$,其中 $1 \leq y \leq N_{rows}$,列 x 包含像素位置 $\{(x,1), (x,2), \cdots, (x, N_{rows})\}$,其中 $1 \leq x \leq N_{cols}$。

令 $W_p^{m,n}(I)$ 为大小为 $m \times n$ 的图像 I 的一个图像窗口或子图像,在 ij 坐标系统下以 $p = (x,y) \in \Omega$ 为参考位置,它的 ij 坐标为 $(1, 1)$,在窗口的左上角。

在接下来的章节中,我们的主要工作是处理灰度图像。对于彩色图像,我们有一个向量值图像,并且我们使用像素 $(x, y, u_1, \cdots, u_n)$ 表示每个 n 通道的图像值。如图 3-1 所示,其中 $n = 3$,像素 (x, y, R, G, B)。

均值和方差 考虑到灰度图像,我们定义图像 I 的均值 μ_I(即平均灰度)为

$$\mu_I = \frac{1}{|\Omega|} \sum_{(x,y) \in \Omega} I(x,y) \tag{3-2}$$

其中 $|\Omega| = N_{cols} \cdot N_{rows}$ 为所有像素位置 Ω 的基数。定义图像 I 的方差 σ_I^2 为

$$\sigma_I^2 = \left[\frac{1}{|\Omega|} \sum_{(x,y) \in \Omega} I(x,y)^2\right] - \mu_I^2 \tag{3-3}$$

σ_I 为给定图像像素的标准差。

模式 在离散分布中,如对于图像像素值,模式为在 Ω 上计数最高的 u 值,即在图像 I 中的"最可能"值 $I(p)$。

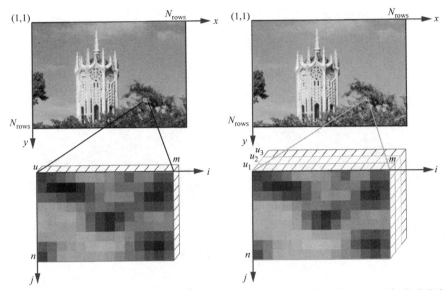

图 3-1 左手坐标系,图像"金字塔"中有一个 14×9 个子图像(窗口),以灰度或彩色值格式显示,后一种情况下,红色、绿色和蓝色值有三个指定的数组。第一行:xy 坐标下的图像。底部一行:ij 坐标下的窗口(见彩插)

均值、方差、标准差和模式可以类似地定义对于给定的感兴趣区域或图像 I 窗口 $W_p^{m,n}(I)$。

3.2 积分图像

对于给定图像 I,在 Viola 和 Jones 的著作《Computer Vision》[269]中流行起来的积分图像 I_{int},是在给定像素位置之后图像(或窗口)中所有像素值的总和。

等温线情况 参考图像域 Ω 中假设的左手坐标系,我们定义了 I_{int} 在像素点 $p=(x,y)$ 处的值:

$$I_{int}(p) = \sum_{(1\leq i\leq x) \wedge (1\leq j\leq y)} I(i,j) \qquad (3\text{-}4)$$

即作为 (x,y) 中左侧和上方的 I 中所有像素值的总和。如图 3-2 左图所示。令 $W_1,\cdots,W_4$ 为相应矩形视窗中的强度值之和。这意味着我们有

$$I_{int}(p) = W_1$$
$$I_{int}(q) = W_1 + W_2$$
$$I_{int}(s) = W_1 + W_4$$
$$I_{int}(r) = W_1 + W_2 + W_3 + W_4$$

因此,矩形 $pqrs$ 中所有强度值的和 W_3 等于:

$$W_3 = I_{\text{int}}(p) + I_{\text{int}}(r) - I_{\text{int}}(q) - I_{\text{int}}(s)$$

$$= \sum_{\substack{1 \leq i \leq 15 \\ 1 \leq j \leq 6}} I(i,j) + \sum_{\substack{1 \leq i \leq 26 \\ 1 \leq j \leq 14}} I(i,j) - \sum_{\substack{1 \leq i \leq 26 \\ 1 \leq j \leq 6}} I(i,j) - \sum_{\substack{1 \leq i \leq 15 \\ 1 \leq j \leq 14}} I(i,j) \quad (3\text{-}5)$$

一般情况下，对于特殊坐标如图 3-2 左图所示。

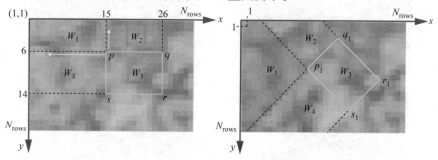

图 3-2　积分图像的图示以及强度值之和 W_3 的计算矩形子图像

旋转情况　图 3-2 右图还说明了为 I 旋转 $\frac{\pi}{4}$ 而定义的整体图像的情况。在这种情况下，我们有

$$I_{\frac{\pi}{4}}(p) = \sum_{|x-i| \leq y-j \wedge 1 \leq j \leq y} I(i,j) \quad (3\text{-}6)$$

对于像素位置 $p = (x, y)$，参见文献 [119]。图 3-2 显示了由像素位置 p_1、q_1、r_1 和 s_1 定义的子图像（以及那些子图像中强度值的相应总和 W_1，…，W_4）。同样，我们有 $W_3 = I_{\text{int}}(p_1) + I_{\text{int}}(r_1) - I_{\text{int}}(q_1) - I_{\text{int}}(s_1)$，因此只是三个基本算术运算的结果，与矩形子图像的实际大小无关。

一般原理类似地适用于对 I 除 $\frac{\pi}{4}$ 以外的角度的旋转，但旋转后的积分图像中值的计算公式即式（3-6）的替换式，一般也将使用三角函数。

时间复杂度增益　在时间 $O(N_{\text{cols}} N_{\text{rows}})$ 的预处理步骤中计算出每个像素的积分值，并保存到一个大小为 $N_{\text{cols}} N_{\text{rows}}$ 的数组中，我们可以在常数时间内计算出图像 I 的矩形子图像中强度的和，与矩形子图像的实际大小无关，只需应用一个加法和两个减法即可。这是一个非常快速和经济有效的操作，需要反复实时基于特征的分类算法。

3.3　RGB 到 HSV 的转换

我们偶尔会用到这种颜色空间的转换。图 3-3 所示为如何从红色、绿色和蓝色值的公共 RGB 立方空间中提取 HSV 锥（实际上是多边形层的理想化抽象）。

令 $0 \leqslant R, G, B \leqslant G_{max}$

色相、饱和度和亮度值　让色调 H 在区间 $[0, 2\pi]$，饱和度 S 在区间 $[0, 1]$ 和（亮度或强度）值 V 在相同的范围 $[0, G_{max}]$ 中缩放。然后我们可以通过计算色相、饱和度和亮度值，将 RGB 颜色空间转换为 HSV 空间，如下：

$$V = \frac{R + G + B}{3} \tag{3-7}$$

$$H = \begin{cases} \delta & B \leqslant G \\ 2\pi - \delta & B > G \end{cases} \tag{3-8}$$

其中
$$\delta = \arccos \frac{(R-G) + (R-B)}{2\sqrt{(R-G)^2 + (R-B)(G-B)}} \quad [0, \pi] \tag{3-9}$$

$$S = 1 - 3 \cdot \frac{\min\{R, G, B\}}{R + G + B} \tag{3-10}$$

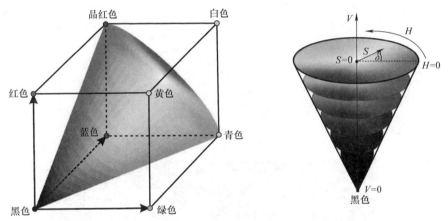

图 3-3　RGB 三次色空间（左图）和 HSV 二次色空间（右图）（见彩插）

3.4　霍夫变换直线检测

二维欧几里得空间中的任意一条直线都可以用两个参数 a 和 b 表示为 xy 笛卡儿坐标，如下：

$$y = ax + b \tag{3-11}$$

使用 ρ 和 θ 极坐标，例如，由 Duda 和 Hart[54] 提出，一条直线可以表示为

$$\rho = x\cos\theta + y\sin\theta \tag{3-12}$$

如图 3-4 顶部所示。

霍夫/累加器空间　因此，Ω 中任意像素位置 (x, y) 入射的所有的直线可以用 ab 参数空间中的直线表示，也可以用 $\rho\theta$ 中的正弦余弦曲线表示参数空间

（也称为霍夫空间），从而将交叉霍夫空间单元格中的所有计数器（累加器值）增加1。如图3-4下图所示。为了分析图像中的直线，ab 参数空间是无界的，因此优先考虑 $\rho\theta$ 参数空间。对于 $\rho\theta$ 参数空间，范围可以定义为 $\rho \in [-d_{\max}, d_{\max}]$，有

$$d_{\max} = \sqrt{N_{\text{cols}}^2 + N_{\text{rows}}^2} \tag{3-13}$$

$\theta \in \left[-\dfrac{\pi}{2}, \dfrac{\pi}{2} \right)$。

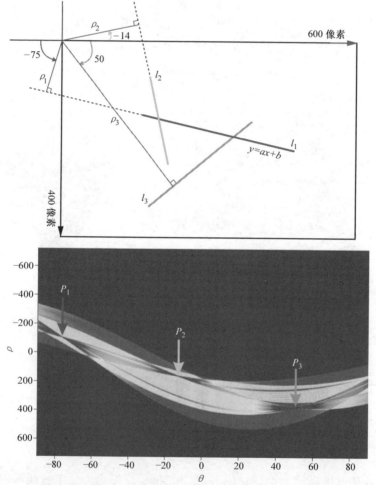

图3-4　上图：极坐标下的直线表示。下图：$\rho\theta$ 霍夫空间中的线检测，蓝色值表示较低的累加值，红色值表示较大的累加器值，点 P_1、P_2 和 P_3 是已定义集群的中心，对应于线 l_1、l_2 和 l_3（见彩插）

霍夫空间的聚类分析　我们可以得到所有相同 Ω 的曲线的集合（每个曲线

由 $\rho\theta$ 空间中的一个像素位置定义），能识别图像中的一条直线。图3-4下图所示为插入正弦余弦曲线后的霍夫空间，其定义为三条直线段上的所有像素位置。这种像素位置到参数空间的映射称为霍夫变换。最后在霍夫空间用聚类分析方法检测直线。

3.5 摄像机

我们假设有一个 $X_w Y_w Z_w$ 世界坐标系，它不由一个特定的摄像机或其他传感器决定，而是由当开始传感器运动时传感器的位置，场景中选定的静态参照物，选定时间的校准对象，或类似的选择决定的。

我们还为每个使用的传感器定义了一个摄像机坐标系 $X_s Y_s Z_s$（传感器索引 s）。这里用光轴来标识 Z_s，假设 X_s 和 Y_s 分别平行于记录图像的 x 轴和 y 轴。

欧几里得变换和符号 摄像机坐标系可以通过欧几里得变换（即由旋转和平移定义的仿射变换）映射到选定的世界坐标系中。在三维场景的世界坐标系中移动摄像机时，需要计算每帧的旋转矩阵 **R** 和平移向量 **t**。三维空间中的一个点在世界坐标系中为 $P_w = (X_w, Y_w, Z_w)$ 或（在特定时隙）在摄像机坐标系中为 $P_s = (X_s, Y_s, Z_s)$。除了点坐标符号，我们有时也使用向量符号，如 $\mathbf{P}_w = (X_w, Y_w, Z_w)^T$ 表示点 P_w。

针孔式摄像机 Z_s 轴对光轴建模。假设有一个理想的针孔式摄像机，我们可以忽略径向畸变，在以 x_u 和 y_u 为坐标的图像平面上有未畸变的投影点。像平面 $x_u y_u$ 到投影中心的距离 f 为焦距 f。

中心投影将世界上的一个可见点 $P = (X_s, Y_s, Z_s)$ 映射到未失真的图像平面上的像素位置 $p = (x_u, y_u)$：

$$x_u = \frac{fX_s}{Z_s} \quad y_u = \frac{fY_s}{Z_s} \tag{3-14}$$

$x_u y_u$ 图像坐标的原点在 Z_s 轴与图像平面的交点处。

光轴与图像平面（在 xy 图像坐标中）的交点 (c_x, c_y) 称为主点。接下来是 $(x, y) = (x_u + c_x, y_u + c_y)$。在摄像机坐标系 (x, y) 中，一个像素位置 (x, y) 在二维 xy 图像坐标系中有三维坐标 $X_s Y_s Z_s$。

内部和外部参数 假设多个摄像机 C_i，对于索引 i（如对于双目立体 C_L 和 C_R），摄像机校准指定固有参数，如摄像机传感器单元（定义长宽比）边长 e_x^i 和 e_y^i，一个斜参数 s^i，摄像机的光轴 i 和图像平面相交位置主点坐标 $c^i = (c_x^i, c_y^i)$，焦距 f^i 可分解为 f_x^i 和 f_y^i，镜头畸变参数从 κ_1^i 和 κ_2^i 开始。

一般情况下，可以假设镜头畸变是事先标定过的，不需要包含在一组本征参数中。外在参数是由旋转矩阵和平移向量定义的,如矩阵 $\boldsymbol{R}^{ij}$ 和向量 $\boldsymbol{t}^{ij}$ 用于摄像机坐标系 $X_s^i Y_s^i Z_s^i$ 和 $X_s^j Y_s^j Z_s^j$ 之间的仿射变换,或矩阵 $\boldsymbol{R}^i$ 和向量 $\boldsymbol{t}^i$ 用于摄像机坐标系 $X_s^i Y_s^i Z_s^i$ 和世界坐标系 $X_w Y_w Z_w$ 之间的仿射变换。

单摄像机投影方程 齐次坐标下的摄像机投影方程,将一个三维点 $P = (X_w, Y_w, Z_w)$ 映射到图像坐标系中第 i 个摄像头的 $p^i = (x_i, y_i)$,如下:

$$k \begin{pmatrix} x^i \\ y^i \\ 1 \end{pmatrix} = \begin{pmatrix} f^i/e_x^i & s^i & c_x^i & 0 \\ 0 & f^i/e_y^i & c_y^i & 0 \\ 0 & 0 & 1 & 0 \end{pmatrix} \begin{pmatrix} \boldsymbol{R}^i & -[\boldsymbol{R}^i]^T \boldsymbol{t}^i \\ \boldsymbol{0}^T & 1 \end{pmatrix} \begin{pmatrix} X_w \\ Y_w \\ Z_w \\ 1 \end{pmatrix} \quad (3\text{-}15)$$

$$= [\boldsymbol{K}^i | \boldsymbol{0}] \cdot \boldsymbol{A}^i \cdot [X_w, Y_w, Z_w, 1]^T \quad (3\text{-}16)$$

其中 $k \neq 0$ 是一个比例因子。这定义了一个带有内在的摄像机参数的 3×3 矩阵 $\boldsymbol{K}^i$,和一个摄像机 i 的外在参数(仿射变换)的 4×4 矩阵 $\boldsymbol{A}^i$。如果我们允许任意比例的参数,3×4 的摄像机矩阵 $\boldsymbol{C}^i = [\boldsymbol{K}^i | \boldsymbol{0}] \boldsymbol{A}^i$ 由 11 个参数定义,否则就是由 12 个参数定义。

3.6 立体视觉和能量优化

立体视觉是计算机视觉中计算距离的主要方法。对应的像素由将场景中相同表面点投影到立体对的左右图像中来定义。在将记录的立体对校正为标准立体几何之后,一维对应搜索可以限制为相同的图像行。

立体视觉 本文提出了一种新的立体视觉方法,即在立体图像对 $I = (L, R)$ 中检测相应的点,它是利用双目立体视觉进行车辆距离计算的基本任务。

对应的像素定义视差,视差根据摄像机参数映射成距离或深度。立体匹配已经有非常精确的解决方案,但是具有挑战性的输入数据(雨、雪、灰尘、太阳照射、刮水器等)仍然会带来未解决的问题。深度图的例子如图 3-5 所示。

双目立体视觉 摄像机标定后,我们得到了两个几乎完全相同的摄像机 C_L 和 C_R,它们完全对齐,定义了标准的立体几何[119]。在这个几何图形中,我们有一个相同的副本摄像机在左边平移基距 b 沿 $X_s Y_s Z_s$ 摄像机坐标系的 X_s 轴左侧摄像机的投影中心为 $(0, 0, 0)$,所"克隆"的右侧摄像机的投影中心为 $(b, 0, 0)$。三维点 $P = (X_s, Y_s, Z_s)$ 映射到未失真的图像点:

$$p_u^L = (x_u^L, y_u^L) = \left(\frac{f \cdot X_s}{Z_s}, \frac{f \cdot Y_s}{Z_s} \right) \quad (3\text{-}17)$$

$$p_u^R = (x_u^R, y_u^R) = \left(\frac{f \cdot (X_s - b)}{Z_s}, \frac{f \cdot Y_s}{Z_s} \right) \quad (3\text{-}18)$$

图 3-5　左图：立体对图像（来自 EISATS 上可用的测试序列）。右图：使用顶部显示的颜色键可视化深度图，用于为特定颜色分配以米为单位的距离。如果计算出的视差值在这个像素上的可信度较低，那么该像素将显示为灰色（由 Simon Hermann 提供）（见彩插）

分别在图像的左右平面，考虑齐次坐标下的无畸变位置 p_u^L 和 p_u^R，得到：

$$[p_u^R]^T \cdot F \cdot p_u^L = 0 \tag{3-19}$$

3×3 双焦张量 F，由两个摄像机的构型来定义。点积 $F \cdot p_u^L$ 定义了右侧摄像机图像平面上的极线，与 p_u^L 对应的任何立体点都需要在这条直线上。

优化标签函数　我们指定了一种流行的优化策略，它在计算机视觉中有多种应用。在抽象意义上我们分配给每个像素一个标签 l（如光流向量 u、差距 d、一段标识符，或表面梯度）或一组可能的标签 L（例如，所有从像素 p 到欧几里得距离 p 小于给定阈值的点）。因此标签 $(u,v) \in \mathbb{R}^2$ 在二维连续平面上。标签通过一个标签函数 Ω 分配给载波 $f: \Omega \rightarrow L$ 中的所有像素。

但是，焦距和标签功能通常都用字母 f 表示。由于给定文本的上下文可以清楚地标识焦距或标签，所以我们决定在这两种情况下都保留符号 f。

解决标记问题意味着识别一个标记 f，它以某种方式近似于一个确定的误差或能量的最优值：

$$E_{\text{total}}(f) = E_{\text{data}}(f) + \lambda \cdot E_{\text{smooth}}(f) \tag{3-20}$$

式（3-20）中，$\lambda > 0$ 是一个权值。在这里，λ 是数据成本项，$E_{\text{smooth}}(f)$ 是平滑成本项。$E_{\text{data}}(f)$ 值的降低会降低计算标签的平滑度。理想情况下，我们在所有可能的标签集中寻找一个最优（即总误差最小）f，它定义了一个总变化量（TV）。

我们通过在像素处添加成本来详细说明式（3-20）。在当前图像中，标记 $f_p = f(p)$ 由标记函数 f 在像素点 p 处的值赋值，得到：

$$E_{\text{total}}(f) = \sum_{p \in \Omega} E_{\text{data}}(p, f_p) + \lambda \cdot \sum_{p \in \Omega} \sum_{q \in A(p)} E_{\text{smooth}}(f_p, f_q) \tag{3-21}$$

式中，A 为像素位置之间的邻接关系。

在光流或立体视觉中,标签 f_p(即光流矢量或视差)定义了另一幅图像中的像素 q(即在下一幅图像中,或立体对的左、右图像中),在这种情况下,我们还可以编写 $E_{\text{data}}(p,q)$ 而不是 $E_{\text{data}}(p,f_p)$。

强度恒定假设的无效性 数据成本项是为以所考虑的像素位置为中心的窗口定义的。比较两个窗口中的数据,即另一幅图像中起始像素位置 p 和像素位置 q 附近的数据,以评估数据相似性。

例如,在立体匹配的情况下,在右侧图像 R 中我们有 $p=(x,y)$,在左侧图像 L 中有 $q=(x+d,y)$,对于视差 $d \geq 0$,当且仅当数据成本度量时,与 $(2k+1) \times (2k+1)$ 窗口中的数据才是相同的:

$$E_{\text{SSD}}(p,d) = \sum_{i=-l}^{l} \sum_{j=-k}^{k} [R(x+i,y+j) - L(x+d+i,y+j)]^2 \quad (3-22)$$

结果为 0,其中 SSD 表示差异平方和。

这种数据成本项的使用将基于强度恒定假设(ICA),即在指定大小的窗口内,对应像素位置 p 和 q 附近的强度值(本质上)相同。然而,ICA 不适合真实世界的录制图像。对应像素点及其邻近区域的强度值通常受到光照变化或图像噪声的影响。还有局部地表反射率差异的影响,不同摄像机记录图像时摄像机的差异,或者透视畸变的影响(表面点附近的局部邻域在不同摄像机中投影不同)。因此,能量优化需要采用比 SSD 或基于 ICA 的其他措施更好的数据措施。

Census 数据代价项 Census 代价函数已被确定为能够成功补偿录制视频输入图像的亮度变化[88,91]。通过比较以 I_1 帧像素位置 p 为中心的 $(2l+1) \times (2k+1)$ 窗口与以 I_2 帧像素位置 q 为中心的大小相同的窗口,定义均值归一化的 Census 代价函数。令 $\bar{I}_i(p)$ 是围绕 p 的窗口的均值,对于 $i=1$ 或 $i=2$。则有

$$E_{\text{MCEN}}(p,q) = \sum_{i=-l}^{l} \sum_{j=-k}^{k} \rho_{ij} \quad (3-23)$$

式中

$$\rho_{ij} = \begin{cases} 0 & I_1(p+(i,j)) < \bar{I}_1(p) \text{ 且 } I_2(q+(i,j)) < \bar{I}_2(q) \\ & \text{或 } I_1(p+(i,j)) > \bar{I}_1(p) \text{ 且 } I_2(q+(i,j)) > \bar{I}_2(q) \\ 1 & \text{其他情况} \end{cases} \quad (3-24)$$

注意,在两个比较中的值 0 对应一致性。如果对值 $I_1(p)$ 和 $I_2(q)$ 执行比较,而不是均值 $\bar{I}_1(p)$ 和 $\bar{I}_2(q)$,那么我们可以将 Census 代价函数作为数据代价项的候选者。

令 a_p 是向量列表结果 $[I_1(p+(i,j)) - \bar{I}_1(p)]$ 按从左到右、从上到下的顺序排列(与所应用的 $(2l+1) \times (2k+1)$ 窗口有关),其中 sgn 是符号函数,列出了 b_q 的值 $\text{sgn}[I_2(q+(i,j)) - \bar{I}_2(q)]$。平均标准化的 Census 数据代价 $E_{\text{MCEN}}(p,$

q）等于向量 a_p 和 b_q 之间的汉明距离。

3.7 立体匹配

立体匹配提供了一个程序，旨在解决式（3-21）所定义的优化问题，以及对数据和平滑项的选择规范。由于时间的限制，一个特定的立体匹配器，如在实践中使用，只会提供一个次优解。

双目立体匹配 设 B 为基础图像，M 为匹配图像。根据式（3-21）给出的优化方法，计算 Ω 的 xy 图像坐标中对应的像素 p^B 和 q^M。标记函数 f 将视差 f_p 赋值给像素位置 p，该位置 p 指定相应的像素 $q = p^f$。

例如，我们可以使用如式（3-23）所定义的 Censes 数据成本项 E_{MCEN}（p, p^f），对于平滑成本项，无论是 Potts 模型、线性截断成本或二次截断成本，参见文献［119］中的第5章。第6章还讨论了不同的立体匹配算法，包括信念传播匹配（BPM）[247]和动态规划立体匹配（DPSM）。DPSM 只能基于沿极线扫描，并使用排序或平滑约束，或基于沿多个扫描线扫描并使用沿这些扫描线的平滑约束；如果使用多个扫描线来最小化错误，则后一种情况称为半全局匹配（SGM）[90]。

戴姆勒的立体视觉系统使用了 SGM 的一种变体，该系统自2013年3月起在戴姆勒的梅赛德斯（Mercedes）汽车上使用。

迭代 SGM（iSGM）是基线 SGM 修改的一个例子。例如，水平扫描线上的错误最小化通常比其他扫描线上的优化对最终结果的贡献更大[89]。如图 3-6 所示，图中还涉及置信度的测量；信心措施的比较讨论见文献［83］。线性 BPM（Lin BPM）应用 MCEN 数据成本项和线性截断平滑成本项[112]。

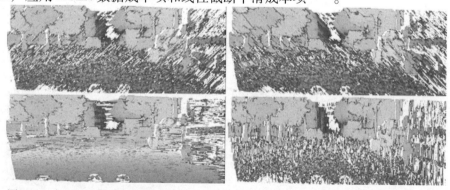

图 3-6 在 SGM 平滑约束下，仅对 DPSM 使用一条扫描线，并使用 3×9 MCEN 数据代价函数，得到立体数据视差图。左下图：从左到右的水平扫描线。左上图：从左下角到右上角的对角线扫描线。右下图：自上而下的垂直扫描线。右上图：从左上角到右下角的对角线扫描线。白色像素用于低置信度的位置（这里由非均匀视差位置标识）
（由 Simon Hermann 提供，输入数据由戴姆勒公司提供）（见彩插）

立体视觉解决方案的性能评估　图3-7所示为iSGM与linBPM在四帧序列上的比较,每帧长度为400帧。它说明了iSGM在桥接序列上表现得更好(相对于使用的NCC度量),桥接序列具有场景中许多结构细节的特征,但在其他三个序列上不如linBPM。对于"黄昏"和"正午"这两个序列,这两种性能都是高度相关的,但对于其他两个序列则不是。当然,仅对400帧的少数序列进行评估不足以做出实质性的评估,但它确实说明了性能,而且还强调了车辆的视觉系统应该具有一般的适应性,以确保在给定的环境下获得最佳的可能结果。

图3-7由在记录的第三帧序列和基于另外两帧序列的立体声匹配结果的虚拟序列计算之间的归一化互相关(NCC)定义。这种第三眼技术[168]也使用了掩膜,因此只比较第三帧中接近台阶边缘的图像值。它使我们能够评估记录在现实世界中的任何已校准的三目帧序列(任何长度)的性能。

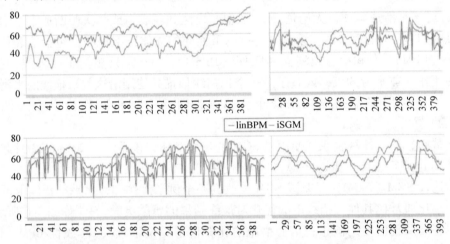

图3-7　将第三眼技术应用于EISATS集合9的四个现实世界三目序列立体声匹配器iSGM和linBPM的NCC结果(由Waqar Khan, Veronica Suaste和Diego Caudillo提供)(见彩插)

第4章 目标检测、分类与跟踪

4.1 目标检测与分类

目标检测是使用一组特征（也称为属性或参数），根据对象模型提供的先验知识，从数字图像或视频中查找特定对象的过程。例如，特性可以是边、角或外观模板的组合。虽然目标检测可以由人即时完成，但在计算机视觉中这可能是一项十分复杂的任务[98]。

目标分类这个术语有时与对象检测混在一起或者互相混淆，但在实际上，在场景中有两个或多个对象的情况下使用分类方法。例如，我们需要将道路场景中的车辆与非车辆物体（如树木，建筑物或行人等）区分开来。

目标检测的特征提取方法有多种，分类方法也有多种。本章主要讨论分类技术。

将计算机视觉与机器学习相结合 在计算机视觉和模式识别的背景下，目前的分类技术常分为两种：有监督分类技术和无监督分类技术。将计算机视觉和机器学习相结合的方法越来越受欢迎，但由于目前的方法通常将这两种技术结合在一起使用以获得最佳的效果，因此很难为其定义一个合适的边界。必要时，在本书中我们将使用类似的方法。

有监督分类技术 有监督的分类技术使用有监督的学习算法，根据给定的训练数据集或对象的标记类为给定对象创建一个强分类器。训练集由专家定义标签，在大型数据集中创建与标记（标签）对象通常是一个耗时的过程。

在训练阶段之后，分类器接收输入图像以检测目标或目标类别。人脸检测、车辆检测和光学字符识别（OCR）是有监督分类技术的一些常见应用。

在本章中，我们讨论了三种常见的监督分类技术：支持向量机（SVM）、方向梯度直方图（HOG）、哈尔（Haar-like）特征分类。决策树、k 近邻（k-NN）、神经网络和朴素贝叶斯分类器则是有监督分类技术的其他例子。

无监督分类技术 与已有专家对训练数据集进行标记（标签）的有监督分类技术相比，无监督分类技术可以使用分割或聚类技术来建立模型结构和无标记数据之间的关系。在本章中,我们讨论了两种常见的无监督分类技术,即 k 均值聚类(k - means)和高斯混合模型(GMM)。

性能分析 无论采用何种技术,都可以根据检测效率来评价目标检测器的性能。如果一个实例是正类并且也被预测成正类,即为真正类(true - positive,TP)或命中(hit),如果实例是负类被预测成正类,称之为假正类(false - positive,FP)或误检(misses)。相应地,如果实例是负类被预测成负类,称之为真负类(true - negative,TN),正类被预测成负类则为假负类(false - negative,FN)。

尽管我们总是可以测量(即计数)FN,但我们不能轻松地为诸如道路场景中的车辆检测之类的应用定义 TN。这是因为图像的背景在本质上是不可数的。因此,对于分类器的性能评估,我们主要依靠使用 TP、FP 和 FN 进行的评估。

准确率和召回率 我们定义了准确率(PR)和召回率(RR)如下:

$$PR = \frac{TP}{TP + FP} \quad RR = \frac{TP}{TP + FN} \quad (4-1)$$

PR 为检测器检测到的真正类与所有检测目标的比率,而 RR 为所分析的场景中真正类与实际存在的目标(即真实目标)总数的比率。

ROC 曲线 可视化分类器性能的另一种方法是在其轴上具有 FP 和 PR 速率的二维受试者工作特征曲线(ROC 曲线)。在本书中,我们使用 ROC 曲线在不同条件下比较我们开发的分类器与其他标准分类器的性能。

通过将目标的真实位置表示为目标周围的预定义边界框,如果检测到的区域与真实的边界框有足够的重叠,即对于 $a_0 \geq \tau$,有

$$a_0 = \frac{\mathscr{A}(D \cap T)}{\mathscr{A}(D \cup T)} \quad (4-2)$$

参数 a_0 是重叠率,$\mathscr{A}$ 表示我们考虑进行比较的区域的面积,D 是检测边界框,T 是真实边界框,并且 τ 是一个阈值,指定了预期匹配率的最小值。在本书中,我们认为 $\tau = 0.80$ 是确认检测边界框 D 检测成功的阈值。

4.2 有监督分类技术

在本节中,我们将讨论有监督分类技术,这意味着将由专家来定义对象的类(如人脸、眼睛、车辆),并为给定的类提供一组样本对象,称为训练集。

无论选择哪种分类技术(如神经网络、决策树或最近邻规则),分类器的构建都分为两个阶段:训练阶段和应用阶段。

基于所提供的训练数据集,分类器学习特征,并且将参数和权重集合组合在一起,以便区分对象和非对象。在应用阶段,分类器基于已从训练集中学习的内容,将已经训练的特征和权重应用于未知的查询图像,以检测查询图像中的相似

对象。

4.2.1 支持向量机

支持向量机是一种非常常用的目标分类和模式识别技术，一般属于有监督的机器学习算法。

该方法于1995年由 Cortes 和 Vapnik 提出，详情参见文献［37］。该算法在解决各类分类问题时表现出较强的鲁棒性。该方法也被认为是先前定义的神经网络系统的继承者。我们考虑一个二元分类器，其分类输出为 $y=1$ 或 $y=-1$，取决于一个指定的类。我们首先给出一些基本的定义。

超平面分割 假设我们有来自给定数据集中的各种数据项。各项数据显示为 n 维空间中的单个点，其中 n 是现有的特性数量。图 4-1 所示为一个二维空间和多个数据点所构成的坐标系，可以看到图中两个集群"明显"分离。每条数据都是 $\mathbb{R}^n$ 中的一个点，也可以看作是从坐标原点开始的向量。图 4-2 所示为运用二维和三维空间可视化了这个概念。支持向量机的目标是正确地将数据（即点或向量）划分到指定的类中。

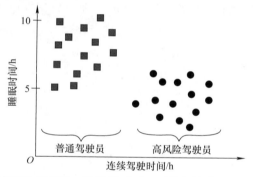

图 4-1 来自数据集的二维数据（对于两种驾驶员）示意图（点）

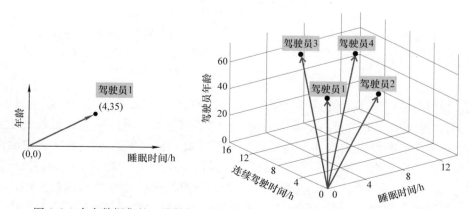

图 4-2 来自数据集的二维数据（左图）和三维数据（右图）示意图（向量）

超平面是$\mathbb{R}^n$的$(n-1)$维子空间。对于两类情况，理想的超平面将数据点（向量）划分至预期的类，从而最大程度减少了误分类的次数，这也可以视为对给定向量的支持。

对于$n=1$，超平面是一个点。如图4-3所示，点L定义了一个理想的超平面，从而将类$\{A, \cdots, F\}$与类$\{G, \cdots, K\}$完全分割，并且无错分。

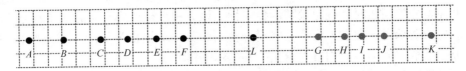

图4-3 一维场景中作为理想超平面的一个分割点（见彩插）

边缘 对于$n=2$这种情况，超平面是一条线。如图4-4所示，所有红、绿、蓝三色的线都对蓝、红色数据点进行了正确的分类。然而红线可以被认为是这三条线中最好的分类线。为何？因为它为这两个类别提供了最大的边缘距离。边缘距离是两条虚线之间的距离，与所考虑的红线对称。在这种情况下，若引入更多的数据点，分离的超平面提供了最大的裕度，则认为蓝色和红色数据点分类错误的风险最小。

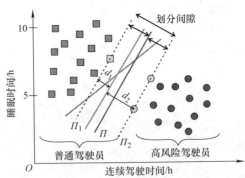

图4-4 运用三个不同的超平面（三条线）进行分类普通与高风险驾驶员；假设蓝线和红线是平行的，因此定义了相同的划分间隙（即两条虚线之间的间隔）；红线与两条虚线之间的距离最小（因为它在中间）

任何超平面Π为两个类定义了一个线性分割面，也定义了与两个超平面Π_1和Π_2，且两个超平面与两个类中的至少一个点相关联。图4-4中，蓝线到正常驾驶员数据点的距离d_1较小，蓝线到高危驾驶员数据点的距离d_2较大。由两个与所考虑的超平面对称位于两个簇之间的超平面定义的边距对于蓝线的长度为$2d_1$，蓝线的边距不如红线的边距大。红线是所有理想分隔线中边缘最大的，因为它位于所示间隙的中点，并且平行于经过两个高风险驾驶员数据点的超平面。

添加增强特征　在图 4-5 左图中，我们不能定义一条有意义的分隔线来对矩形和圆形数据点进行分类。在这种情况下，我们可以考虑增加一个新的特征（即第三维）z，如 $z = x^2 + y^2$，或者所有给定数据点到质心的相对距离。这样，将数据点映射到三维空间中，支持向量机就可以为数据点分类提供一个合理的分割（即在精度和分割裕度方面）。图 4-5 右图所示为一个分离平面。

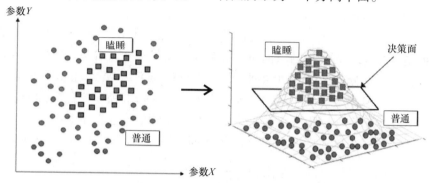

图 4-5　从二维到三维的分割平面定义（在图中称为决策面）

准确性与分割裕度　一般来说，两个类的理想线性分离（即零误差）是不可能通过一个超平面实现的。

图 4-6 中线 B 比线 A 的分割裕度大；然而，A 是可能的最佳理想分隔符（即零误差）。图 4-7 所示为一个情况，其中一颗蓝色的星星（作为一个离群点）位于被认为是红点区域的区域。在这种情况下，支持向量机忽略了异常值，而是针对一个超平面，该超平面能够正确地分离大部分数据点。

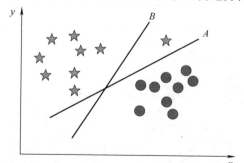 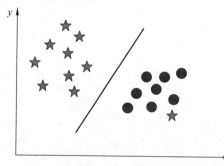

图 4-6　更高的精度与最大化分割裕度　　图 4-7　在这种情况下，对于一个线性的分割面，零误差是不可能的（见彩插）

将 n 维特征空间分成两个半空间的任何超平面都会将数据点分为两个簇（正确分类或不正确分类）。除了由两个群集之间的空间定义的分割裕度之外，现在我们还必须考虑错误分类的惩罚。为了更详细地讨论这一点，我们需要一些说明。

超平面公式 其中，超平面为线时的方程为 $w_1x_1 + w_2x_2 + b = 0$，超平面为一个平面时的方程为 $w_1x_1 + w_2x_2 + w_3x_3 + b = 0$。通常，$n$ 维空间中的超平面被定义为

$$\sum_{i=1}^{n} w_i x_i + b = 0 \tag{4-3}$$

或者，用向量符号表示为

$$\boldsymbol{w} = [w_1, w_2, \cdots, w_n]^T, \boldsymbol{x} = [x_1, x_2, \cdots, x_n]^T, \boldsymbol{w}^T \cdot \boldsymbol{x} + b = 0 \tag{4-4}$$

向量 $\boldsymbol{w}$ 定义了超平面的法向量，实数 b 定义了超平面沿法向量的偏置。

任何超平面分割 $\mathbb{R}^n$ 成两个半平面，一个点 $\boldsymbol{x} \in \mathbb{R}^n$，要么在超平面上，要么在 $\boldsymbol{w}^T \cdot \boldsymbol{x} + b < 0$ 所定义的空间内，要么在 $\boldsymbol{w}^T \cdot \boldsymbol{x} + b > 0$ 所定义的空间内。

最大化分割裕度 我们假设 $\boldsymbol{w}$ 中的参数与 b 的参数定义超平面 $\boldsymbol{w}^T \cdot \boldsymbol{x} + b = 0$ 一个最大的分割裕度，即两个对称的超平面 $\boldsymbol{w}^T \cdot \boldsymbol{x} + b = +1$ 与 $\boldsymbol{w}^T \cdot \boldsymbol{x} + b = -1$。这两个对称的超平面之间的距离为 $\frac{2}{\|\boldsymbol{w}\|_2}$，其中

$$\|\boldsymbol{w}\|_2 = \sqrt{w_1^2 + \cdots + w_n^2} \tag{4-5}$$

如图 4-8 所示，分割线 $\boldsymbol{w}^T \cdot \boldsymbol{x} + b = 0$ 在 $d_1 = d_2$ 的情况下到两条由 -1 与 $+1$ 值定义的对称的分割线，并且

$$d_1 = d_2 = \frac{1}{\sqrt{w_1^2 + w_2^2}} \tag{4-6}$$

在此情况下 $n = 2$。

我们注意到，分割裕度最大化通常是在任意 $n \geq 1$ 时通过 $\|\boldsymbol{w}\|_2$ 定义的。

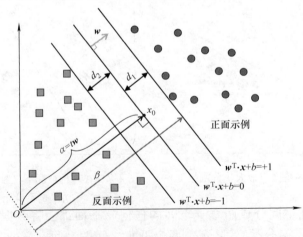

图 4-8 二维特征空间中的分割裕度定义，注意在 $d_1 = d_2$ 的情况下到两条由 -1 与 $+1$ 值定义的对称的分割线

误分类惩罚 除了最大化分割裕度，我们还需要考虑对错误分类的惩罚。令 $w^T \cdot x + b = 0$ 为所考虑的超平面。考虑给定点 x_i，$1 \leq i \leq m$，经过分类后属于 $y_i = +1$ 类或者 $y_i = -1$ 类（注意这是一个有监督学习过程）。

给定点 x_i 在被所选的超平面 $w^T \cdot x + b = 0$ 正确分类的情况下，当且仅当

$$y_i(w^T \cdot x_i + b) \geq 1 \tag{4-7}$$

其中我们假设当 x_i 在左半空间（$w^T \cdot x + b = -1$）时 $y_i = -1$，当 x_i 在右半空间（$w^T \cdot x + b = +1$）时 $y_i = +1$。

错误分类的惩罚现在可以定义为

$$1 - y_i(w^T \cdot x_i + b) \tag{4-8}$$

通俗地说，数据项 x_i 离所考虑的超平面 $w^T \cdot x + b = -1$ 和 $w^T \cdot x + b = +1$ 越远，那么 $w^T \cdot x_i + b$ 的值越大。

误差函数 总之，我们可以定义一个误差函数 $E(w,b)$，求解最小值以求得给定样本的最优超平面 $[x_i, y_i]$，$i = 1, \cdots, m$。预定义的误差函数如下：

$$E(w,b) = \left[\frac{1}{m} \sum_{i=1}^{m} \max\{0, 1 - y_i(w^T \cdot x_i + b)\} \right] + \lambda \|w\|_2 \tag{4-9}$$

式（4-9）中，参数 $\lambda > 0$ 定义了与错误分类的惩罚之和相比的给定分割裕度的权重。

优化 寻找最优超平面意味着我们必须使误差函数最小化。这通常是一个重要的数学问题，有各种各样的解决方案，存在着不同的是精确性和时间复杂性（如使用二次规划）。

4.2.2 方向梯度直方图

方向梯度直方图（HOG）是在 2005 年由 Dalal 与 Triggs 提出的一个鲁棒的特征描述子[41]。虽然该方法最初是为行人检测而提出的，但它也被广泛应用于其他物体的检测。

特征描述符试图在一个对象中找到一些共同的和不同的特征，再加上所选特征中的一个模型，这些特征以及它们之间的关系就可以在同一对象的任何"相似"图像中找到。其中"相似"意味着比例、旋转的变化，或仿射变换。

HOG 特征描述符将假定标准大小的窗口划分为单元格，将这些单元格聚集为块，并基于所有块的局部梯度近似计算描述符（向量）。对于检测到的候选窗口，将其缩放到假设的标准大小，并计算 HOG 描述符。然后将创建的描述符传递给 SVM 或任何其他分类器。运用 SVM 或任何其他分类器将每个窗口分类为"人"或"非人"。

为了支持不同尺度的检测，将图像子采样为多个大小，因此将采用多个

分类。

在原文中，人类检测的训练窗口大小为 64×128 像素，划分单元格大小为 8×8（如图 4-9 右图所示）。对于一个 8×8 单元格内的所有 64 个像素，对一个梯度向量进行估计。我们简单回顾一下梯度估计。

图 4-9　左图：在交通场景下两个人类检测边界框示例。右图：用于人类检测的训练边界框的样本，缩放到假设标准的 64×128 像素。这样的窗口被划分成多个大小相同的 8×8 像素的单元格（在左上角为一个单元格示例）

梯度估计　对于每个像素，我们测量 x 和 y 方向上的强度变化，并将两者结合成一个梯度向量（这种近似是模仿连续的欧几里得空间中的数学方法，详见文献 [119]）。例如，对于在图 4-10a 给定的像素坐标 $p=(x,y)$，我们可以计算一个梯度向量。这个梯度向量仅需要比较相邻接的 $I(x-1,y)$、$I(x+1,y)$、$I(x,y-1)$、$I(x,y+1)$：

梯度向量：
$$\nabla I(p) = \begin{bmatrix} |94-56|=38 \\ |90-52|=38 \end{bmatrix} \quad (4\text{-}10)$$

这是一个简单的方法，因此时间效率高，但容易受到图像噪声的影响（可以通过使用更复杂的梯度估计器来增强）。然后我们可以计算梯度向量的大小和方向：

长度：
$$(|\nabla I(p)| = \sqrt{38^2+38^2} = 53.74 \quad (4\text{-}11)$$

角度：
$$\arctan\left(\frac{38}{38}\right) = 0.78\text{rad} = 45° \quad (4\text{-}12)$$

图 4-10b 以长度箭头的形式表示梯度向量（大小）和方向（角度）。

关于阶跃边缘的检测　梯度向量在像素点 p 处的一个重要性质是，如果在图像的 p 处存在一个阶跃边缘（即沿着像素路径的强度值增加），那么这个向量就

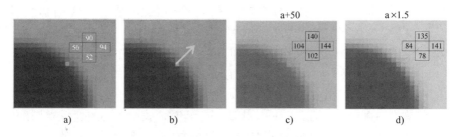

图 4-10 计算标量图像中单个像素的梯度向量和梯度大小（通常是图像强度）。解释见正文（见彩插）

垂直于这个阶跃边缘。较大的梯度幅度对应于较强的边缘。

梯度向量的一个有趣的性质是，当图像的强度变化均匀时，沿 x 轴和 y 轴的强度变化仍然与之前相同。图 4-10c 所示为将图 4-10a 所示的所有强度值均匀增加（增加 50），结果该梯度向量与图 4-10c 中红色像素处梯度向量的大小保持不变。图 4-10d 所示为对比度增加的结果。在这里，梯度向量仍然指向相同的方向，但是幅值增加了。这些例子表明，基于梯度的阶跃边缘检测基本上是强度不变的，并且提高了高对比度边缘的检测率。

梯度幅值直方图 当计算一个单元中 64 个像素点的梯度向量时，将这些向量的大小根据它们的方向添加到一个 9 刻度的直方图中。这 9 个刻度是通过将无符号梯度方向的 0°到 180°（或有符号梯度方向的 0°到 360°）的间隔均匀地划分为 9 个子间隔（例如，无符号刻度的每个间隔为 20°）来创建的。图 4-11 左图所示为一个单元格的累积梯度大小直方图（在 9 个刻度中）。每个计算出的梯度向量通过其方向划分为 9 个刻度中的一个，随后该刻度的值加 1。图 4-11 右图所示为 9 个刻度的累计大小向量（梯度向量的大小以像素数计算）。

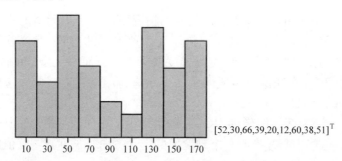

$[52,30,66,39,20,12,60,38,51]^T$

图 4-11 左图：一个单元格累积梯度强度的 9 个刻度值直方图（无符号情况）示意图。右图：此直方图在标准化后的对应向量（如映射到单位向量）

每个刻度都有一个确定的方向。在无符号的情况下，这些值为10°、30°、…、170°，计算出的梯度向量之间任意方向都介于0°与180°之间。为了减少混叠，运用双线性插值之间定义某个向量的方向。举一个简单的例子，如果我们有12个梯度向量都被计算为25°，则它们总量的75%（即9个向量）算作30°刻度值中，25%（即3个向量）算作10°刻度值中。

使用单位梯度向量 在讨论图4-10a、c、d时，我们看到改变像素周围的亮度或对比度并不会改变梯度向量的方向，反而可能会改变梯度向量的大小。通过将梯度向量的 x 和 y 分量除以其向量大小，我们将得到长度为1的向量（即单位向量）且不改变方向。

使用单位向量的目的是相对于给定图像的对比度保持不变。这是生成HOG描述符时的常见选择。通过这种向量归一化，每个梯度向量对生成的单元直方图的9个刻度中的累积大小贡献相同。

使用单元格块 在最初由Dalal和Triggs提出的HOG方法中，并不是使用单个单元的直方图，作者建议将单元分组成块，并且相应的级联包含在一个块中的单元的直方图。这些块并不是图像的一个分区，如图4-12所示，它们可能重叠。在这里每个块包含2×2个单元格，且相邻块的重叠度为50%。

图4-12 块中的单元格

在所示的一个块中有2×2个单元格的情况下，四个单元格的直方图串联会得到一个包含36个分量的向量（四倍于九个单元中的值）。建议首先计算未归一化的单个单元直方图（即使用实际梯度向量大小，而不仅仅是单位向量），然后通过将所有36个分量除以生成向量的大小进行归一化。因此，这里生成具有36个分量的单位向量。

图4-13所示为两个图像的HOG。每个块中的HOG值由9条中心线组成的星型图表示，这些中心线指向9个刻度值的定义方向，长度与刻度值的累积梯度大小相对应。

HOG描述符 在识别了一个边界框之后，作为检测对象（如人）的候选对象，边界框被缩放到一个在学习过程中使用的假定标准大小的窗口中，也就是64×128像素。在这种情况下，一个窗口被划分为105个块（水平方向7个块，

图 4-13 假设将一个标准大小的窗口水平细分为 5 个块,垂直细分为 10 个块。
这两组图像为相应的 HOG 输出的可视化

垂直方向 15 个块)。每个块有 4 个单元格,每个单元格有 9 个刻度值直方图,因此每个块有 36 个值。HOG 描述符为一个 3780 维向量,由 105 个块定义,每个级联直方图中有 36 个值。

请注意,使用的窗口的标准大小、单元格到块的组织以及由此产生的 HOG 描述符可能因对象类别的不同而不同。可用的边界框(用作训练数据集)需要缩放到所用窗口的标准大小。

基准数据库 为了训练基于 HOG 描述符的分类器,可以针对给定的(例如,人与非人)训练数据集生成线性 SVM 分类器(如前所述)。例如,有关于人类和非人类的在线数据集,详情参见 MIT 行人数据库[189]或有挑战性的 INRIA 数据集[96]。单一超平面的 SVM 分类器已经被证明为这两个数据库提供了很好的分类。

4.2.3 哈尔特征

类似于从一维、二维或更高维的哈尔变换已知的局部二值模式⊖,Viola 和 Jones[269]引入哈尔样式的特征作为图像分析中的目标检测的通用工具。

哈尔小波 下述的函数为一维哈尔小波的例子(图 4-14 左图),定义于区间 [0,1] 上,不在此区间的值均为 0:

$$\Psi(t) = \begin{cases} +1 & 0 \leq t < 1/2 \\ -1 & 1/2 \leq t \leq 1 \\ 0 & \text{其他} \end{cases} \quad (4\text{-}13)$$

⊖ 以匈牙利数学家 Alfréd Haar(1885—1933)命名。

例如，通过可视化黑色的值 -1 和白色的值 +1，而不显示 0 值，该示例最终显示长度为 1 的白黑线。图 4-14 右图所示为一个定义在正方形域中的二维哈尔小波的黑白可视化图形。

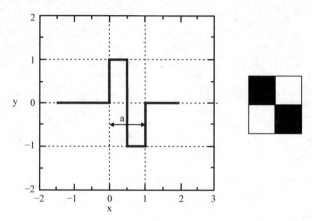

图 4-14　左图：一维哈尔小波示意图。右图：二维哈尔小波的黑白单元格表示

哈尔小波是哈尔变换的全局基函数的局部逼近，类似于局部 Gabor 函数是傅里叶变换的全局基函数的局部逼近。

哈尔特征　灰度或彩色图像中的强度分布近似于这种二维哈尔小波，称为哈尔样式特征［在 RGB 彩色图像中，$(R + G + B)/3$ 定义了像素的强度］。

Viola 和 Jones 提出了使用矩形的哈尔特征，即相邻的黑色或白色矩形的模式，原本侧重于人脸检测。常见的哈尔特征如图 4-15 所示。

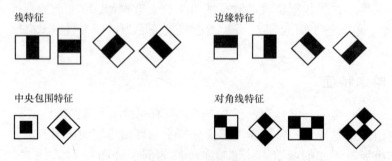

图 4-15　哈尔小波常见类型

图 4-16 所示为局部强度分布与暗亮（显示为黑白）图案的匹配，由两个基准的哈尔特征表示。图 4-16 还显示了两个搜索窗口，其中包含两个指示的哈尔特征。搜索窗口在给定图像中滑动，每个搜索窗口不仅可以包含一个，还可以包含多个（如 2~5 个）哈尔小波，并将其与给定的强度分布进行比较以找到良好

的匹配。详情见文献［119］。包含由哈尔小波定义的搜索窗口通过尺度变化获得不同尺寸哈尔小波,随后对整幅图像进行遍历。通过哈尔特征,这样一个尺度搜索窗口可以生成一个弱分类器。

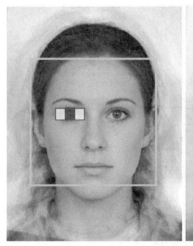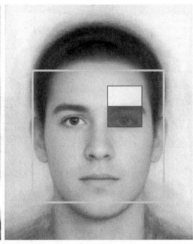

图 4-16　眼睛和前额区域存在哈尔特征的例子

弱分类器与强分类器　一个强分类器由一系列弱分类器(通常多于十个)组成。一个弱分类器本身包含一组哈尔特征(通常是 2~5 个)。

而弱分类器的性能只稍好于随机对象分类(由于缺乏足够的特性来评估一个对象),一个强分类器应该能够以较高的正确率检测对象,如 95% 或更高。

图 4-17 所示为一个级联的弱分类器,它们一起组成了一个强分类器。分类器从第一个弱分类器开始,在给定的范围内评估一个搜索窗口,也称为感兴趣区域(ROI)⊖。如果第一个弱分类器中的所有特征与 ROI 匹配,则进入第二阶段(第二弱分类器),以此类推,直到最后阶段。否则,滑动窗口下的搜索区域将被拒绝。然后滑动窗口移动到邻近的 ROI。如果所有的哈尔特征,在所有弱分类器中,都成功地与 ROI 匹配,则可以将边界框区域标记为被检测对象。这样的级联定义了创建强分类器的有效方法。

训练和强分类器定义　为每个弱分类器选择合适的哈尔特征,然后为整个强分类器选择合适的哈尔特征的过程构成了训练阶段,可以使用诸如 AdaBoost 等机器学习技术来完成[70]。这将在第 5 章中更详细地讨论。

作为训练阶段的最后一步,通过选择弱分类器的顺序来学习强分类器,每个分类器由特定的哈尔特征定义。这些优先级顺序定义了一个级联,如图 4-17 所示。最终的级联取决于给定的对象检测任务和考虑的弱分类器(例如,图 4-17

⊖ 感兴趣区域通常是一个矩形子图像,大小为 $k \times l$ ($k \ll N_{rows}$, $l \ll N_{cols}$),通过一个弱分类器进行搜索。

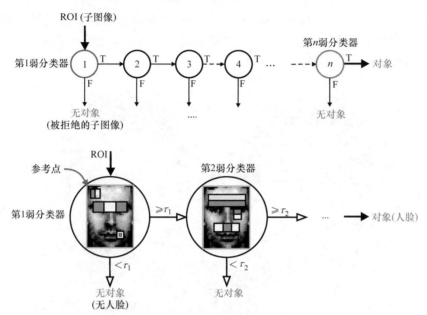

图 4-17 定义强分类器的级联弱分类器

所示的第 1 和第 2 弱分类器中选择的哈尔特征用于人脸检测)。

学习分类器的应用 现在继续应用阶段的技术部分。对于一个给定的哈尔特征,由 3 个小正方形所定义,记为 $\Psi_i = (W_1, B_1, W_2)$,如图 4-18 所示。我们定义哈尔特征值如下式:

$$\mathcal{V}(\Psi_i) = \omega_1 \cdot S_{W_1} + \omega_1 \cdot S_{W_2} - \omega_2 \cdot S_{B_1} \quad (4\text{-}14)$$

式中,S_{W_1}、S_{W_2} 为白色矩形中图像强度的总和;S_{B_1} 为黑色矩形中强度值的和[这些和是根据式(3-5)中描述的积分图像计算的,具有较高的时间效率];$\omega_i > 0$ 取决于应用程序上下文的可调权重。

在应用阶段,哈尔分类器尝试在滑动窗口⊖中查找预期的哈尔特征的匹配项,以确认或拒绝查询区域中对象的存在。

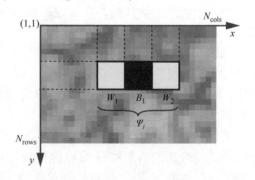

图 4-18 哈尔特征值的定义

⊖ 滑动窗口定义了 ROI,它是从图像左上角开始移动的窗口。从图像的左上角开始移动,从左到右,从上到下,以便在查询图像中找到匹配的特征。滑动窗口以小尺寸开始,并且其大小在每次搜索迭代中都会增加。目的是找到不同窗口大小的特征匹配,以便最终检测落在滑动窗口(或 ROI)区域内的任何大小的现有对象。

通过将哈尔小波与查询图像进行卷积，分类器试图找到图像中与给定的哈尔特征外观密切匹配的"相邻"暗区和亮区。图 4-16 展示了一条线和一条符合眼睛和前额区域的边缘特征的卷积。从图中可以看出，如果滑动窗口落在实际的面部区域，我们可以期待一些特定的哈尔特征匹配，因为与前额区域相比，眼睛总是有一个较暗的区域，与巩膜相比，虹膜也总是有一个较亮的区域。

匹配函数 为了找到匹配，我们使用奇偶校验 $\zeta \in \{-1, +1\}$ 和一个阈值 τ 定义匹配函数：

$$\mathscr{F}(\psi_p) = \begin{cases} +1 & \mathscr{V}(\psi_p) \geq \zeta \cdot \tau \\ -1 & \text{其他情况} \end{cases} \tag{4-15}$$

若 $\mathscr{F}(\psi_p) = +1$，称在参考点 p 处给定的哈尔特征匹配给定的窗口（或子图像）。参考点可以是任何约定的点，如哈尔特征的左上角。

对于每个弱分类器，我们都可以定义一个掩膜 $M = [\psi_1, \psi_2, \psi_3]$。例如，三个哈尔特征（图 4-17），每个特征相对于参考点 p 处于特定位置（例如，相对于滑动窗口的左上角）。我们将掩膜置于图像 I 之上，以检查该区域与掩膜的相似性。对于每个弱分类器，将掩膜 M 与给定图像 I 的相似度作为弱分类器值进行测量：

$$\mathscr{D}(M_p) = \mathscr{F}(\psi_{1,p}) + \mathscr{F}(\psi_{2,p}) + \mathscr{F}(\psi_{3,p}) \tag{4-16}$$

最后，如果计算出的值 $\mathscr{D}(M_p)$ 大于预定义的阈值，则弱分类器将得出"真"（图 4-17 中的值 T）：

$$\mathscr{H}(M_p) = \begin{cases} +1 & \mathscr{D}(M_p) \geq \tau_h \\ -1 & \text{其他情况} \end{cases} \tag{4-17}$$

在第五章中，我们提出了增强的基于哈尔的分类器的训练和应用阶段的解决方案和方法，以便在驾驶员面部特征检测和车辆检测的背景下实现更有效的目标检测。

4.3 无监督分类技术

在本节中，我们将介绍三种无监督分类技术，即 k – 均值聚类、高斯混合模型和隐马尔可夫模型，它们是对象检测或对象分类的常用方法。

4.3.1 k – 均值聚类

标准的 k – 均值算法由 Stuart Lloyd 于 1957 年提出[142]。在贝尔实验室 1982 年发表之前，E. W. Forgy 已经在 1965 年发表了相同的方法[67]。因此该方法也被称为 Lloyd – Forgy 算法。

聚类 聚类是将一组数据点、一组对象或任何给定项划分为若干子集的过程。例如，我们可以将"停车标识""泊车标志""禁止通行标志""时速标志"

或者"学校标志"看作交通标志的子集。一个聚类过程可以基于给定项目的定量或定性属性。

考虑 n 个数据点 $\boldsymbol{x}_i$, $i = 1, \cdots, n$,我们要将其划分为 $k \leq n$ 类。目标是为每个数据点或数据项分配一个且仅一个类。k-均值方法尝试找到最优的类心 $\boldsymbol{\mu}_i$,与类内距离最小。生成一个对原始数据的划分 $S = \{S_1, S_2, \cdots, S_k\}$,其中 $\boldsymbol{\mu}_i$ 为 S_i 的类心。

最优化问题 为了形式化距离的最小化,我们可以选择一个特定的度量 d,和一种特定的方式来比较距离上的差异。欧几里得距离或者 L_2 范数 d_e 是度量 d 的常见选择:

$$d_e(\boldsymbol{x}, \boldsymbol{\mu}_i) = \|\boldsymbol{x} - \boldsymbol{\mu}_i\|_2 = \sqrt{\sum_{j=1}^{m} |x_j - c_j^i|^2} \tag{4-18}$$

式中,数据 $\boldsymbol{x} = [x_1, \cdots, x_m]^T$ 与 $\boldsymbol{\mu}_i = [c_1^i, \cdots, c_m^i]^T$ 相对应,且假设所考虑的数据项是一个 m 维空间。

比较距离时,通常选择距离的平方和[287]。目标是最小化和函数:

$$\sum_{i=1}^{k} \sum_{\boldsymbol{x} \in S_i} \|\boldsymbol{x} - \boldsymbol{\mu}_i\|_2^2 \tag{4-19}$$

通过选择 k 个中心体来定义 k 个类:

$$S_i = \{\boldsymbol{x} \in \cup S : \|\boldsymbol{x} - \boldsymbol{\mu}_i\|_2 < \|\boldsymbol{x} - \boldsymbol{\mu}_j\|_2 \quad i \neq j \wedge 1 \leq j \leq k\} \tag{4-20}$$

寻找最优类心是一个 NP 难题(通俗地说,寻找 k 个最优类心是一个耗时的任务)。近似值可能会陷入局部极小值,而目标是移动到全局最小值。

一个常见的 k-均值聚类过程是一个迭代算法,逐步细化和收敛到次优的聚类。在讨论了算法的概念后,我们还提供了一个数值例子。

步骤1:初始化 随机选择 k 个均值 $\boldsymbol{\mu}_1^1$、$\boldsymbol{\mu}_2^1$、$\cdots$、$\boldsymbol{\mu}_k^1$ 作为初始集合,如在所有数据项的集合 $\cup S$ 中。然后,算法通过下面给出的步骤2和步骤3之间的交替迭代进行。使用的上标 t 表示迭代次数,其中 $t = 1$ 表示初始步骤。

步骤2:分配(某个点至某个类)步骤 将 $\cup S$ 中的每个数据项分配给 i 标记的类,其中它与前述定义的均值 $\boldsymbol{\mu}_i^t$ 距离最小。这意味着数据项的集合 $\cup S$ 被分割成 Voronoi 单元:

$$S_i^t = \{\boldsymbol{x} \in \cup S : \|\boldsymbol{x} - \boldsymbol{\mu}_i^t\|_2 \leq \|\boldsymbol{x} - \boldsymbol{\mu}_j^t\|_2 \quad i \neq j \wedge 1 \leq j \leq k\} \tag{4-21}$$

其中每个数据项 $\boldsymbol{x}$ 分配给一个且只有一个类 S_i^t。若到两个类心的距离相等,则把 $\boldsymbol{x}$ 分配给标号较小的类。

步骤3:更新步骤 计算新的均值:

$$\boldsymbol{\mu}_i^{t+1} = \frac{1}{|S_i^t|} \sum_{\boldsymbol{x} \in s_i^t} \boldsymbol{x} \tag{4-22}$$

根据当前类中的数据项,其中 $i = 1, \cdots, k$,$|A|$ 表示集合 A 的基数。

步骤4：迭代 用 $t+1$ 替换 t，并重复步骤2和步骤3，直到聚类的类心不再发生任何"较大"的变化。

两类的简单例子 假设表4-1中定义的数据项需要分为 $k=2$ 类。如图4-19左图所示，初始的类心为 $\boldsymbol{\mu}_1^1 = [1,1]^T$ 和 $\boldsymbol{\mu}_2^1 = [2,1]^T$。

初始化之后，计算每个数据项到两个中心点的距离。然后我们根据这些距离重新组合它们[255]。与 $\boldsymbol{\mu}_1^1$ 近的划分到集合 S_1^1 中，反之划分到 S_2^1 中。

令 D_1 为第一次迭代时的距离矩阵。矩阵的第一行表示数据项到类1的欧几里得距离，而第二行表示数据项到类2的欧几里得距离。例如，对于数据项3，该数据项到类2的类心距离为 $\sqrt{(4-2)^2+(3-1)^2}=2.83$。最终我们可得

$$D_1 = \begin{bmatrix} 0 & 1 & 3.61 & 5 \\ 1 & 0 & 2.83 & 4.24 \end{bmatrix} \tag{4-23}$$

接下来通过距离来将剩余的点分类，分类矩阵为

$$G_1 = \begin{bmatrix} 1 & 0 & 0 & 0 \\ 0 & 1 & 1 & 1 \end{bmatrix} \tag{4-24}$$

其中，第一行表示第一个数据项属于 S_1^2，剩余的都属于 S_2^2。任何数据项只能属于一个类。随后更新类心，得到 $\boldsymbol{\mu}_1^2=[1,1]^T$（与之前相同），而

$$\boldsymbol{\mu}_2^2 = \left[\frac{2+4+5}{3},\frac{1+3+4}{3}\right]^T = [3.67, 2.67]^T \tag{4-25}$$

图4-19右图显示了更新后的类心。在下一个迭代步骤中，

$$D_2 = \begin{bmatrix} 0 & 1 & 3.61 & 5 \\ 3.14 & 2.36 & 0.47 & 1.89 \end{bmatrix} \tag{4-26}$$

且

$$G_2 = \begin{bmatrix} 1 & 1 & 0 & 0 \\ 0 & 0 & 1 & 1 \end{bmatrix} \tag{4-27}$$

这导致了类心的更新

$$\boldsymbol{\mu}_1^3 = \left[\frac{1+2}{2},\frac{1+1}{2}\right]^T = [1.5, 1]^T \tag{4-28}$$

$$\boldsymbol{\mu}_2^3 = \left[\frac{4+5}{2},\frac{3+4}{2}\right]^T = [4.5, 3.5]^T \tag{4-29}$$

图4-20所示为更新后的类心。然后我们得到

$$D_3 = \begin{bmatrix} 0.5 & 0.5 & 3.20 & 4.61 \\ 4.3 & 3.54 & 0.71 & 0.71 \end{bmatrix} \tag{4-30}$$

且

$$G_3 = \begin{bmatrix} 1 & 1 & 0 & 0 \\ 0 & 0 & 1 & 1 \end{bmatrix} \tag{4-31}$$

表 4-1　由属性值 x 和 y 在二维特征空间中定义的四个数据项的样本

数据项	属性值 x	属性值 y
1	1.0	1.0
2	2.0	1.0
3	4.0	3.0
4	5.0	4.0

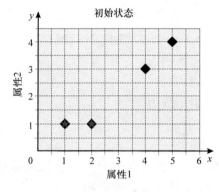
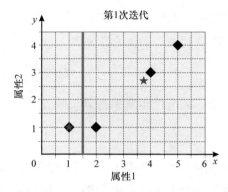

图 4-19　k - 均值聚类的例子。左图：最初选定的类心；右图：第 1 次迭代后更新的类心

随后，G_2 和 G_3 无任何变化，即均值无变化，则聚类停止。图 4-20 中的椭圆表示最终的聚类。这也是本例的最佳聚类。

有关 k - 均值聚类的更复杂示例，请参见文献 [306]。

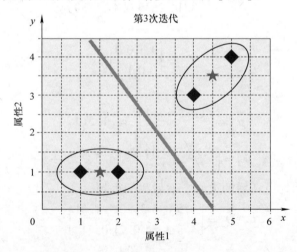

图 4-20　k - 均值聚类的第 3 次迭代结果

4.3.2 高斯混合模型

在本节中，我们将运用Bishop的例子[19]。在开始讨论高斯混合模型的概念之前，我们回顾了一些先决条件，包括高斯分布和概率密度函数。

一维高斯分布 在自然科学中所研究的事件的常见分布是正态分布或高斯分布，以德国数学家Carl Friedrich Gauss命名。高斯分布是由事件的均值和方差定义的单峰分布。该分布是关于均值对称的分布。图4-21所示为一维事件x的高斯分布的一个例子，这种分布由下式定义

$$\mathcal{N}(x|\mu,\sigma^2) = \frac{1}{\sqrt{2\pi\sigma^2}}\exp\left\{-\frac{1}{2\sigma^2}(x-\mu)^2\right\} \tag{4-32}$$

式中，μ为均值；σ^2为方差。

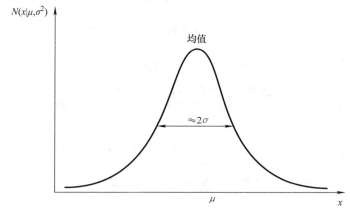

图 4-21 高斯分布函数

方差的平方根σ为标准差。$\mathcal{N}(x|\mu,\sigma^2)>0$，且对于任意实数$x$，高斯分布函数与横轴之间的面积（即这个函数的积分）等于1。该函数的最大值在$x=\mu$处取得。σ控制整个函数的"斜率"，即小的方差表示更陡更高的峰值。

多维高斯分布 将D维向量$\boldsymbol{x}$作为研究事件，其分布可以用多维高斯分布函数来描述：

$$\mathcal{N}(\boldsymbol{x}|\boldsymbol{\mu},\boldsymbol{\Sigma}) = \frac{1}{(2\pi)^{D/2}}\frac{1}{|\boldsymbol{\Sigma}|^{1/2}}\exp\left\{-\frac{1}{2}(\boldsymbol{x}-\boldsymbol{\mu})^\mathrm{T}\boldsymbol{\Sigma}^{-1}(\boldsymbol{x}-\boldsymbol{\mu})\right\} \tag{4-33}$$

式中，均值$\boldsymbol{\mu}$为D维向量；$\boldsymbol{\Sigma}$为$D\times D$维协方差矩阵，表示各变量之间的方差，且$|\boldsymbol{\Sigma}|$为$\boldsymbol{\Sigma}$的行列式。矢量中的向量$\boldsymbol{\mu}$代表了所有向量$\boldsymbol{x}$的均值，并且$\boldsymbol{\Sigma}$控制着每个高斯分量的斜率。

在对随机数据（更正式地说是随机变量）进行建模时，除了高斯分布外，还有伯努利分布、离散均匀分布或泊松分布作为可能的替代模型。

混合高斯分布 在自然、科学或技术中的事件常常不能清楚地彼此分开。例如，在图像分析中计算强度直方图（即灰度直方图）时，直方图很少类似于高斯分布，但它可能类似于一些高斯分布的组合，如图4-22所示。

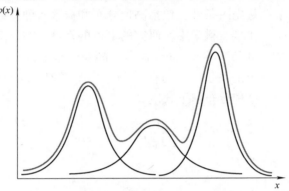

图4-22 三个一维高斯分布混合后的例子

这种高斯分布的线性组合可以为给定的过程定义概率模型（例如，在给定的应用领域中灰度图的值分布）。这些组合称为分布的混合。通过将少量的高斯分布与适当调整的均值、方差和线性系数相结合，可以近似出更复杂的分布函数。

因此，我们可以假设 K 个高斯密度函数的组合，得到如下方程：

$$p(\boldsymbol{x}) = \sum_{k=1}^{K} \pi_k \mathcal{N}(\boldsymbol{x}|\boldsymbol{\mu}_k, \boldsymbol{\Sigma}_k) \tag{4-34}$$

这就是所谓的高斯混合。

每个高斯密度函数 $\mathcal{N}(\boldsymbol{x}|\boldsymbol{\mu}_k, \boldsymbol{\Sigma}_k)$ 是该混合模型中的一个组成部分，其均值为 $\boldsymbol{\mu}_k$，协方差为 $\boldsymbol{\Sigma}_k$。我们称参数 π_k 为混合系数。

考虑到 $p(\boldsymbol{x}) \geqslant 0$，且由于 $\mathcal{N}(\boldsymbol{x}|\boldsymbol{\mu}_k, \boldsymbol{\Sigma}_k)$ 为概率分布函数，则混合系数 π_k 应该满足以下两个条件：

$$\sum_{k=1}^{K} \pi_k = 1 \quad \text{且} \quad 0 \leqslant \pi_k \leqslant 1 \tag{4-35}$$

混合模型也可以由其他常见分布的线性组合组成，如伯努利分布的混合。

现在我们考虑一个随机变量 z（一个 K 维的二值向量），其中只有一个特殊的元素 $z_k = 1$，其余元素均等于0。简言之，$z_k \in \{0,1\}$ 且 $\sum_z z_k = 1$。我们还指定 $p(\boldsymbol{x}, z)$ 为联合分布函数，其中 $p(z)$ 为边缘概率密度函数，以及条件分布函数 $p(\boldsymbol{x}|z)$ 对应于图4-23。

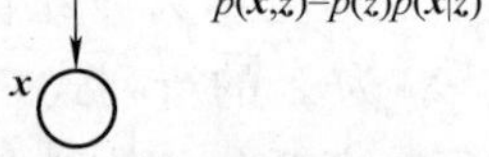

图4-23 混合模型的图示，其中 $p(\boldsymbol{x},z)$ 为联合分布函数

现在我们定义 $p(z)$ 作为 z 边缘概率分布，π_k 为混合

系数。其中，$p(z_k=1)=\pi_k$ 与系数 $\{\pi_k\}$ 满足式（4-35）。

将 z 使用 1 到 K 表示，可以考虑类似的分布方法：

$$p(z) = \prod_{k=1}^{K} \pi_k^{z_k} \tag{4-36}$$

同样，给定特定 z 的 x 的条件分布是高斯分布：

$$p(x|z_k=1) = \mathcal{N}(x|\boldsymbol{\mu}_k, \boldsymbol{\Sigma}_k) \tag{4-37}$$

也可以写成：

$$p(x|z) = \prod_{k=1}^{K} \mathcal{N}(x|\boldsymbol{\mu}_k, \boldsymbol{\Sigma}_k)^{z_k} \tag{4-38}$$

考虑给定的联合分布 $p(z)p(x|z)$，我们可以通过对 z 的所有状态的联合分布求和来定义 x 的边缘分布：

$$p(x) = \sum_z p(z)p(x|z) = \sum_{k=1}^{K} \pi_k \mathcal{N}(x|\boldsymbol{\mu}_k, \boldsymbol{\Sigma}_k) \tag{4-39}$$

这是通过式（4-36）与式（4-38）的乘积得到的。

如果存在多个数据项 $x_1, \cdots, x_n$，我们把边缘分布表示为 $p(x) = \sum_z p(x,z)$，那么对于任意数据项 x_n，都存在一个相应的隐变量 z_n。

基于隐变量，我们有一个高斯混合的同源公式，使我们能够研究联合分布 $p(x,z)$ 而不是 $p(x)$（边缘分布）。稍后我们将看到，通过表示期望最大化（EM 算法），该问题得到显著的简化。

此外，z 在 x 条件下的条件概率在这种情况下起主要作用。我们记 $\gamma(z_k)$ 为条件概率 $p(z_k=1|k)$，且 $\gamma(z_k)$ 可以运用贝叶斯理论计算如下：

$$\begin{aligned}\gamma(z_k) \equiv p(z_k=1|x) &= \frac{p(z_k=1)p(x|z_k=1)}{\sum_{j=1}^{K} p(z_j=1)p(x|z_j=1)} \\ &= \frac{\pi_k \mathcal{N}(x|\boldsymbol{\mu}_k, \boldsymbol{\Sigma}_k)}{\sum_{j=1}^{K} \pi_j \mathcal{N}(x|\boldsymbol{\mu}_j, \boldsymbol{\Sigma}_j)}\end{aligned} \tag{4-40}$$

我们将 π_k 视为对于 $z_k=1$ 的先验概率。我们也将 $\gamma(z_k)$ 的值考虑为在观测到数据项 x 后对应的后验概率。

最大似然 假设我们有一组观察到的数据项 $\{x_1, \cdots, x_n\}$，且我们想要用高斯混合来对数据项集建模。将数据项表示为一个 $N \times D$ 的矩阵 X，其中第 n 行元素为 x_n^T，我们同样可以表示相应的隐变量为一个 $N \times D$ 的矩阵 Z，其中第 n 行元素为 z_n^T。

考虑式（4-34），对数似然函数可以表示为

$$\ln p(X|\pmb{\pi},\pmb{\mu},\pmb{\Sigma}) = \sum_{n=1}^{N} \ln\{\sum_{k=1}^{K} \pi_k \mathcal{N}(x_n|\pmb{\mu}_k,\pmb{\Sigma}_k)\} \tag{4-41}$$

我们需要找到一个解来最大化这个函数。也就是说，我们需要找到对应的 $\pmb{\mu}$、$\pmb{\Sigma}$ 和 $\pmb{\pi}$ 以使高斯分布适配于所有的数据，即调整后的高斯分布最有可能是数据的"真实"分布。

与只有一个高斯函数的情况相比，似然函数的最大化是一个复杂的任务[19]。这是由于这是由 k 个高斯分布形成的和。

为了解决这个问题，我们考虑另一种方法，称为期望最大化算法，它是一种非常常见的方法。

期望最大化（EM） EM 算法被认为是一个非常强大的技术，它是用来寻找最大似然函数的模型，如高斯混合模型与隐变量。该方法由 Dempster 等人[46]、McLachlan 与 Krishnan[158] 提出。

我们从最大化似然函数所需的条件开始，设式（4-41）中，对 $\pmb{\mu}$ 求偏导数，使得式 $\ln p(X|\pmb{\pi},\pmb{\mu},\pmb{\Sigma})$ 等于 0，得：

$$0 = -\sum_{n=1}^{N} \frac{\pi_k \mathcal{N}(x_n|\pmb{\mu}_k,\pmb{\Sigma}_k)}{\sum_j \pi_j \mathcal{N}(x_n|\pmb{\mu}_j,\pmb{\Sigma}_j)} \pmb{\Sigma}_k(x_n - \pmb{\mu}_k) \tag{4-42}$$

需要指出的是，式（4-40）给出的后验概率自然地出现在方程的右边，那么同时乘 $\pmb{\Sigma}_k^{-}$，整理该等式，得：

$$\pmb{\mu}_k = \frac{1}{N_k} \sum_{n=1}^{N} \gamma(z_{n_k}) x_n \tag{4-43}$$

其中，

$$N_k = \sum_{n=1}^{N} \gamma(z_{n_k}) \tag{4-44}$$

N_k 可以解释为分配给类 k 的有效数据项数。同理，对 $\pmb{\Sigma}_k$ 求偏导数并等于 0。我们可以遵循一个类似的方法来最大化单个高斯分布的协方差矩阵的可能性：

$$\pmb{\Sigma}_k = \frac{1}{N_k} \sum_{n=1}^{N} \gamma(z_{n_k})(x_n - \pmb{\mu}_k)(x_n - \pmb{\mu}_k)^{\mathrm{T}} \tag{4-45}$$

最后，运用类似的方法，我们可以再次通过设置 $p(X|\pmb{\pi},\pmb{\mu},\pmb{\Sigma})$ 导数为 0 的方法，求解混合系数 π_k，其中我们已经知道混合系数的和等于 1。这可以通过使用拉格朗日乘子法来获得，具体如下：

$$\ln p(X|\pmb{\pi},\pmb{\mu},\pmb{\Sigma}) + \lambda(\sum_{k=1}^{K} \pi_k - 1) \tag{4-46}$$

约束为

$$0 = -\sum_{n=1}^{N} \frac{\mathcal{N}(x_n|\pmb{\mu}_k,\pmb{\Sigma}_k)}{\sum_j \pi_j \mathcal{N}(x_n|\pmb{\mu}_j,\pmb{\Sigma}_j)} + \lambda \tag{4-47}$$

式（4-47）两侧同时乘 π_k 且对 k 求和，约束条件为式（4-35），从而得到 $\lambda = -N$。消去 λ，整理得：

$$\pi_k = \frac{N_k}{N} \tag{4-48}$$

我们提到了式（4-43）、式（4-45）和式（4-48）不能简单地导出一个封闭形式的简单解来定义混合模型的参数，是因为先验概率 $\lambda(z_{n_k})$ 直接以一个复杂的方式通过式（4-40）决定了模型的参数。然而，我们可以采用迭代方法来解决最大似然问题。对于高斯混合模型，首先考虑均值、方差、混合系数的初始值，然后在期望（E）和最大化（M）两个步骤之间进行更改和更新。

这里，我们将 EM 方法总结为以下四个步骤：

（1）初始化 选择初始值，包括均值 $\boldsymbol{\mu}_k$、方差 $\boldsymbol{\Sigma}_k$ 与混合系数 π_k，执行对数似然值的第一个值的评估。

（2）期望值 根据当前参数值计算后验概率：

$$\gamma(z_{n_k}) = \frac{\pi_k \mathcal{N}(\boldsymbol{x}_n | \boldsymbol{\mu}_k, \boldsymbol{\Sigma}_k)}{\sum_{j=1}^{K} \pi_j \mathcal{N}(\boldsymbol{x}_n | \boldsymbol{\mu}_j, \boldsymbol{\Sigma}_j)} \tag{4-49}$$

（3）最大化 基于后验概率对均值、方差、混合系数重新评估：

$$\boldsymbol{\mu}_k^* = \frac{1}{N_k} \sum_{n=1}^{N} \gamma(z_{n_k}) \boldsymbol{x}_n \tag{4-50}$$

$$\boldsymbol{\Sigma}_k^* = \frac{1}{N_k} \sum_{n=1}^{N} \gamma(z_{n_k})(\boldsymbol{x}_n - \boldsymbol{\mu}_k^*)(\boldsymbol{x}_n - \boldsymbol{\mu}_k^*)^{\mathrm{T}} \tag{4-51}$$

$$\pi_k^* = \frac{N_k}{N} \tag{4-52}$$

其中，

$$N_k = \sum_{n=1}^{N} \gamma(z_{n_k}) \tag{4-53}$$

（4）评估 根据新参数的值评估对数似然值：

$$\ln p(X|\boldsymbol{\pi}, \boldsymbol{\mu}, \boldsymbol{\Sigma}) = \sum_{n=1}^{N} \ln\{\sum_{k=1}^{K} \pi_k \mathcal{N}(\boldsymbol{x}_n | \boldsymbol{\mu}_k, \boldsymbol{\Sigma}_k)\} \tag{4-54}$$

检查对数似然或参数的收敛性。如果满足收敛，则停止算法，否则从步骤（2）开始迭代。

4.4　目标跟踪

通常，目标检测算法（如 Haar 分类器）可以在输入图像中的任何位置定位对象。然而，在许多情况下，物体暂时被遮挡，以及无法检测到物体，如由于阳光变化、反射、背光或阴影⊖。

此外，即使在理想条件下并且容易进行物体检测的情况下，也可以只在图像的特定区域中搜索物体，而不是在整个图像平面中搜索就足够了。可以考虑时间信息以及先前帧中检测到的对象的位置和大小。

预测物体位置的一种简单而直观的方法，即在感兴趣的有限区域内搜索物体最后确定的位置。但是，如图4-24所示，该解决方案在以下四种情况下很容易失败：

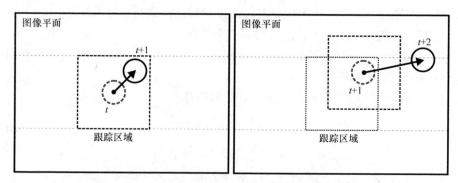

图4-24　如果驾驶员面部的移动速度比预期的快，则跟踪失败

- 如果对象的移动速度比预期的快。
- 如果输入帧率较低，则有可能错过帧 t 和帧 $t+1$ 之间的运动。
- 如果特征检测过程耗时较长，我们可能会在两个后续预处理帧之间产生较大的偏移。
- 如果给定的跟踪区域不够大，不足以覆盖对象移动的自然动态。

除了上述限制之外，在恶劣的室外照明条件下，驾驶员监控应用中还存在噪声图像问题。

有各种跟踪过滤器，但一些最常见的对象跟踪技术包括：

- 均值漂移（Mean Shift）。
- 连续自适应均值漂移（CAM Shift）。
- Kanade – Lucas – Tomasi（KLT）。
- 卡尔曼滤波（KF）。

根据我们的应用，以上任何一种跟踪技术都可以作为跟踪器的选择。例如，如果我们处理的是有噪声的输入数据，卡尔曼滤波可以是一个很好的选择。在下

⊖ 与阴影不同，影子是物体挡住室内（如蜡烛）或室外（如太阳）光线的轮廓，阴影是"暗淡"，只适用于室外。

文中，我们将提供关于每个过滤器的一些详细信息。

4.4.1 均值漂移

均值漂移由 Cheng 于 1998 年提出[30]，是一种基于现有的离散数据样本来定位密度函数最大值的算法。该方法的泛化类似于 k-均值聚类算法。该方法也适用于模式搜索、概率密度估计和跟踪。

在本节中，我们将遵循文献[113]中的方法。考虑 d 维欧几里得空间 X 中由 n 个数据项 x_i 组成的集合 S。令 $K(x)$ 表示一个核函数，表示 x 对估计值的贡献。然后定义数据集 x 的模型均值 m 和核函数 K：

$$m(x) = \frac{\sum_{i=1}^{n} K(x-x_i) x_i}{\sum_{i=1}^{n} K(x-x_i)} \tag{4-55}$$

我们称差分值 $m(x)-x$ 为均值漂移。

在这种方法中，我们通过不断迭代移动到数据点的平均值，在每次迭代后我们设 $x \leftarrow m(x)$。

当算法收敛到不再变化时，算法就停止了[如 $m(x)=x$]。

我们将 $m, m(x), m(m(x)), \cdots$ 序列记为 x 的轨迹。

如果已经为多个数据项计算了样本平均值，那么我们还需要同时对所有点执行迭代。通常，核函数 K 作为 $\|x\|^2$ 的函数可以表示为

$$K(x) = k(\|x\|^2) \tag{4-56}$$

其中我们称 k 为 K 的轮廓，具有如下性质：

- k 为非负函数。
- k 为非增函数：$k(x) \leq k(y)(x > y)$。
- k 是一个连续函数，且 $\int_0^\infty k(x) dx < \infty$。

用于均值漂移的核函数通常有两种形式（图 4-25）。第一种为平坦核函数：

$$K(x) = \begin{cases} 1 & \|x\| \leq 1 \\ 0 & \text{其他情况} \end{cases} \tag{4-57}$$

第二种为高斯核函数：

$$K(x) = \exp\left(-\frac{\|x\|^2}{2\sigma^2}\right) \tag{4-58}$$

现在的主要问题是如何根据给定的数据样本集来估计密度函数，这些样本集可能是分散的、稀疏的。一种可能的方法是平滑数据，如将数据与宽度为 h 的核进行卷积，或与半径为 h 的核进行卷积。

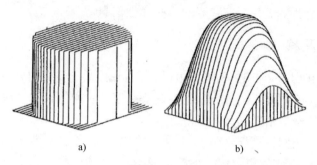

图 4-25 核函数的形式（见文献 [30]）
a) 平坦核函数 b) 高斯核函数

Parzen 窗方法是一种常用的概率估计技术。在此方法中，对于包含 n 个数据点 x_i 的数据集，我们使用一个核函数 $K(x)$ 来估计核密度。其中，核半径 h 为

$$\widetilde{f}_K(x) = \frac{1}{nh^D} \sum_{i=1}^{n} K\left(\frac{x - x_i}{h}\right) \tag{4-59}$$

$$c = \frac{1}{nh^D} \sum_{i=1}^{n} k\left(\left\|\frac{x - x_i}{h}\right\|^2\right) \tag{4-60}$$

我们可以通过计算估计密度与实际密度之间的均方差来评估核密度估计器的精度。

为了最小化均方差，我们可以使用如下的 Epanechnikov 核函数：

$$K_E(x) = \begin{cases} \frac{1}{2C_D}(D+2)(1 - \|x\|^2) & \|x\| \leq 1 \\ 0 & \text{其他情况} \end{cases} \tag{4-61}$$

其中，C_D 表示 D 维球体的体积[113]，其参数如下：

$$k_E(x) = \begin{cases} \frac{1}{2C_D}(D+2)(1 - x) & 0 \leq x \leq 1 \\ 0 & x > 1 \end{cases} \tag{4-62}$$

图 4-26 左图所示为内核的初始位置，图 4-26 右图所示为均值漂移算法向数据点最密集的位置的移动轨迹。在经过四次迭代后，最后算法已经收敛在最好的位置，达到最大密度。

均值漂移跟踪 Comaniciu 等人提出了均值漂移跟踪的基本思想[34]。其思想是使用基于颜色概率密度的均值漂移算法来建模对象。例如，我们可以通过视频中的物体模型与目标的颜色概率匹配来跟踪视频中的物体。这可以使用均值漂移来估计颜色概率，因此匹配图像帧的一部分作为目标对象。

简而言之，我们有三个主要的步骤要采取在均值漂移跟踪。首先，根据目标物体的颜色概率密度建模；其次，根据其颜色概率，在搜索窗口中评估潜在目

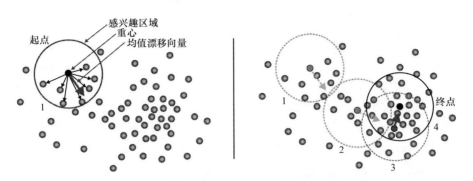

图 4-26　左图：基于数据点向量和的均值漂移计算与均值漂移核的初始化。
　　　　右图：算法轨迹和最终最优位置，即数据点密度最高

标；最后，利用均值漂移将目标候选对象与目标模型进行匹配。

目标模型：令 $x_i(i=1,\cdots,n)$ 表示模型中以 0 为中心的像素点的位置。我们考虑一个 $m-\text{bin}$ 颜色直方图来表示颜色分布。$b(x_i)$ 表示在 x_i 处颜色的颜色库。假设模型的大小是标准化的，核的半径是 $h=1$。我们定义在对象模型内 q 为颜色 u 的概率，且 $u=1,\cdots,m$，如下式所述：

$$q_u = C\sum_{i=1}^{n} k(\|x_i\|^2)\delta(b(x_i)-u) \tag{4-63}$$

其中 C 为归一化常数：

$$C = \left[\sum_{i=1}^{n} k(\|x_i\|^2)\right]^{-1} \tag{4-64}$$

核函数 k 代表了到中心距离的贡献权重，且：

$$\delta(a) = \begin{cases} 1 & a=0 \\ 0 & \text{其他情况} \end{cases} \tag{4-65}$$

表示 Kronecker δ 函数。换言之，若 $b(x_i)=u$，核函数 $k(\|x_i\|^2)$ 有助于 q_u。

目标候选：类似于对象模型，若 $y_i(i=1,\cdots,n)$ 表示以 0 为中心的目标像素位置。我们还将 p 定义为目标候选中颜色 u 的概率：

$$p_u(y) = C_h\sum_{i=1}^{n_h} k\left(\left\|\frac{y-y_i}{h}\right\|^2\right)\delta(b(y_i)-u) \tag{4-66}$$

其中 C_h 为归一化常数：

$$C_h = \sum_{i=1}^{n_h}\left[\sum_{i=1}^{n_h} k\left(\left\|\frac{y-y_i}{h}\right\|^2\right)\right]^{-1} \tag{4-67}$$

颜色密度匹配：在这一阶段，我们测量 y 位置的目标与 p 的颜色概率和对象模型 q 的相似度。为此，均值漂移跟踪使用 Bhattacharyya 系数，该系数由下式中的 ρ 表示：

$$\rho(p(\boldsymbol{y}),q) = \sum_{u=1}^{m} \sqrt{p_u(\boldsymbol{y})q_u} \tag{4-68}$$

其中，ρ 为向量 $[\sqrt{p_1},\cdots,\sqrt{p_1}]^T$ 值与 $[\sqrt{q_1},\cdots,\sqrt{q_m}]^T$ 的余弦。ρ 的值越大，表示模型与目标候选之间的颜色概率匹配越好。

我们将 $\boldsymbol{y}$ 考虑为目标当前位置，其颜色概率为 $p_u(\boldsymbol{y}) > 0 (u=1,\cdots,m)$。同时令 z 定义目标在 $\boldsymbol{y}$ 附近的新估计的位置，与之前的位置相比，其颜色概率没有显著变化。

利用泰勒级数展开，得：

$$\rho(p(z),q) = \frac{1}{2}\sum_{u=1}^{m} \sqrt{p_u(\boldsymbol{y})q_u} + \frac{1}{2}\sum_{u=1}^{m} p_u(z)\sqrt{\frac{q_u}{p_u(\boldsymbol{y})}} \tag{4-69}$$

运用式（4-66）更新式（4-69），得：

$$\rho(p(z),q) = \frac{1}{2}\sum_{u=1}^{m} \sqrt{p_u(\boldsymbol{y})q_u} + \frac{C_h}{2}\sum_{i=1}^{n_h} \omega_i k\left(\left\|\frac{z-\boldsymbol{y}_i}{h}\right\|^2\right) \tag{4-70}$$

其中，权重 ω_i 为

$$\omega_i = \sum_{u=1}^{m} \delta(b(\boldsymbol{y}_i)-u)\sqrt{\frac{q_u}{p_u(\boldsymbol{y})}} \tag{4-71}$$

为了最大化 $\rho(p(z),q)$，我们只考虑使式（4-70）的第二项最大化，因为第一项与 z 无关。

给定 q_u 为模型，也可以将 $\boldsymbol{y}$ 作为前一帧的目标位置，我们可以将均值漂移算法总结为以下步骤：

1）在当前帧中将目标位置初始化为 $\boldsymbol{y}$。
2）计算 $p_u(\boldsymbol{y})(u=1,\cdots,m)$，同时计算 $\rho(p(\boldsymbol{y}),q)$。
3）比较权重 $\omega_i(i=1,\cdots,n_h)$。
4）应用该均值漂移，计算 z（新位置）：

$$z = \frac{\sum_{i=1}^{n_h} \omega_i g\left(\left\|\frac{\boldsymbol{y}-\boldsymbol{y}_i}{h}\right\|^2\right)\boldsymbol{y}_i}{\sum_{i=1}^{n_h} \omega_i g\left(\left\|\frac{\boldsymbol{y}-\boldsymbol{y}_i}{h}\right\|^2\right)} \tag{4-72}$$

其中 $g(x) = -k'(x)$。在本步中，我们考虑一个像素为 $\boldsymbol{y}_i$ 的窗口，窗口的大小与 h 有关。

5）计算 $p_u(z)(u=1,\cdots,m)$，同时计算 $\rho(p(z),q)$。
6）当 $\rho(p(z),q) < \rho(p(\boldsymbol{y}),q)$ 为真时，令 $z \leftarrow \frac{1}{2}(\boldsymbol{y}+z)$，这是为了验证目标的新位置。

7）若$\|z-y\|$接近于0（或很小），说明算法收敛了，故算法停止，否则，令$y \leftarrow z$，重复步骤1）。

4.4.2 连续自适应均值漂移

当均值漂移考虑一个固定的颜色分布时，Bradski[21]提出的CAMSHIFT（连续自适应均值漂移）是适应由闪电、光照和深度变化引起的动态颜色分布变化的。

该算法适应搜索窗口的大小，并计算搜索窗口的颜色分布。搜索窗口的计算如下。首先计算W窗口的零阶矩或均值：

$$M_{00} = \sum_{(x,y) \in W} I(x,y) \tag{4-73}$$

然后计算x和y的一阶矩：

$$M_{10} = \sum_{(x,y) \in W} xI(x,y) \quad M_{01} = \sum_{(x,y) \in W} yI(x,y) \tag{4-74}$$

因此，我们的搜索窗口位于：

$$x_c = \frac{M_{10}}{M_{00}} \quad y_c = \frac{M_{01}}{M_{00}} \tag{4-75}$$

定义了上述概念和方程后，CAMSHIFT算法可以按如下顺序执行：

步骤1：为搜索窗口定义任何初始位置。
步骤2：使用修改后的搜索窗口技术应用均值漂移跟踪方法。
步骤3：保存零点时刻。
步骤4：根据第0个时刻设置窗口大小。
步骤5：重复步骤2和步骤4，直到没有进一步的变化（即收敛）。

4.4.3 Kanade–Lucas–Tomasi（KLT）跟踪器

特征跟踪在从目标跟踪到三维重建和光流的许多计算机视觉应用中都是必不可少的。在视觉导航和驾驶员辅助系统中，鲁棒跟踪的高性能是提高算法性能的关键。在本节中，将解释KLT特性跟踪器。KLT的目标是跟踪图像序列中的一组特征点。该追踪器基于Lucas和Kanade在1981年的早期工作[145]，在1991年Tomasi与Kanade对其进行了扩展[256]，后来Shi和Tomasi在论文中做了详细的解释[235]。

KLT算法的出现是为了回答两个基本问题。首先，我们如何选择跟踪的最佳特性？其次，我们如何从当前帧跟踪到下一帧？

为了回答第一个问题，Lucas和Kanade[145]介绍了一种用于立体匹配的左右图像配准方法。主要目标是最小化前一个窗口和当前窗口之间的强度误差平方和。

小的帧间运动存在着一些优势。一是通过使用过去帧的平移来近似当前帧。二是当前帧的图像强度可以写成过去帧的强度加上一个依赖于平移向量的残差项。关于什么是一个"好特征"的问题在文献［145］中没有进行回答，什么是"好特征"是该领域的许多研究人员感兴趣的概念。所提出的方法与配准算法无关。在 KLT 中，"好特征"是那些可以很好地跟踪的特征。

提出 KLT 以解决传统图像配准技术的不同问题，这些问题通常成本高并且不能处理旋转、缩放和剪切的情况。空间强度信息用于搜索最匹配特征的位置。简而言之，可以利用每个 2×2 梯度矩阵的最小特征值来提取最匹配的特征。这个可以是降噪的 Sobel 或 Sharr 算子。然后，为了跟踪选定的特征，使用了 Newton – Raphson 方法来最小化两个窗口之间的差异。

特征点跟踪 在一个图像序列中，图像强度可能逐帧改变。为了描述该算法，假设 $I(x,y,t)$ 表示图像序列，其中 x 与 y 为空间变量，t 为时间变量，则

$$I(x,y,t+\tau) = I(x-\varepsilon, y-\eta, t) \tag{4-76}$$

其中 $t+\tau$ 表示下一帧的时间变化。通过一个合适的位移向量 $d = [\varepsilon, \eta]^T$，平移当前帧 t 中的每个像素来识别。d 表示点 $X = (x,y)$ 介于 t 与 $t+\tau$ 之间的位移，如图 4-27 所示。在式（4-76）中的属性是十分敏感的，即使在一个静态的环境下照明不变也难以保证该属性的稳定。此外，当不同帧的亮度发生变化时，感兴趣区域在可见表面上的光照强度也会发生变化。

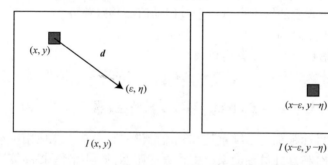

图 4-27 图像的位移向量

相反，式（4-76）不易受表面标记以及远离遮挡轮廓的区域的干扰。当图像强度发生突变时，即使有微小的变化，变化的像素仍然可以在该亮度下被很好地定义。表面标记有助于稠密的形状结果和良好的运动估计。

寻找从一帧到另一帧的位移向量 d 是跟踪单个像素的一个具有挑战性的问题，除非它与相邻像素相比具有合适的亮度。由于噪声的存在，部分像素很容易与相邻像素相混淆，因此，仅利用局部信息时，下一帧像素的跟踪是一项困难的任务。因此，KLT 不考虑单个像素的跟踪，而是考虑包含可接收纹理信息的像素窗口。当所考虑的窗口内像素在行为不同时会出现问题。此外当窗口中的强度模

式从一帧到另一帧存在偏差时也出现了问题。另外，当窗口沿遮挡边界时，像素甚至会消失。

考虑到这些问题，Lucas 和 Kanade 利用残差监测克服了内容随时间变化的问题[145]。它不断地检查查询窗口的外观，如果检测到明显的变化，那么算法将丢弃该窗口。为了结合不同的速度来测量窗口的位移，Lucas 和 Kanade 模拟了复杂变换形式的变化，类似于仿射变换映射。因此，不同的像素或查询窗口的一部分可能具有不同的速度。这些导致了一个重要的缺点，即系统可能会受到过度参数化的影响，这可能会超过模型的优点。要估计更多的参数，需要更大的窗口。相反，只有少数几个参数可以可靠地估计，但这缓解了问题。

因此，使用 KLT 我们只估计小窗口的位移向量（带有两个参数）。这里的误差是两个连续的帧之间的任何不能被平移描述的视差，选择位移向量来最小化残差。为此，局部帧模型如下：

$$J(p) = I(p - \boldsymbol{d}) + n(p) \tag{4-77}$$

其中，$I(p) = I(x, y)$，$I(p - \boldsymbol{d}) = I(x - \varepsilon, y - \eta)$，$n$ 为噪声。为了简便起见，省略了时间变量。

残差由给定窗口 W 上的给定误差函数（如下）表示：

$$\varepsilon(\boldsymbol{d}) = \sum_{p \in W(q)} [J(p + \boldsymbol{d}) - I(p)]^2 \tag{4-78}$$

简而言之，在式（4-78）中，ε 在理想条件下应该等于 0，因为它被用来计算位于图像 I 和图像 J 的特征点的邻域之间的强度变化。给定特征点 q 的位移向量 $\boldsymbol{d}$ 可以通过以下步骤计算。$W(q)$ 表示 q 点窗口中心。通常，窗口的尺寸调整为 5×5 像素，并且 M_{it} 和 ε 的值各设为 10 与 0.03 像素：

1) 初始化位移向量 $\boldsymbol{d} = [0, 0]^T$。

2) 计算像素的梯度 $\nabla I = \dfrac{\partial I}{\partial p}$。

3) 计算结构矩阵 $\boldsymbol{G} = \sum\limits_{p \in W(q)} \nabla I(p) \cdot \nabla I(p)^T$。

4) 对于 k 从 1 到 M_{it}：

① 寻找图像的变化值（图像差分）$h(p) = I(p) - J(p + \boldsymbol{d}^k)$。

② 利用下式计算失配向量：

$$\boldsymbol{b} = \sum_{p \in W(q)} h(p) \cdot \nabla I(p) \tag{4-79}$$

③ 更新位移向量 $\boldsymbol{d}_{k+1} = \boldsymbol{d}_k + \boldsymbol{G}^{-1} \boldsymbol{b}$。

④ 若 $\|\boldsymbol{d}_{k+1} - \boldsymbol{d}_k\| < \varepsilon$，则终止迭代。

5) 最后得到位移向量 $\boldsymbol{d}$。

特征点检测　并不是所有的图像像素都包含有跟踪价值的信息。此外，只有当我们有长直的边时，才能确定与边正交的运动特征。为了解决这些问题，需要在查询图像 I 中检测新的特征点。然后，我们需要将这些新特征点添加到现有的特征点上。此外，对于可靠的特征点跟踪，其邻域像素也应具有良好的结构。因此，我们将结构矩阵 G 定义为像素位置 q 的邻域的"结构化"：

$$G = \sum_{p \in W(q)} \nabla I(p) \cdot \nabla I(p)^T \qquad (4\text{-}80)$$

由于矩阵是正半正定的，并且保证 G 的两个特征值（分别为 λ_1 与 λ_2）大于 0，所以我们可以获得相关邻域 W 的有用信息。

在 W 是完全齐次的情况下，可得 $\lambda_1 = \lambda_2 = 0$。相反，若出现了边，则 $\lambda_1 > 0$ 且 $\lambda_2 = 0$，若出现了角点，则 $\lambda_1 > 0$ 且 $\lambda_2 > 0$。因此，可以用最小的特征值来测量 W 的角点，即 $\lambda = \min(\lambda_1, \lambda_2)$，其中较大的值表示较强的角。我们可以将讨论的基于 KLT 的特征检测算法归纳为以下七个步骤：

1）初始化结构矩阵 G 和"角点"值 λ。

2）对于图像中所有像素，计算 G 与 λ。

3）对于给定图像估计 λ_{max} 的值。

4）记录大于预设阈值的 λ（如 λ_{max} 的 5%~10%）。

5）对残差的邻域进行大小为 3×3 的非极大值抑制，仅保留局部极大值，如图 4-28 所示。

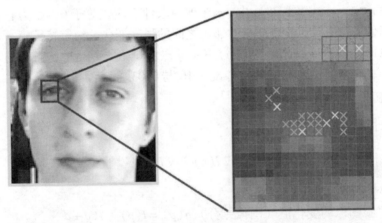

图 4-28 非极大值抑制的实现。左图：一个选定的小窗口，用于说明。右图：3×3 的像素邻域，绿色像素是 λ 高于选定百分比的像素的结果，黄色像素是非极大值抑制的结果（见彩插）

6）从残差中，向现有特征点添加尽可能多的新特征点，然后从具有较大 λ 值的特征点开始。

7）最小距离增强：在某些情况下，当点集中在 I 中的某些区域时，除了新插入的点之外，还应设置到现有点的最小增强距离（如 5~10 像素）。

图 4-29 所示为如何使用 KLT 在驾驶员辅助系统中检测人脸。

图 4-29　KLT 特征跟踪方法用于检测人脸（见彩插）

4.4.4　卡尔曼滤波

为了使用卡尔曼滤波器进行面部跟踪，我们需要一个统计模型来描述我们的系统和测量仪器，而这些模型通常是不可用的或很难获得的。在理论构建卡尔曼滤波跟踪器时需要考虑三个主要假设[22,110]：

1）被建模的系统是线性的，或有一个小的可忽略非线性。
2）系统噪声为白噪声。
3）系统噪声的性质具有高斯性（正常的钟形曲线）。

通过线性的第一个假设，我们的意思是可以将系统在时间 k 的状态建模为系统在先前时间（$k-1$）的状态乘以矩阵的形式。第二个假设是白噪声，它表示该噪声与时间不相关，通过高斯噪声，我们是可以使用均值和协方差对噪声幅度进行建模的。

在我们的系统中，我们"观察"测量值 z_k（$k=0,\cdots,n$），其中视觉传感器从输入序列中检测人脸，并记录驾驶员座位区域。然而，我们应该去估计状态 x_k，因为我们不能 100% 保证测量值 z_k。在应用中，我们估计 $x \in \mathbb{R}^m$ 为基于线性随机差分方程的离散控制人脸定位过程，其中从 $k-1$ 到 k 的状态转移方程为

$$x_k = Ax_{k-1} + Bu_{k-1} + w_{k-1} \tag{4-81}$$

我们还需要定义一个度量 $z \in \mathbb{R}^m$ 来建模当前状态和我们的度量之间的关系：

$$z_k = Hx_k + v_k \tag{4-82}$$

其中 A 为 $n \times n$ 的矩阵，通常称为状态转移矩阵。该矩阵将时间（$k-1$）的先前状态转移为时间 k 的当前状态。

B 为 $n \times l$ 的矩阵，通常称为控制输入转移矩阵。这个矩阵与可选的控制参数 $u \in \mathbb{R}^l$ 相关，其中可能有正或负的向量分量值，需要添加到前一个状态以反映当前状态。在我们的例子中，我们对驾驶员面部移动没有任何控制，因此不需要控制参数。

除了在式（4-81）中讨论的线性状态估计外，我们还需要一个通过

式（4-82）估计的测量模型。

z_k是考虑估计状态和测量噪声的测量向量。

H是一个被称为测量转移矩阵的$n \times m$矩阵，它与测量的状态有关。

x_{k-1}为$n \times 1$的向量，表示了前一个状态的向量，最终w_k和v_k为式（4-81）与式（4-82）的过程噪声与测量噪声。

过程（或控制）噪声来自于不准确的驾驶员面部运动建模和机器计算任务；类似地，测量噪声来自于不精确的感知设备（摄像机）或人脸检测算法在人脸定位中固有的误差量。如前所述，噪声与时间无关，是白噪声（均值为零），并且具有高斯分布：

$$p(w) \approx N(0, Q) \text{ 且 } p(v) \approx N(0, R) \tag{4-83}$$

Q为过程噪声方差，R为测量噪声方差，在过程中的每个时间点可能会随机变化，但是受限于$n_{\max}$的最大范围。

4.4.4.1 滤波器的实现

在实际实现滤波器之前，我们定义系统中需要的术语和参数。为了估计x_k，我们必须考虑前面步骤提供的所有信息。如果时间k之前的所有测量值都是可获得的，那么为了估计x_k，我们可以形成一个先验状态估计，我们称它为$\hat{x}_k^- \in \mathbb{R}^n$。定义先验状态估计的一种方法是根据时间$k$之前（而不包括$k$）的测量计算$x_k$的期望值：

$$\hat{x}_k^- = E[x_k | z_0, z_1, \cdots, z_{k-1}] \tag{4-84}$$

类似地，如果在k之前的所有测量（包括时间k）都是可获取的，那么为了估计x_k，我们可以定义一个后验状态估计，记作$\hat{x}_k^+ \in \mathbb{R}^n$。因此，我们可以通过计算$x_k$的期望值来形成后验状态估计值，该期望值根据之前的测量时间k（包含k）：

$$\hat{x}_k^+ = E[x_k | z_0, z_1, \cdots, z_{k-1}, z_k] \tag{4-85}$$

在实际测量z_k之前和之后，$\hat{x}_k^-$与$\hat{x}_k^+$都为同一个x_k的估计。通常，我们更期望值$\hat{x}_k^+$比$\hat{x}_k^-$更准确，因为我们在计算$\hat{x}_k^+$时考虑了更多的信息。图4-30所示为先验、后验和实际测量之间的时间间隔。

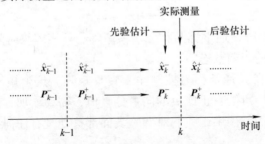

图4-30 先验和后验估计和误差

下一步我们根据实际测量值 z_k 定义先验误差和后验误差：

$$e_k^- = z_k - \hat{x}_k^- \tag{4-86}$$

$$e_k^+ = z_k - \hat{x}_k^+ \tag{4-87}$$

然后是先验估计误差协方差：

$$P_k^- = E[e_k^- e_k^{-\mathrm{T}}] \tag{4-88}$$

类似地，后验估计误差协方差：

$$P_k^+ = E[e_k^+ e_k^{+\mathrm{T}}] \tag{4-89}$$

$\hat{x}_k^+$ 为 $\hat{x}_k^-$ 和测量预测值 $H_k \hat{x}_k^-$ 与实际测量值 z_k 的权重差分的线性组合：

$$\hat{x}_k^+ = \hat{x}_k^- + K_k(z_k - H_k \hat{x}_k^-) \tag{4-90}$$

$(z_k - H\hat{x}_k^-)$ 称为残差，即预测测量值与实际测量值不一致。因此，我们可以确定对状态估计的信心。理想的情况是误差为 0。

Kalman 增益 K_k 是一个 $n \times m$ 的矩阵，用来最小化后验误差协方差 P_k^+ 的增益因子。

因为 P_k 为 K_k 的函数，且 K_k 为唯一未知量，我们可以使 P_k 关于 K_k 的值最小化。求偏导并解出方程：

$$\frac{\partial P_k}{\partial K_k} = 0 \tag{4-91}$$

K 可以用以下形式计算[27]：

$$K_k = \frac{P_k^- H_k^{\mathrm{T}}}{H_k P_k^- H_k^{\mathrm{T}} + R_k} \tag{4-92}$$

当测量协方差矩阵 R 趋近于 0 时，增益增加，使得残差值的重要性（权重）增大。另一方面，当 P_k^- 值趋近于 0 时，增益 K 导致残差的权重更小。卡尔曼滤波利用贝叶斯规则估计的先验估计和后验估计 $\hat{x}_k^-$ 与 $\hat{x}_k^+$。关于此滤波器中使用的概率的更多细节见文献[97]。

如前所述，通过应用这种滤波技术，我们的目标是估计人面部位置和面部宽度，然后根据来自噪声测量的反馈（在实践中，我们不能说我们有一个完美的测量），更新下一个预测。

4.4.4.2 通过预测和细化进行跟踪

预测是我们的检测算法实际定位人脸之前的一步。我们考虑两种预测方法。

首先，一个简单的预测方法，我们假设人脸的大小和脸的位置在每个时间步移相等（即目标有一个恒定的速度）。因此，预测位置 x_k 可以根据前两个位置 x_{k-1} 与 x_{k-2} 进行计算：

$$x_k = x_{k-1} + (x_{k-1} - x_{k-2}) = 2x_{k-1} - x_{k-2} \tag{4-93}$$

但是，这对于我们的应用来说不是一个合理的假设，并且在跟踪 4~5 帧后会失败，因为我们不能期望面部移动的速度恒定。

作为第二种选择，我们继续使用卡尔曼滤波方法，在这种方法中，预测是基

于所有以前的测量（而不是最后几个测量）的预期测量，为$[z_k|z_0,z_1\cdots,z_{k-1}]$。在求$z_k$的期望值之前，我们需要知道$k$时刻的期望状态，为$E[x_k|x_0,x_1,\cdots,x_{k-1}]$。为了解决这个递归算法，我们采取以下两个递归步骤来细化预测状态：

1）时间更新步骤指定了值$\hat{x}_k^-$与协方差矩阵P_k^-。那么更准确的$\hat{x}_k^+$可以通过期望值$\hat{x}_k^-$与实际测量值z_k获得。

2）测量更新步骤执行测量值$\hat{x}_k^+$来定义下一个$\hat{x}_k^-$与P_k^-，以便开始下一个递归。

时间更新式（4-95）与（4-96）提出了先验状态和先验误差随时间$k-1$到k的协方差。k处的期望状态可以通过应用状态转换矩阵A到$\hat{x}_{k-1}$来定义：

$$\hat{x}_k^- = A\hat{x}_{k-1}^+ + Bu_{k-1} + w_{k-1} \tag{4-94}$$

回顾w_k均值为零的假设，且独立于x_{k-1}，我们可以确定协方差矩阵P_k^-如下：

$$\begin{aligned}P_k^- &= E[(x_k - \hat{x}_k^-)(x_k - \hat{x}_k^-)^T | z_0, z_1, \cdots, z_{k-1}] \\ &= E[(Ax_{k-1} + w_{k-1} - A\hat{x}_{k-1})(A\hat{x}_{k-1} + w_{k-1} - A\hat{x}_{k-1})^T | z_0, z_1, \cdots, z_{k-1}] \\ &= AP_{k-1}^+ A^T + Q\end{aligned} \tag{4-95}$$

下面的测量更新式对下一轮递归过程进行了修正：

$$K_k = P_k^- H_k^T (H_k P_k^- H_k^T + R)^{-1} \tag{4-96}$$

$$\hat{x}_k^+ = \hat{x}_k^- + K_k(z_k - H_k \hat{x}_k^-) \tag{4-97}$$

$$\hat{P}_k^+ = (1 - K_k H_k) P_k^- \tag{4-98}$$

在测量更新阶段，首先计算卡尔曼增益K_k。这是基于估计误差协方差计算在前一个更新步骤，以及测量噪声协方差R。然后我们估计后验状态$\hat{x}_k^+$基于当前的测量值z_k，先验状态$\hat{x}_k^+$与卡尔曼增益K_k。

卡尔曼增益使用从过程开始到时间t的所有可用信息的加权组合来表示新旧信息的确定性。例如，若K_k为0.5，那么先验和后验的测量值都具有相等的方差（确定性），因此x_k的期望值恰好位于它们的中间，滤波器充当简单的平均值。一般来说，如果新测量的置信水平不够高（即存在一个非常高的不确定性），那么在式（4-97）中，新测量的统计贡献几乎为零，且最终结果$\hat{x}_k^+$将会非常接近$\hat{x}_{k-1}^+$。另一方面，在之前的观测值z_{k-1}中存在较大的方差，但是在新的测量结果中准确度更高，则我们假设$\hat{x}_k^+$与最新测量值z_k更接近。卡尔曼滤波器负责为每个后续的时间步长找到最优的平均因子。最后，根据先验误差协方差和计算的卡尔曼增益，确定P_k的修正值。在每一对时间更新和度量更新之后，这个过程会在一个递归管理器中再次重复，以细化参数和预测。

第5章 驾驶员疲劳检测

5.1 引言

人脸和眼睛检测是许多人脸分析系统的关键步骤[301,310]。自2000年初以来，Viola和Jones[269]、Jesorsky等人[101]、Hsu等人[205]在基于模型和学习的对象检测方法方面取得了重要进展。目前的研究旨在提高检测器的鲁棒性。在提出的人脸检测算法中，基于boosting的检测，有效利用整幅图像、哈尔特征和级联的弱分类器，定义了高性能的系统[154,225,311]。

继著名的Viola-Jones人脸检测器[271]之后，许多研究人员对该检测器的性能进行了进一步的改进。目前，该领域的研究可分为四个主题：
1）加快学习过程。
2）加快检测过程。
3）确定检出率和假正类率之间更好的平衡。
4）结合前面三种方法。

上述方法的例子有：启发式方法试图提高检测速度[210]，或不同版本的boosting算法，如Float boost[133]，ChainBoost[297]，代价敏感boosting[154,298]，KLBoost[139]，FCBoost[225]，或RCECBoost[226]，旨在加速AdaBoost算法收敛，或者改善最终检测器的性能。

哈尔特征的一些变化已经被提出来用于改进基于boosting的检测器的性能[135,194,195]。为了提高旋转人脸的检测率，提出了基于哈尔的人脸检测算法。这些人脸检测器中有许多使用了Viola和Jones提出的图像预处理步骤的类似变体[271]。其他一些如Struc等人[245]使用人脸窗和非人脸窗方差归一化预处理来处理光照伪影。

尽管在检测方法上有了很大的进步，但是在非理想的光照条件下，人脸和眼睛的检测仍然需要进一步的改进。甚至在最近的工作中，如文献[104, 147, 262]提到的，有限的验证测试仅适用于正常情况。驾驶员行为监控是一个具有挑战性的眼部分析环境的一个例子，在这种环境中，光源不是均匀的，或者光强度可能会快速重复地变化（例如，由于进入隧道、阴影遮罩、由暗到非常亮的场景，甚至阳光照射）。尽管目前用于正常光照条件下的正面人脸检测技术相当稳健和精确[104,132,302,312]，但对于复杂和敏感的任务，如驾驶员的眼睛状态监视（眼睛开合）和注视分析，距精确的解决还有很远的距离。

在相关的著作中，有关于应用领域的单一和多分类器方法的出版物。Brandt 等人[23]设计了一种由粗到精的人脸和眼睛检测方法，使用哈尔小波测量驾驶员眨眼，在理想条件下得到了满意的结果。Majumder[147]提出了一种混合方法，在 HSV 颜色空间中使用哈尔分类器来检测面部特征，但只在数量非常有限的正面面孔上进行了测试。Zhua 和 Ji[316]引入了在可变光照条件下的稳健的眼睛检测和跟踪，然而，如果没有红外照明的支持，他们的方法是无效的。该领域的研究成果往往缺乏对大范围视频或图像数据的验证和性能分析。

在这一章中，我们追求四个目标：①通过一种更稳定的方法来检测和定位图像平面上的特征来改进哈尔分类器的噪声测量；②通过引入一种新的技术，即自适应分类，来解决复杂照明条件下的检测故障问题；③通过使用卡尔曼滤波跟踪器最小化搜索区域，进一步降低总体计算成本，同时通过在像平面内设置有限的操作区域来最小化误检；④通过引入动态全局哈尔特征（DGHaar）来实现更快的分类。

本章其余部分组织如下：第 5.2 节和第 5.3 节讨论了分类器的训练阶段，第 5.4 节概述了应用阶段的主要思想，第 5.5 节讨论了我们的自适应分类器，第 5.6 节提供了关于跟踪模块实现的信息，以及面部和眼睛跟踪的技术考虑，第 5.7 节讨论了一种基于保相位算法的图像去噪方法，全局和动态的全局哈尔特征详见 5.8 节，第 5.9 节提出了基于全局和动态全局特征的 boosted 级联的新想法，第 5.10 节详细介绍了试验和验证结果，随后对所介绍的技术进行了性能分析，并与标准的 Viola - Jones 方法和其他最新技术进行了比较，第 5.11 节结束本章。

5.2 训练阶段：数据集

对于驾驶员面部分析，我们使用 Leinhart 提供的标准哈尔特征人脸检测器[135]。然而，我们训练了自己的眼状态分类器，以便对可能影响哈尔分类器性能的参数进行进一步的研究。我们训练并创建了两个单独的级联分类器，一个用于睁眼检测，另一个用于闭眼检测。

一般认为，增加训练数据集中的正、负类图像的数量可以提高训练分类器的性能。然而，经过几次试验，我们发现随着训练图像数量的增加，增强算法的特征失配风险也在增加。正类图像和负类图像的选择是影响整体表现的重要步骤。因此，仔细考虑正类和负类图像的数量及其比例是至关重要的。训练参数的多维性和特征空间的复杂性也决定了进一步的挑战。在这里，我们回顾了我们的鲁棒数据集的规范以及我们得到的优化的训练参数。

在最初的负类图像数据库中，我们删除了所有包含任何类似于人眼的物体的图像（例如，动物的眼睛，如老虎的眼睛、狗的眼睛）。我们准备好靠手动从正类图像中分割睁开和闭合眼睛的训练数据库。需要回答的重要问题是：如何分割出眼睛区域，以及分割成什么形状（如圆形、等向矩形、正方形）。一般认为，圆形或水平矩形最适合眼睛区域（因为它也用于 OpenCV 的眼睛检测器）。然而，我们通过将眼睛分割成正方形获得了最佳的试验结果。我们拟合包围整个眼宽的正方形，对于垂直定位，我们选择眼睛区域上下相等的皮肤区域。我们分割 12000 张睁开和闭合眼睛的图像，它们来自在线图像以及 7 个其他数据库，包括 Yale 数据集[130]，由美国国防部（DoD）反毒技术开发项目办公室资助的 FERET 数据库[64,196]，Radbound 面部数据库[127]，Yale B 面部数据库[300]，BioID 数据库[101]，PICS 数据库[197]，Face of Tomorrow（FOS）数据库[59]。这个正类数据库包括 40 多种不同的姿势和情绪，用于不同的面部、眼睛类型、年龄和种族，如下：

- 性别和年龄：6~94 岁的男性和女性。
- 情绪：中性、快乐、悲伤、愤怒、轻蔑、厌恶、惊讶、恐惧。
- 观看角度：正面（0°）、±22.5°、侧面（±45.0°）。
- 种族：东亚人、白种人、深色皮肤的人、拉丁裔美国人。

从我们创建的数据集 IntelliEye 中获取的睁开和闭合眼睛的样本如图 5-1 和图 5-2 所示。

与其他训练数据库相比，生成的多面数据库在统计上更为独特、具有鲁棒性和竞争力。

我们还选择了 7000 张负类图像（非眼睛和非面部图像），包括室内或室外场景中常见物体的组合。考虑到应用 24×24 像素的搜索窗口，我们的负类数据库中有大约 7680000 个窗口。在训练过程中，正类图像数量的增加导致真正类案例（TP）的发生率提高，这是优点，但也增加了假正类案例（FP），因为 AdaBoost 机器学习增加了特征选择和特征匹配的复杂性。同样，当负类训练图像的数量增加时，会导致 FP 和 TP 的下降。因此，我们需要考虑一个很好的权衡负面窗口的数量与正类图像的数量的比率。当 $N_p/N_n = 1.2$ 时，我们得到了最小的 FP 和最高的 TP 率。对于面部检测，该比率值可能略有不同。

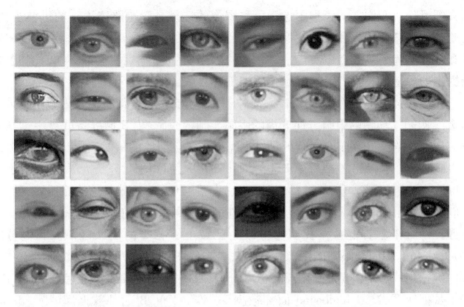

图 5-1　来自我们的 IntelliEye 数据集中的睁开眼睛的样本

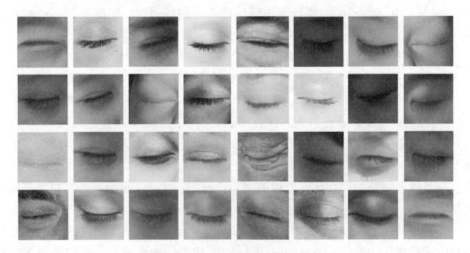

图 5-2　来自我们的 IntelliEye 数据集中的闭合眼睛的样本

5.3　增加参数

作为训练阶段的下一步，我们通过应用以下设置作为 boosting 参数来实现分类器的最大性能。

- 特征窗口的大小：21×21 像素。

- **分类器（节点）总数**：15 个阶段，阶段数越少，假正类检出率越高，阶段数越多，真正类检出率越低。每个阶段的最低可接受命中率为 99.80%。将命中率设置得高于此值（太接近 100%）可能会导致训练过程持续很长时间，或者导致在完成训练阶段之前出现早期失败。
- **每个阶段的最高可接受误报率**：设定为 40.0%（通常选择的误报率为 50%）。当每个阶段的迭代次数增加时（即 0.40^n），该错误指数趋近于零。
- **权重调整阈值**：0.95，这是每个阶段被检测对象通过与否的相似度权重。
- **助推算法**：在四种助推方式（离散 AdaBoost、真实 AdaBoost、平缓 AdaBoost（GAB）、LogitBoost）中，我们通过 GAB 助推获得了约 5% 的 TP 检测率。Lienhart 等人[134]也认为 GAB 可以降低面部检测的 FP 比率。

我们对来自 FERET 数据库第二部分的 2000 张图像进行了初步性能评估[64]，并对 HAKA1（我们的研究工具）中记录的 2000 个其他图像序列进行了性能测试，结果显示，与 OpenCV 库中 Intel 提供的 open eye 分类器相比，检出率高出 8%。

5.4 应用阶段：简要的想法

通过在训练和分类阶段应用启发式技术，并通过开发丰富的眼睛数据集，我们获得了如前一节所讨论的检测改进。然而，我们还需要在应用阶段进行进一步的改进，因为我们仍然可能会遇到在低光照条件下丢失检测（FNs）或错误检测（FPs）的问题。在本节和下一节中，我们提出了两种方法来解决上述问题：通过适应光照条件，并通过应用跟踪解决方案来限制 ROI，从而降低 FPs。

图 5-3 所示为我们方法的总体结构。使用基于哈尔特征的分类器，有两种可能的选择。在选择 1 中，我们将感兴趣的区域（ROI_1）量化为 100%，这意味着我们的分类器需要搜索输入 VGA 图像的整个区域，从输入图像的左上角到右下角。一般来说，对于三个单独的哈尔分类器，这样的完整搜索需要重复三次，以检测"面部""睁眼"或"闭眼"状态。

但是，通过分析 FERET[64] 和 Yale[130] 两个标准数据库中眼睛定位的真实信息，我们计算出眼睛定位在 0.55~0.75 的范围内，如图 5-4 所示。在头部倾斜的情况下，眼睛的位置可能在 0.35~0.95 的范围内变化。因此，假设已经检测到面部，眼睛分类器只能在 A 和 B 区域（ROI_2）执行，这两个区域只占输入图像的 5.2%。如果面部检测失败，则需要在图像平面上进行第二次完整搜索进行眼睛分类（ROI_3），因为我们没有任何关于面部位置的先验估计。这将导致总搜索成本为 200%。如果睁眼分类器在最后五帧中检测到 A 段中至少有一只眼睛，则调用闭眼分类器查看 C 区域（ROI_4）。这个区域大约覆盖了 VGA 图像的 3%。

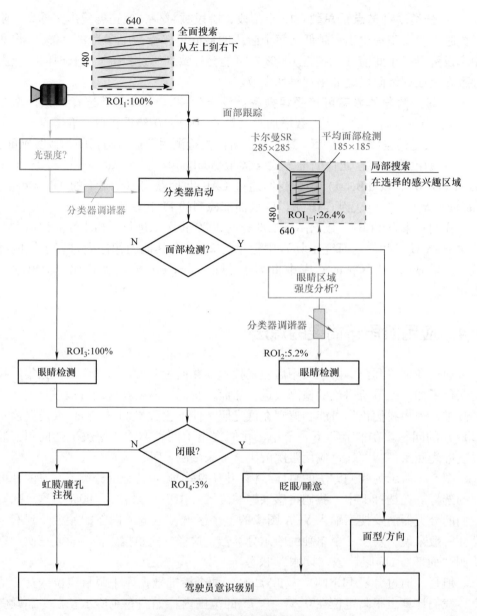

图 5-3 驾驶员意识监控流程图

简而言之,假设在第一阶段成功地检测到面部,对于完整的眼部状态分析,我们的最大搜索区域为 108.2%（$ROI_1 + ROI_2 + ROI_4$）,而面部检测失败将导致高达 203% 的搜索成本增加（$ROI_1 + ROI_3 + ROI_4$）。

通过评估 1000 个记录的帧和真实面部,我们测量了被检测面部的平均大小

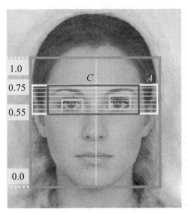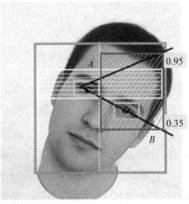

图 5-4　在面部检测成功之后，优化用于眼睛跟踪的 ROI

为 185×185 像素，这只覆盖了 VGA 图像平面的 11%。基于这个想法，我们计划进行部分搜索，可能将有限的搜索区域定义为选择 2 而不是选择 1。

如图 5-4 所示，实现面部跟踪器减少了面部检测的搜索区域，从而可以通过被跟踪的面部实现更快的眼部分析。后面我们将讨论使用跟踪解决方案作为选择 2，总的搜索成本可以降低到 34.6% 左右（$ROI_1 + ROI_2 + ROI_4$），这比盲目搜索（选择 1）快 6 倍。

除了优化的搜索策略外，我们还要求从第一步开始进行正确的面部定位，然后是加强眼睛状态检测器，使其能够适用于所有的照明条件。图 5-5 所示为需要加强分类器的示例，这些分类器需要在极具挑战性的光照条件下进行自适应。在开始面部或眼睛检测之前，将此需求视为图 5-3 中的分类器调谐器模块。我们引入自适应哈尔分类器来克服标准 Viola–Jones 分类器在非理想光照条件下的缺点[269]。

图 5-5　驾驶时"不理想"的照明情况，令驾驶员的眼睛难以监察（来自公众网站的图片）

5.5　自适应分类器

该自适应模块分为三个部分，分别针对 Viola–Jones 检测器的不足、眼区周围强度变化的统计分析以及针对基于哈尔特征的检测器在非理想条件下效率低的问题所进行的动态参数自适应。

5.5.1 在具有挑战性的照明条件下的问题

我们检查了 Castrillon、Lienhart、Yu 和 Hameed[292] 开发的 5 个公认的和公开可用的哈尔分类器驾驶员,用于我们的提名应用,驾驶员监控。虽然它们在非挑战性和正常的照明场景中工作得很好,但我们意识到,在白天和晚上频繁地进行阴影和人工照明场景的切换,可能会导致哈尔分类器失效。当驾驶员面部的一部分比另一部分更亮时(由于光线从侧窗射进来),情况变得更加复杂,使得眼睛的状态检测变得极其困难。与训练阶段类似,在基于哈尔分类器的应用阶段需要注意一些参数。主要参数有:

- 初始搜索窗口大小(SWS)或滑动窗口的初始大小,应等于或大于训练步骤中正类图像的比例大小(即 21×21 像素)。
- 比例因子(SF)在每个后续的搜索迭代中增加 SWS(例如 1.2,这意味着每个搜索迭代的窗口大小增加 20%)。
- 检测到的邻居的最小期望数量(MNN),当一个小区域内有多个候选对象(如 3 个邻居对象)时,确认一个对象所需的最小期望数量。

一般来说,SF 越小,每次迭代中的搜索就越详细。然而,这也会导致更高的计算成本。

MNN 的减少导致检出率的增加,然而,它也增加了误检率。MNN 值越大,对面部或眼睛候选对象的确定就越严格,从而降低了检出率。

图 5-6 所示为一个眼睛分类示例中与 MNN 参数相关的潜在问题。左图显示了 10 个初始候选眼,然后用 MNN 参数进行分割。检测分布在 5 个区域,每个区域有 1~4 个重叠的候选区域。为了最小化这个问题,通常会为 MNN 参数分配一个折衷值,以获得可能的最佳结果。图 5-6 右上角图所示为 MNN 为 3 或 4 时的漏检;图 5-6 右下角图所示为 MNN 为 2 时的漏检。MNN = 1 时检测到 3 次错误,MNN 大于 4 时根本检测不到,所以在这个例子中没有最优 MNN 值。

我们得出结论,尽管我们可以定义 SWS、SF 和 MNN 来获取"理想"的视频序列的最佳检测率,但在目标对象上光强度变化的多样性仍然可以显著影响给定分类器在 TP 和 FP 率方面的性能[43,290]。

5.5.2 混合强度平均

为了解决上述问题,我们建议哈尔分类器参数必须是自适应的,并随时间的变化而变化,具体取决于照明的变化。图 5-7 和图 5-8 说明了我们无法通过对整

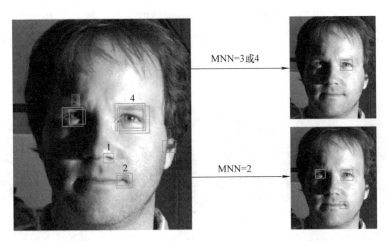

图 5-6　左图：MNN 因子修剪前的初始眼部检测结果。右图：使用各种 MNN 值的最终检测

个输入帧进行简单的强度平均来测量照明变化：在驾驶应用中，可能会产生来自后风窗玻璃的强背光，驾驶员脸颊或额头周围的白色像素值（由于光反射）或驾驶员面部暗影的影响。所有这些条件可能会对总体平均强度测量产生负面影响。通过分析各种记录的序列，我们意识到眼睛区域中的像素强度可以独立于其周围区域而变化。专注于检测到的面部区域，图 5-7 右图所示为在两个样本面部中显示出非常暗和非常亮的斑点（分别在 0~35 和 210~255 的灰度范围内）。它还显示了驾驶员面部左侧和右侧的照明差异很大。除了虹膜强度（用于深色或明亮的眼睛）外，周围的眼睛强度在眼睛检测中也起着至关重要的作用，因此，基于该区域中适当强度测量的适当分类器参数调整可以确保进行可靠的眼睛检测。考虑到这一点，我们在眼睛周围定义了两个矩形区域（图 5-7 右图），该区域不仅可以很好地近似于眼睛周围的垂直和水平光强度，而且受到外部绿色或蓝色（非常明亮或非常暗）区域的影响很小。

图 5-7　通过排除非常亮和非常暗的区域来进行眼睛检测的平均强度测量。
　　　　绿色：阈值范围 210~255。蓝色：阈值范围 0~35（见彩插）

考虑到已经检测到的面部，以及预期的眼睛区域 A 和 C（基于图5-4），我们可以几何上定义 C_r、F_r、C_l 和 F_l 为最佳区域，以获得对眼睛周围光强的准确估计（图5-8）。我们还考虑了左右半张脸的独立分类器参数，因为每半张脸可能受到不同的不均匀的光照。

图5-8　选定区域以汇总眼睛周围的平均强度（图片来源：耶鲁大学数据库）

进一步分析，图5-7右图所示为一小块绿色或蓝色的线段（极暗或极亮的线段）进入白色矩形区域。这可能影响 C 或 F 区域的实际平均强度计算。因此，为了减小这种噪声对我们测量的影响，我们采用混合平均的方法，将像素强度的均值和模式（Mo）结合起来：

$$I_r(\alpha) = \frac{1}{2}\left[\left(\alpha \cdot Mo(C_r) + \frac{(1-\alpha)}{m}\sum_{i=1}^{m} C_r^i\right) + \left(\alpha \cdot Mo(F_r) + \frac{(1-\alpha)}{n}\sum_{j=1}^{n} F_r^j\right)\right]$$

(5-1)

其中，$I_r(\alpha)$ 是面部右眼区域的混合强度值，m 和 n 是区域 C_r 和 F_r 中像素的总数，范围为 [0, 255]，分别指向脸颊和前额的光强度。

试验定义的 α 值为0.66，与平均强度相比，模式强度测量具有双重重要性。该模式的集成可减小眼睛虹膜颜色（即蓝色部分）的影响以及非常亮的像素（即绿色部分）对我们的自适应强度测量的影响。类似地，我们可以将 $I_l(\alpha)$ 作为左眼区域的混合强度值。

5.5.3　参数适配

检测阶段的最后一步是基于测量的 I_r 和 I_l 值对分类器参数进行优化，使我们的分类器能够适应每一个单独的输入帧。现在我们需要找到0~255范围内所有强度值的最佳参数（SWS、SF、MNN），这是一个非常耗时的试验任务。相反，我们定义了10个选定强度的最佳参数，然后采用数据插值方法将这些参数扩展到所有256个强度值（图5-9）。

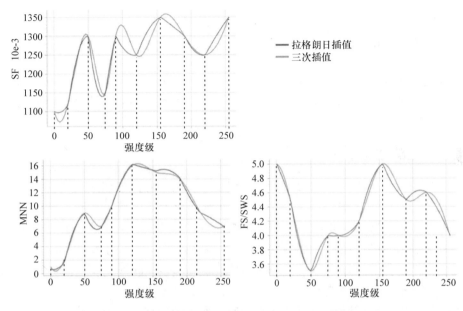

图 5-9　拉格朗日插值、三次插值对 MNN、SF、SWS 参数的拟合曲线（见彩插）

表 5-1 给出了在不同天气和光照条件下，从 20 个录制视频中获取的 10 个数据点的最佳参数值。通过调整这些参数，可以使这 10 个给定强度的真正类率都达到最高。表 5-1 的参数值在强度变化上呈非线性，因此，我们在数据样本上应用了两种非线性的三次插值和拉格朗日插值[48]，将自适应值从 0 扩展到 255。三次插值对 MNN 和 SWS 有较好的拟合效果，拉格朗日插值对高度波动的 SF 数据样本有较好的拟合效果。

表 5-1　10 个选定强度等级的最佳搜索窗口大小、比例因子和最小邻居数（FS：被检测面部尺寸）

光强度	SWS	SF	MNN
0	FS/5.0	1.10	1
20	FS/4.5	1.12	2
50	FS/3.5	1.30	9
75	FS/4.0	1.15	7
90	FS/4.0	1.30	10
120	FS/4.2	1.25	16
155	FS/5.0	1.35	15
190	FS/4.5	1.30	14
220	FS/4.6	1.25	9
255	FS/4.0	1.35	7

5.6 跟踪和搜索最小化

作为图 5-3 所示的讨论框架的一部分，本节追求五个目标，包括最小化眼睛状态检测的搜索区域、时间效率、更低的计算成本、更精确的检测以及更低的误检率。

5.6.1 跟踪注意事项

对先前检测到的目标进行简单的跟踪很容易由于遮挡或快速改变目标的大小和移动轨迹而失败（图5-10）。因此，为了最小化搜索区域，我们需要执行一个动态的智能跟踪策略。我们认为有三种跟踪器可供选择：粒子滤波器、卡尔曼滤波器和无迹卡尔曼滤波器。在多目标跟踪和复杂情况下，粒子滤波器的性能一般较好，而卡尔曼滤波器对单目标跟踪的精度更高[151]。此外，粒子滤波器的计算成本明显高于卡尔曼滤波器[217]，这与我们开发实时 ADAS 的策略相矛盾。在我们的应用程序中，驾驶员的面部不能快速或不规则地移动，所以我们假设它是一个线性或有一点非线性的运动。总的来说，我们选择的滤波器是标准的卡尔曼滤波器。

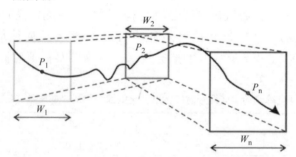

图 5-10　样品移动轨迹：同时改变面的位置和尺寸

在第 4 章详细讨论之后，图 5-11 所示为卡尔曼滤波器[110]的简要结构，包括时间更新和测量步骤，其中 $\hat{x}_k^-$ 和 $\hat{x}_k^+$ 是针对检测到的面部中心估计的先验状态和后验状态，z_k 是哈尔分类器测量向量，A 是被称为状态转换矩阵的 $n \times n$ 矩阵，它将时间步长 $k-1$ 的先前状态转换为时间步长 k 的当前状态，B 是被称为 $n \times l$ 矩阵，作为与可选控制参数 $u \in \mathbb{R}^l$ 相关的控制输入转换矩阵，w_k 是假定为高斯白噪声，H 是称为测量转换矩阵的 $n \times m$ 矩阵。P_k^- 和 P_k^+ 是基于预测值和测量值（通过哈尔分类器）的先验和后验估计误差协方差，而 K_k 是卡尔曼增益。

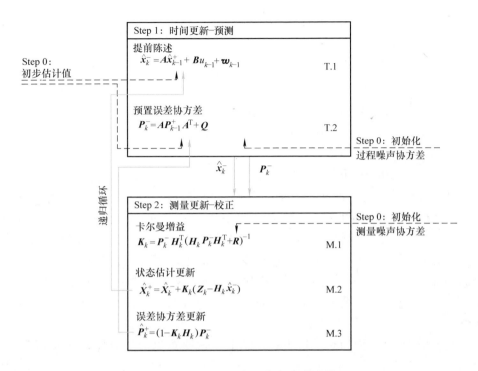

图 5-11 Nutshell 中的卡尔曼滤波器

5.6.2 滤波器建模和实现

有许多不同的运动方程，如线性加速度、圆形加速度或牛顿力学。然而，对于驾驶员的面部运动，我们只考虑一个线性动态系统，并假设在短时间 Δt 内加速度恒定。我们定义状态向量为

$$\boldsymbol{x}_t = [x, y, w, v_x, v_y, a_x, a_y]^T \tag{5-2}$$

其中，x、y 为图像坐标中检测到的面部的中心，w 为面部宽度，v_x、v_y 为运动面部的速度，a_x、a_y 为加速度分量。根据运动理论，有

$$p(t+1) = p(t) + v(t)\Delta t + a(t)\frac{\Delta t^2}{2} \tag{5-3}$$

$$v(t+1) = v(t) + a(t)\Delta t \tag{5-4}$$

其中，p、v、a、Δt 分别为输入图像之间的位置、速度、加速度和时间差。Δt 是平均处理时间，它是从在时间 k 的给定帧开始面部检测过程到眼睛检测过程结束到在时间 $k+1$ 接收下一帧之间的时间。依靠状态转换的定义，在式 T.1（图 5-11 中）中，我们将转换矩阵 A 建模为 7×7 矩阵。因此，下一个状态估计如下：

$$\begin{bmatrix} x_k \\ y_k \\ w_k \\ v_{x_k} \\ a_{x_k} \\ a_{y_k} \end{bmatrix} = \begin{bmatrix} 1 & 0 & 0 & \Delta t & 0 & \frac{1}{2}\Delta t^2 & 0 \\ 0 & 1 & 0 & 0 & \Delta t & 0 & \frac{1}{2}\Delta t^2 \\ 0 & 0 & 1 & 0 & \Delta t & 0 & 0 \\ 0 & 0 & 0 & 1 & 0 & \Delta t & 0 \\ 0 & 0 & 0 & 0 & 1 & 0 & \Delta t \\ 0 & 0 & 0 & 0 & 0 & 1 & 0 \\ 0 & 0 & 0 & 0 & 0 & 0 & 1 \end{bmatrix} \cdot \begin{bmatrix} x_{k-1} \\ y_{k-1} \\ w_{k-1} \\ v_{x_{k-1}} \\ v_{y_{k-1}} \\ a_{x_{k-1}} \\ a_{y_{k-1}} \end{bmatrix} + \begin{bmatrix} r(2e-3) \\ r(2e-3) \\ \vdots \\ r(2e-3) \end{bmatrix} \quad (5\text{-}5)$$

在实际环境中运行滤波器之前，我们需要进行一些初始化，包括 $\hat{x}_0^+$、$\hat{P}_0^+$、R、Q 和 H。测量噪声协方差矩阵 R 直接取决于摄像机的测量精度以及面部/眼睛的精度检测算法。比较真实信息和面部检测方法的结果，我们确定系统中测量噪声的方差为 $R = \text{rand}(1e-4)$。Q 的确定通常比 R 困难，需要手动调整。在对滤波器递归进行几次迭代之后，对 R 和 Q 进行良好的调整可以非常快速地稳定 K_k 和 P_k。将过程噪声设置为 $Q = \text{rand}(2e-3)$ 时，我们获得了最佳的系统稳定性。

我们取 $H = 1$，因为测量仅由状态值和一些噪声组成。矩阵 B 也可以省略，因为没有用于驾驶员面部移动的外部控制。对于 $\hat{x}_0^+$ 和 $\hat{P}_0^+$，我们假设面部的初始位置在位置 $x = 0$ 和 $y = 0$ 处，初始速度为 0，后验误差协方差为 0。我们还认为 Δt 在 33～170ms 之间，基于我们 PC 平台上的计算成本，并且处理速率在 6～30Hz 之间。我们将在第 5.10 节中进一步讨论。

5.7 相位保持去噪

与基本方差归一化不同，本节提出了进一步的预处理步骤，以解决噪声图像和被照明伪影污染的图像的问题。我们使用文献［125］中 Kovesi 建议的相位保持去噪方法，该方法能够基于非正交和复值对数 Gabor 小波来保留图像的重要相位信息。

该方法假定图像的相位信息是最重要的特征，并尝试保留此信息，同时还保留幅度信息。

令 M_ρ^e 和 M_ρ^o 表示 ρ 尺度上的偶对称和奇对称小波，称为正交对。考虑到每个滤波器正交对的响应，响应向量定义如下：

$$[e_\rho(x), o_\rho(x)] = [f(x) * M_\rho^e, f(x) * M_\rho^o] \quad (5\text{-}6)$$

其中，$*$ 表示卷积，而 $e_\rho(x)$ 和 $o_\rho(x)$ 分别是复数值频域中的实部和虚部。变换在给定小波尺度下的幅值为

$$A_\rho(x) = \sqrt{e_\rho(x)^2 + o_\rho(x)^2} \tag{5-7}$$

局部相位为

$$\varphi_\rho(x) = \arctan\left[\frac{o_\rho(x)}{e_\rho(x)}\right] \tag{5-8}$$

每个滤波器尺度有一个响应向量,信号中每个像素 x 都有一个这样的向量数组。去噪过程包括为每个尺度定义一个合适的噪声阈值,降低响应向量的大小,同时保持相位不变。去噪过程中最重要的一步是确定阈值。为此,Kovesi[125] 使用了滤波器对纯噪声信号的期望响应。

如果信号是纯高斯白噪声,那么小波二次滤波器在某尺度下的响应向量的位置在复平面上形成二维高斯分布[125]。Kovesi 表明,震级响应的分布可以用瑞利分布来建模:

$$R(x) = \frac{x}{\sigma_g^2} \exp^{\frac{-x^2}{2\sigma_g^2}} \tag{5-9}$$

同时,整个图像中滤波器对最小尺度处的幅值响应将是具有瑞利分布的噪声。

最后,通过估算瑞利分布的平均值 μ_r 和标准偏差 σ_r,可以估算出收缩阈值。阈值是自动确定的并将其应用于每个滤波器比例。

许多参数影响去噪输出图像的质量。关键参数包括要拒绝的噪声标准差阈值(k)、要使用的滤波器刻度数(N_ρ)和方向数(N_r)。

我们在试验中设置参数 $k = 3$、$N_\rho = 4$、$N_r = 4$。这些参数的结果是一个可接受的表示中小尺寸的面部(在 30×30 像素到 200×200 像素的范围内)。但是,对于大的面部,可能会导致错误的结果。一种方法是使用一组不同的参数来获取不同的图像。另一种方法是缩放原始图像,然后使用相同的参数进行转换。我们使用第二种方法来加快过程。转换为去噪形式后,自适应直方图均衡化可用于训练图像和测试图像。

图 5-12 所示为应用于眼部区域的样例哈尔特征以及使用去噪图像的区别优势。特征值增加 $V(\psi_p)$ 使分类器更快收敛。

图 5-13 所示为使用相同标准的哈尔检测器获得的"有噪声"输入图像的结果(上

$V(\psi_p) = \omega_1 \cdot S_W - \omega_2 \cdot S_B = 15573 - 14733 = 840$

$V(\psi_p) = \omega_1 \cdot S_W - \omega_2 \cdot S_B = 23429 - 19326 = 4103$

图 5-12　$V(\psi_p)$(特征值)保相位去噪后的改进结果
上图:原始图像
中图:图像去噪　下图:应用的哈尔特征的示例

图），以及对同一图像的去噪版本的改进（下图），但仍缺少两次检测。

图 5-13　标准哈尔检测器检测结果

上图：检测结果对一个"有噪声"的输入图像　下图：对去噪后图像的检测结果

5.8　全局哈尔特征

我们将去噪技术与哈尔特征方法的一个新版本结合起来，得到了一个更好的结果。作为本章的主要内容之一，我们提出了补充常用的标准哈尔特征的全局哈尔（GHaar）特征。利用全局哈尔特征，我们引入了一个新的视角，从整个滑动查询窗口的强度信息中获益。这超出了标准的哈尔特征，只能通过相邻的暗亮矩形区域来观察。

5.8.1　全局特征与局部特征

Viola 和 Jones 使用了五种哈尔特征，在后续内容中，我们将其称为局部哈尔特征。

回顾第 4.2.3 节和式（4-14）中的讨论，通过对白色和黑色区域 V 上的积分图像进行加权减法来计算局部特征 $V(\psi_i)$ 的值。$V(\psi_i) = \omega_1 \cdot S_{W_i} - \omega_2 \cdot S_{B_i}$，其中 S_{B_i} 和 S_{W_i} 是给定局部哈尔特征中黑白矩形的积分图像。

对于每个局部特征，我们引入两个全局哈尔特征，分别是

$$V_{G_B}(\psi_i) = S_F - S_{B_i} \text{ 和 } V_{G_W} = S_F - S_{W_i} \qquad (5\text{-}10)$$

其中，S_F 为整个滑动窗口的积分值（图 5-14）。全局特征将与局部特征一起使用。我们称它们为全局特征，因为这些特征值除了提供标准（局部）信息外，还提供全局信息。

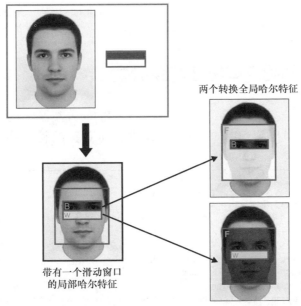

图 5-14　从标准哈尔特征中提取全局哈尔特征

简而言之，本章中的全局是指整个窗口和窗口的一部分之间的比较，而共同的局部特征只是指大小相等的相邻矩形。

如果一个局部特征被一个用于级联形成的增强算法选择，那么它也将是一个全局特征的候选。全局特征比局部特征更快，因为计算它们所需的值已经在早期阶段计算过了。图 5-14 所示为从一个局部特征到两个全局特征的转换步骤。

级联分类器的一个主要问题是，在最后阶段，越来越多的弱分类器需要拒绝 50% 的非面部样本，比早期阶段花费更多的时间。这些后期弱分类器的加入会大

大增加计算量。全局特征是一种有效的替代方法，有两个原因。首先，它们计算速度更快，其次，由于添加了新的信息级别（通过提取不同于局部特征的模式），它们可以在早期阶段提供更好的分类，而不需要进入更高的阶段。

5.8.2 动态的全局哈尔特征

基于上一节中提出的方法，当前局部特征 $V(\psi_i)$ 现在带有两个全局特征 $V_{G_W}(\psi_i)$ 和 $V_{G_B}(\psi_i)$，将在弱分类器中使用。在全局哈尔特征的动态版本（DGHaar）中，我们通过以下方式更新 S_F：

$$S_{F_d} = S_F + \sum_{i=1}^{j \leq n}(S_{W_i} - S_{B_i}) \tag{5-11}$$

其中，n 是当前级联中局部特征的总数，j 是正在评估的全局特征上的当前索引。

通过使用式（5-11），随着输入滑动窗口在级联中前进，S_F 的值将更新为 S_{F_d}。我们将这些类型的特征称为动态的全局哈尔特征。我们期望与全局特征的非动态版本相比，动态全局特征可以获得更高的检测率和更低的误报率。

5.9 利用局部和全局特征增强级联

在本节中，通过考虑全局特征来设计一系列的弱分类器。一种常见的方法是级联的每个阶段都拒绝50%的非对象样本，而真正的检测率仍接近最佳值（如99.8%）。

算法1：应用局部和动态全局特征学习弱分类器

Input: N_p positive samples; N_n negative samples.
Initialisation: Let $\mathcal{V}_{G_W} = \mathcal{V}_{G_B} = S_F$, where S_F is the sum of intensities in the whole window. Let $k = 1$.
Output: $(\psi_l^k, (\Phi_B^k, \Phi_W^k)), \ldots, (\psi_l^n, (\Phi_B^n, \Phi_W^n))$.
1: Find the kth local weak classifier ψ_l^k with threshold $T_l^k = \sum_{i=1}^{m_k}(S_{W_i} - S_{B_i})$; where m_k is the total number of local features in the kth classifier.
2: Find the next $(k + 1^{th})$ weak classifier ψ_l^{k+1};
3: Find the kth pair of global weak classifiers Φ_B^k and Φ_W^k, corresponding to the black and white parts of the local feature, respectively; set $T_B^k = \sum_{i=1}^{m_k}(\mathcal{V}_{G_B} - S_{B_i})$, and $T_W^k = \sum_{i=1}^{m_k}(\mathcal{V}_{G_W} - S_{W_i})$;
4: Decide to choose the best classifier(s) among $(\Phi_B^k), (\Phi_W^k)$ and ψ_l^{k+1};
5: **if** a global classifier is selected **then**
6: Update the values of $\mathcal{V}_{G_W}$ and $\mathcal{V}_{G_B}$ as: $\mathcal{V}_{G_W} = \mathcal{V}_{G_W} + S_{W_i}, \mathcal{V}_{G_B} = \mathcal{V}_{G_B} - S_{B_i}$;
7: Set $k = k + 1$, find the next local weak classifier ψ_l^k;
8: Go to Step 3;
9: **else**
10: $k = k + 1$;
11: Add ψ_l^k to the cascade and search for next local weak classifier ψ_l^{k+1};
12: Go to Step 3;
13: **end if**

当考虑全局特征时，重要的是确定哪些局部特征应被视为全局特征。一种方法是暂时保留当前的全局特征并继续搜索下一个局部特征，而不考虑当前全局特征的影响。如果候选全局特征显示出更好的拒绝率，则将候选者选作适当的特征，然后再次开始搜索下一个有效的局部特征。同样，即使它们的拒绝率等于或接近相等，全局特征也是首选。

算法 1 提供了用于学习级联的伪代码。应用该学习过程，获得了以下弱分类器：

$$(\psi_l^k,(\varPhi_B^k,\varPhi_W^k)),\cdots,(\psi_l^n,(\varPhi_B^n,\varPhi_W^n)) \tag{5-12}$$

其中可选对（$\varPhi_B^k,\varPhi_W^k$）表示全局特征，（$\psi_l^n,(\varPhi_B^n,\varPhi_W^n)$）是三元组，表示"一个"局部特征和"两个"后续全局特征的集合。

5.10 试验结果

本节报告了所提出的自适应分类器、追踪平台和全局哈尔分类器的试验结果。

试验中使用了两个视频序列和两个数据集。图 5-15、图 5-16、图 5-17 和图 5-18 显示了使用标准分类器和实现的自适应分类器进行眼睛状态检测的结果。这些图片是从各种不同的视频序列中挑选出来的，它们的光线变化非常大。表 5-2 和表 5-3 提供了在两个最困难的视频（每个 5min）和两个面部数据集（每个 2000 张图像）上执行的 TP 和 FP 检测率的详细信息。

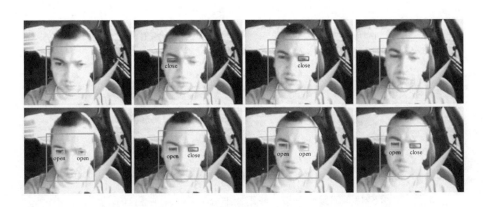

图 5-15　视频 1：在阳光照射和非常明亮的光照条件下的表面和状态检测，
　　　　　标准分类器（上）与自适应分类器（下）

图 5-16　视频 2：变光条件下的太阳镜面部检测，标准分类器（上）与自适应分类器（下）

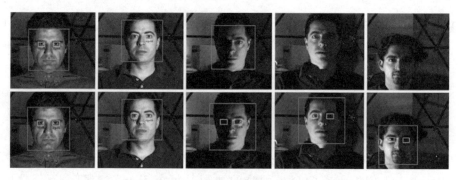

图 5-17　耶鲁大学数据库：在困难的照明条件下的面部和眼睛状态检测，标准分类器（上）与自适应分类器（下）

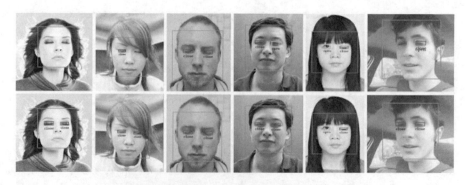

图 5-18　闭眼数据集：使用标准分类器（上）和自适应分类器（下）进行面部和眼睛状态检测

表 5-2 标准分类器性能分析

	标准 V–J 分类器					
	面部		睁眼		闭眼	
	TP	FP	TP	FP	TP	FP
视频 1	97.5	0.01	82	3.2	86	4.4
视频 2	81.1	1.02	—	0.5	—	0.32
耶鲁 DB	86.3	0.05	79.4	0.1	—	0.07
闭眼 DB	92.2	0.06	87.5	3.7	84.2	3.9

表 5-3 自适应分类器性能分析

	自适应分类器					
	面部		睁眼		闭眼	
	TP	FP	TP	FP	TP	FP
视频 1	99.3	0	96.1	0.27	95.7	0.32
视频 2	94.6	0.01	—	0.01	—	0
耶鲁 DB	98.8	0.02	97.3	0	—	0.01
闭眼 DB	99.5	0.02	99.2	0.4	96.2	0.18

图 5-19 所示为 450 个记录序列的部分面部跟踪结果和 x 坐标下的误差指数。使用自适应哈尔检测器,我们很少遇到连续 5 帧以上检测失败的情况。然而,我们故意停用检测模块,最多连续 15 帧,以检查跟踪的鲁棒性(如图 5-19 中的灰色块所示)。结果表明,该方法具有良好的跟踪效果。对于 y 坐标和面部尺寸跟踪也得到了相似的结果。与真值和跟踪结果相比,平均误差指标是 ± 0.04。在跟踪结果周围添加 4% 的安全裕度后,我们可以递归地为自适应哈尔分类器定义一个优化的矩形搜索区域,而不是在整个图像平面上进行盲目搜索。

我们定义:

$$P_k^1 = (x_{k-1}^1 - 0.04 \times 640, y_{k-1}^1 - 0.04 \times 480) \quad (5-13)$$

$$P_k^2 = (x_{k-1}^2 + 0.04 \times 640 + 1.4 \cdot w, y_{k-1}^2 + 0.04 \times 480 + 1.4 \cdot w) \quad (5-14)$$

作为优化的搜索区域,其中 P_k^1 和 P_k^2 在时间 k 指向搜索区域的左上角和右下角,成对的 (x_{k-1}^1, y_{k-1}^1) 和 (x_{k-1}^2, y_{k-1}^2) 为在时间 $k-1$ 处的预测面部的左上角和右下角坐标,w 为在时间 $k-1$ 处的预测面部宽度。

图 5-20a 所示为 5 帧后的良好跟踪,图 5-20b 所示为 10 帧后的完美跟踪。图 5-20c 所示为由于转向时面部阻塞而导致的面部检测失败,但是,成功的面部跟踪(黄色框)仍然可以正确检测眼睛。图 5-20d 所示为另一种良好的"匹配"检测和跟踪,以及精确的闭眼检测。

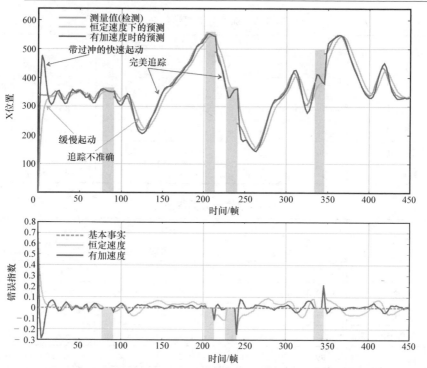

图 5-19　有加速度时的跟踪结果（蓝色图），无加速度时的跟踪结果（绿色图）。灰色块：时刻故意停用测量模块（没有红色图），但仍然成功的跟踪结果（见彩插）

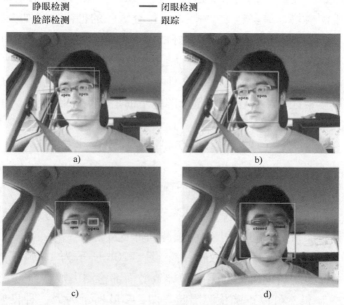

图 5-20　白天行车时的人脸、睁眼、闭眼检测与跟踪（见彩插）

图 5-21 所示为在夜晚尖锐的背光、强烈的阴影和非常黑暗的条件下进行眼睛检测和跟踪的非常好的结果。

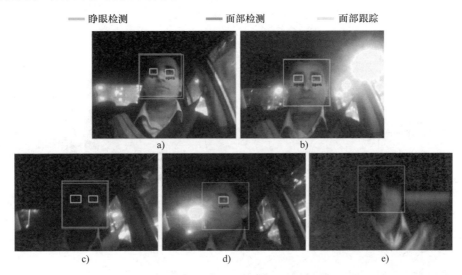

图 5-21　夜间照明困难时面部、睁眼、闭眼的检测与跟踪图 e 显示了运动模糊导致检测失败,但仍然是稳定的跟踪(见彩插)

虽然标准的哈尔面部检测器在理想的照明条件下表现尚可接受[311],但在具有挑战性的照明条件下表现欠佳,甚至在正面面部检测方面也是如此。我们观察到,与使用标准的哈尔分类器相比,保相位去噪以及随后提出的动态全局特征可以显著提高真实检测率。

为了验证本章提出的方法,我们使用两种预处理方法和局部、全局与动态全局特征的不同组合设计了四个分类器。第一个检测器(VN + 标准局部哈尔)仅使用标准局部哈尔特征,基于方差归一化样本进行训练。第二个分类器(VN + DGHaar)也从方差归一化的预处理样本中训练,但这次使用的是局部和动态全局哈尔特征。利用局部和全局特征对第三个检测器(PPD + GHaar)进行训练,采用保相位去噪技术对训练数据集进行增强。最后一个检测器(PPD + DGHaar)使用局部和动态全局特征,也基于去噪的训练数据集。

为了训练所有四个分类器,我们使用了一个包含 10000 张不同年龄、性别、种族和国籍的面部样本的大数据集,主要来自 AR[6]和耶鲁[300]数据集。

另外,我们考虑了 50000 个非面部样本作为负样本来训练级联的各个阶段。从场景类别数据集中随机选择非面部样本[128]。该数据集包含 15 个自然场景类别,包括建筑物、办公室、道路和景观。

我们根据每个阶段涉及的特征数量、速度和准确率来评估这四个分类器的性能。

图 5-22、图 5-23、图 5-24 和图 5-25 所示分别为上述四个分类器的局部和全局特征分布图。

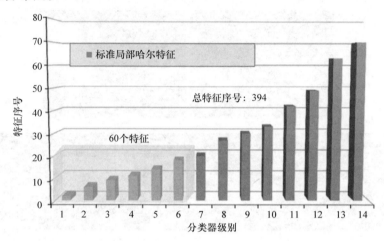

图 5-22　基于方差归一化数据集和标准（局部）哈尔特征
（VN + 标准局部哈尔）的训练分类器特征分布

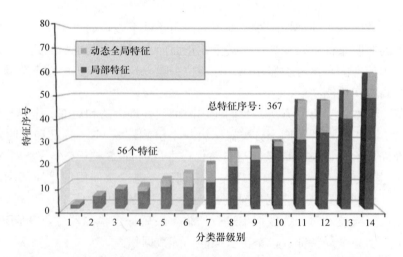

图 5-23　基于方差归一化数据集、局部哈尔特征和动态全局哈尔特征
（VN + DGHaar）的训练分类器特征分布

图 5-22 与第一个分类器（VN + 标准局部哈尔）有关，显示了 14 个弱分类器的级联中的 394 个特征总数。该图显示与其他三个分类器相比，第一个分类器包含最多的特征。这也意味着检测过程的计算成本较高。

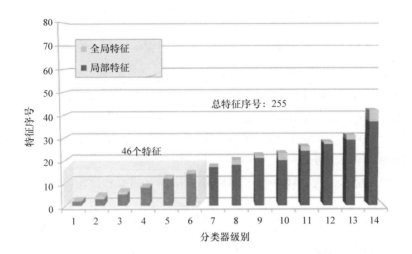

图 5-24 基于去噪数据集、局部哈尔特征和全局哈尔特征
（PPD + GHaar）的训练分类器特征分布

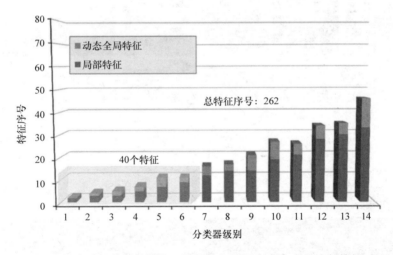

图 5-25 基于去噪数据集、局部哈尔特征和动态全局哈尔特征
（PPD + DGHaar）的训练分类器特征分布

图 5-23 表示了一个更快的分类器，具有较少的局部特征和总共 367 个特征，包括局部和动态全局特征。基于方差归一化数据集（VN + DGHaar）训练分类器。图 5-24 和图 5-25 显示了当我们使用基于相位的去噪数据集训练分类器时的特征分布。虽然图 5-24 和图 5-25 所示的特征总数彼此非常接近（分别为 255 和 262），但分类器 PPD + DGHaar 优于其他三个分类器，如下所述：

考虑到每个阶段（每个弱分类器）的拒绝率为50%，则在前六个阶段（$\sum_{n=1}^{6} 0.5^n = 0.984$）内将拒绝98.4%的非面部图像。因此，在前六个阶段中具有最少数量的特征起着至关重要的作用（即特征数越小，分类器越快）。如图5-22~图5-25所示，分类器PPD + DGHaar在前六个阶段仅使用40个特征，而分类器VN + 标准局部哈尔、VN + DGHaar和PPD + GHaar在六个早期阶段分别包含60、56和46个特征。这意味着PPD + DGHaar分类器的执行速度分别比其他三个分类器快50%、40%和15%。

除了计算成本，我们还分析了四种分类器在召回率和误报方面的有效性和准确性。

图5-26和图5-27所示为未用于分类器训练的MIT – CMU测试图像的检测结

图5-26 使用方差归一化数据集，前两个基于标准哈尔特征（橙色圆圈）或动态全局特征（蓝色方块）训练的分类器的样本检测结果（低质量图像）（见彩插）

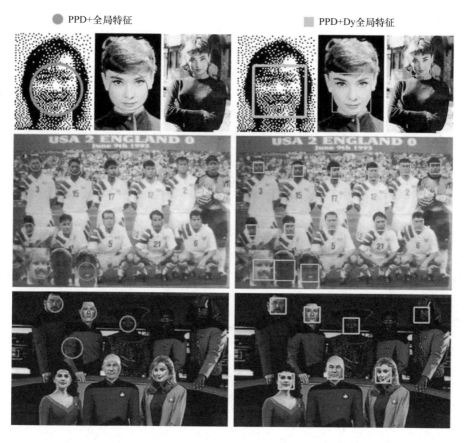

图 5-27　最后两个基于全局特征（红色圆圈）或动态全局特征（绿色方块）训练的分类器的样本检测结果，使用建议的去噪数据集（见彩插）

果。从图中可以看出，基于动态全局分类器和基于相位去噪的训练分类器能够得到更准确的去噪结果。

图 5-28 所示为在 MIT – CMU[33] 数据集上评估的四个检测器的接收机工作特性（ROC）曲线。结果表明，采用 PPD + DGHaar 检测器检测效果最好。还可以看出，PPD + GHaar 的性能优于仅使用局部特征的分类器。

为了进行进一步的评估，表 5-4 提供了所提议的 PPD + DGHaar 分类器、标准 Viola – Jones 以及其他四种最先进的面部检测技术之间的比较。

总体结果表明，该方法不仅融合了较少的特征（运算速度更快），而且具有较高的检出率和较低的误报率。这是通过①考虑滑动窗口内的局部和全局强度信息；②去噪训练数据集；③第 5.2 节、5.3 节和 5.5 节提出的训练策略实现的。

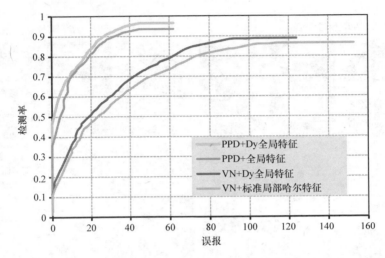

图 5-28 在 MIT – CMU 数据集上建议的检测器的 ROC 曲线。PPD + DGHaar 表示使用局部和动态全局特征基于去噪样本训练的分类器。PPD + GHaar 表示使用局部和全局特征基于去噪样本训练的分类器。同样,通过方差归一化数据集训练其他两个检测器(见彩插)

表 5-4 所提出的 PPD + DGHaar 分类器与其他五种最先进的面部检测技术的比较

方法	检测率(%)	误报
提出的方法	96.4	62
Viola 和 Jones[271]	86.3	153
RCBoost[225]	94.0	96
Pham[194]	91.0	170
Opt[226]	95.0	900
Chain[297]	93.0	130

5.11 总结

本章将"速度""噪声""光照条件"和"跟踪"四个参数作为分类问题中的重要因素。首先,我们介绍了一个自适应框架,以获得在困难的灯光下快速和有效的面部特征跟踪,显然比标准的 Viola – Jones 分类器表现得更好。跟踪模块最小化搜索区域,自适应模块针对给定的最小化区域,根据人眼对周围区域的区域强度变化来调整 SWS、SF 和 MNN 参数。两个模块递归地互相改进;面部跟踪模块提供了眼睛检测的最优搜索区域,自适应眼睛检测模块提供了支持卡尔曼跟踪器的几何面部位置估计,以防止临时跟踪失败。这使得仅使用低分辨率的 VGA 摄像机处理速度提高了 6 倍,结果也更加准确,而无需应用 IR 光,或任何预处理或光照归一化技术。我们建议将所提出的方法作为其他基于哈尔的对象检测器（不限于面部或眼部状态检测）的一个修正，以获得挑战性环境下的检测改进。

我们进一步研究了预处理技术对用于 boosting 检测器的训练图像集的影响。利用图像的保相位去噪对输入图像进行预处理。我们还首次提出了"全局"和"动态全局"哈尔特征这两种新的哈尔特征。这些类型的特征支持比局部哈尔特征更快的计算，并提供了来自查询补丁的新级别的信息。

分别在使用和不使用去噪图像，以及使用和不使用全局哈尔特征四种情况下训练四个不同的级联。最后，相对于最新的面部检测系统，特别是对于具有挑战性的照明条件和有噪声的输入图像而言，所产生的检测率和错误警报率证明了所提出技术的显著优势。

本章提出的技术预计将是有效的，并适用于各种对象检测的目的。

第6章 驾驶员注意力分散检测

6.1 引言

对于极端的头部姿势或较差的照明条件来说，面部检测仍然是困难的[294]。真实的 ADAS 需要随着时间的推移了解和更新驾驶员的行为（例如，通过分析面部特征或通过转向盘运动分析）。该系统还需要检测道路上的潜在危险。同时在满足车内与车外监控（即驾驶员和道路）要求的同时进行对象检测、跟踪和数据融合，所有这些都是实时且高度精确的。

在本章中，我们基于两种非对称外观建模（ASAM）的新颖思想以及费马点变换，介绍估计驾驶员头部姿势，评估驾驶员注意力方向、哈欠检测和头部点头的解决方案。

仅使用单目视觉，就能降低系统的计算量，而所提出方法的高精度使我们可以与先进技术竞争。据我们所知，目前还未见到解决所有上述问题的集成实时解决方案。

Jian-Feng 等[102]提出了使用 Cootes[35]引入的相同标准活动外观模型（AAM）将驾驶员疲劳度拟合到眼睛区域，然后基于面部中心进行头部姿态检测的方法。该方法似乎太过基础，无法应用于高度动态的真实场景。

Mosquera 和 Castro[254]使用递归算法来提高驾驶员面部建模的收敛精度。结果表明，与 Cootes 的 AAM 方法相比有所改进[35]。但是，它没有考虑驾驶员的面部特征。

Chutorian 和 Trivedi[175]提出了一种通过使用哈尔小波 AdaBoost 级联数组进行初始面部检测以及应用局部梯度方向（LGO）作为支持向量回归器的输入来监视驾驶员活动的方法。该方法使用刚性的面部网格模型来跟踪驾驶员的头部。这里存在一个普遍的缺点，因为跟踪模块可能会轻易地偏离于参考的"网格模型"而形成非常不同的面部形状。

Visage Technologies 基于特征点检测以及鼻子边界和眼睛区域的跟踪，提出了最新的头部跟踪器[273]。尽管在理想条件下获得了准确的结果，但是在存在噪声和非理想条件下,它们的跟踪仍然是失败的。

Krüger 和 Sommer 使用 Gabor 小波网络[126]进行头部姿势估计。这种方法的优势有对仿射变形的独立性和算法对任何所需输入的高精度;输入的范围也可以从面部的粗略形状表示到逼真的物体。尽管如此,试验结果并没有通过验证或与其他技术的比较得到证实。

在本章中,我们为迄今为止尚未充分解决的两个重要挑战提供解决方案:(A)如何处理同一物体(如驾驶员的面部)的强度不对称和无偏照明(图 6-1 右图)?(B)如何将一个通用 3D 面部模型映射成各种可变形的面部(图 6-7、图 6-8 和图 6-9)?

图 6-1　六十四个关键点标志(左图)。对称的 Delaunay 三角剖分(中图)。不对称强度变化(右图)

本章的下一部分组织如下:第 6.2 节提出了一种非对称的形状和外观建模技术,以保留未知驾驶员输入面部的形状和外观。第 6.3 节介绍了基于标准 EPnP 技术和费马点变换(首次)的二维至三维姿态估计的改进技术,这些技术共同阐述了高精度的头部姿态估计。第 6.4 节提供了进一步的试验结果。除了分析从先前的形状建模阶段获得的选定特征点之外,本节还讨论了打哈欠和头部点头检测。第 6.5 节总结了全章内容并给出了结论。

6.2　非对称外观模型

外观模型(AM)最初由 Cootes 等人引入[35],并被广泛用于对象建模,尤其是在面部处理的背景下。为了定义面部外观模型,我们需要训练面部形状的变化(形状模型)和面部强度的变化(纹理模型)。换言之,我们需要将形状变化模型与强度变化模型结合起来。主动外观模型(AAM)不会尝试使用特定的姿势(或表情)来跟踪特定的对象(或特定的面部),而是尝试使用目标图像迭代完善训练后的模型,以减少匹配错误而达到最佳模型匹配。当前的研究解决了潜在的优化问题(找到一种改进的拟合算法)和减少匹配误差。

6.2.1 模型实施

考虑到 64 点标志，如图 6-1 左图所示，并使用 MUCT 面部数据集[172]，我们创建了一个带注释的面部数据集以训练通用的面部形状模型。它遵循标准的 AM 方法[35]，并应用统一坐标系，矢量 $f = [x_0, y_0, \cdots, x_i, y_i]^T$ 表示带注释的面部。面部形状模型定义如下：

$$f = \bar{f} + P_S b_{Si} \tag{6-1}$$

其中 $\bar{f}$ 是在可用的带注释的面部数据集上应用主成分分析（PCA）之后的平均面部形状，P_S 是面部形状变化的正交矩阵，b_S 是面部形状参数的向量（以距离单位给出）。

通过应用平移（t_x, t_y）和一个具有缩放比例的旋转（$s_x = s\cos\theta - 1$，$s_y = s\sin\theta$），每个样本面部都将变形为平均形状模型，从而创建一个新的面部 F。设 $F = S_t(f)$ 是该变形图像，其中 S_t 是变形函数，并且 $t = [s_x, s_y, t_x, t_y]^T$ 是姿态参数向量。

图 6-2 说明了仅基于两个样本面部创建外观面部模型的步骤。图 6-2 的第二行显示了基于所选的 64 点标志策略在每个样本面部上应用了不同变形参数的形状变化示例。蓝色表示获得的平均面部形状模型。

为了创建面部纹理模型（强度模型），首先在每个样本面部的形状特征点上应用对称 Delaunay 三角剖分（图 6-1 中图）。将 g 作为样本面部图像的纹理向量，类似于形状变形阶段，我们有一个映射 $g \rightarrow g^*$，其中 g^* 是在缩放并向当前强度向量 g 添加偏移生成的。通过这种方式，我们为训练数据集中给定的每个样本面部创建了一个无形状的"强度补丁"。这是通过光栅扫描到纹理向量 g 并针对面部的每半部分对 g 进行线性归一化来完成的，如下：

$$g_L^* = \frac{[g_L - \mu_L, 1]^T}{\sigma_L} \quad g_R^* = \frac{[g_R - \mu_R, 1]^T}{\sigma_R} \tag{6-2}$$

其中 μ_L, μ_R 和 σ_L^2, σ_R^2 是面部强度补丁的左右部分的均值和方差，g_L, g_R 是 g 向量的左半部分和右半部分，g_L^* 和 g_R^* 是归一化的数据，1 是一个向量（用于填充其余位置）。归一化后，我们得到 $g^* \cdot 1 = 0$ 和 $|g^*| = 1$。

作为非对称外观模型（ASAM）的一部分，式（6-2）考虑了面部左右半部的个体不对称强度归一化。这是一个简单但重要的步骤，可帮助防止由于累积强度误差而导致的面部形状匹配发散。图 6-1 右图所示为面部强度如何根据光源位置和鼻梁而变化。这在诸如驾驶场景之类的应用中是非常普遍的情况，其中面部的一侧显得比另一侧更亮。

与形状模型的情况类似，通过将 PCA 应用于归一化强度数据，可以估算出

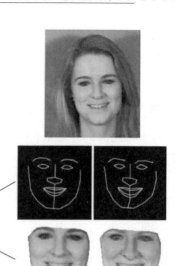

图 6-2 将两个样本面部的面部形状和面部纹理模型转换为平均外观模型（见彩插）

线性面部强度模型，如下：

$$g_L = \overline{g}_L^* + P_{gL}b_{gL} \quad g_R = \overline{g}_R^* + P_{gR}b_{gR} \tag{6-3}$$

其中，$\overline{g}^*$ 是归一化的灰度或强度数据的平均向量，P_g 是变化的纹理模式的正交矩阵，b_g 是强度参数的向量，以灰度为单位（图 6-2 第三行）。我们将此作为每个面部的单独处理。

因此，可以用 b_S 和 b_g 概括面部的形状和纹理。由于形状和强度信息之间存在某种相关性，因此考虑了组合 AM。对于每个样本面部，定义如下的级联向量 b：

$$\begin{bmatrix} W_S b_S \\ b_g \end{bmatrix} = \begin{bmatrix} W_S P_S^T (f - \overline{f}) \\ P_g^T (g - \overline{g}^*) \end{bmatrix} \tag{6-4}$$

其中，W_S 是一个对角矩阵，它定义了 b_S 和 b_g 串联的适当权重，它们的单位不同（一个以距离为单位，另一个以强度为单位）。RMS 的变化单位为 g，b_S 的单位变化为式（6-4）定义适当的权重 W_S。这使 b_S 和 b_g 成比例。将另一个 PCA 应用于这些向量，则 AM 表示为

$$b = Qc \tag{6-5}$$

其中，c 是组合 AM 的参数向量，其将形状和强度模型统一起来：

$$f = \overline{f} + P_S W_S Q_S c \quad g = \overline{g}^* + P_g Q_g c \tag{6-6}$$

矩阵 Q 细分如下：

$$Q = \begin{bmatrix} Q_s \\ Q_g \end{bmatrix} \tag{6-7}$$

6.2.2 非对称 AAM

回顾 Cootes 等人的方法[35]，主动外观模型（AAM）是指主动搜索和细化过程，用于将先前训练的面部 AM 调整为未知面部；使用非对称 AAM（ASAAM），我们会将面部处理为非对称对象。

假设我们想解释一个未知驾驶员的面部特征。在输入帧中找到二维人脸的初始位置后，我们的目标是调整模型参数 c，以使训练后的 AM 与未知输入面部尽可能匹配。

模型匹配是我们算法中至关重要的一步，因为模型匹配方法的准确性将直接影响所有后续阶段，包括头部姿势估计，头部点头和打哈欠检测。

在进行模型初始化之前，我们需要驾驶员的面部位置。我们使用 5.8 节和文献［216］中提出的 GHaar 功能和分类器。即使在较差的照明条件下，分类器也可以实现鲁棒的面部检测和定位。通过模型参数 c 和形状变换参数 t，可以在图像帧上计算出模型点 F 的大致位置，这也代表了面部补丁的初始形状。

作为匹配过程的一部分，获取来自图像区域的像素样本 g_{im} 并将其投影到纹理模型框架中，$g_s = T_u^{-1}(g_{im})$。根据当前纹理模型 $g_m = \overline{g}^* + Q_g c$，当前图像框架与当前模型之间的差异为

$$r(p) = g_s - g_m \tag{6-8}$$

其中 p 是模型的参数向量：

$$p^T = (c^T | t^T | u^T) \tag{6-9}$$

应用 RMS 并测量残差，可以逐步完善模型参数。这可以看作是一种优化方法，其中几次迭代会导致较小的残差，从而使模型与输入面部达到最佳匹配。从当前估计的外观模型参数 c、位置 t、纹理变换 u 和以当前估计为 g_{im} 的面部示例开始，迭代算法总结为算法 2。

算法 2：迭代搜索与模型细化

1: Use $g_s = T_u^{-1}(g_{im})$ to project the texture sample frame into the texture model frame.
2: Calculate the current (initial) error, $E_0 = |\mathbf{r}|^2 = |g_s - g_m|^2$ for face halves.
3: Evaluate the predicted displacements based on the RMS method, $\delta \mathbf{p} = -\mathbf{R} \cdot \mathbf{r}(\mathbf{p})$, where $\mathbf{R}$ is the matrix of texture sample points and the model parameter is $\mathbf{R} = \left(\frac{\delta \mathbf{r}^T}{\delta \mathbf{p}} \cdot \frac{\delta \mathbf{r}}{\delta \mathbf{p}} \right)^{-1} \frac{\delta \mathbf{r}^T}{\delta \mathbf{p}}$.
4: Set $k = 1$.
5: Set $\mathbf{p} = \mathbf{p} + k \delta \mathbf{p}$ to update the parameters of the model.
6: Calculate F' and g'_m as the new points, and new texture model frame, respectively.
7: Sample the face at F', so as obtain a new estimate of g'_{im}.

8: Evaluate a new error vector, $\mathbf{r}' = \mathbf{T}_{u'}^{-1}(\mathbf{g}'_{im}) - \mathbf{g}'_m$; therefore the new error $E_1 = |\mathbf{r}'|^2$.
9: if $E_1 < E_0$ then
10:     Accept the last estimate,
11: else
12:     Set $k = k/2$,
13:     Go to Step 5; repeat until no further decrease for $|\mathbf{r}'|^2$
14: end if

试验结果表明，经过 3～5 次迭代，ASAAM 方法迅速收敛到实际的面部图像。图 6-3 所示为标准 AAM 拟合模型不准确以及非对称活动外观模型（ASAAM）进行改进的示例。

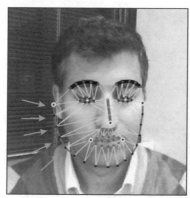 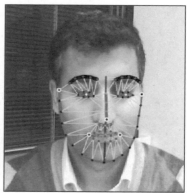

图 6-3　左图：使用标准 AAM 方法在左半部分拟合的模型不正确
　　　　右图：使用 ASAAM 完美匹配两个面部的模型

6.3　驾驶员的头部姿态和视线估计

在上一节中，我们描述了通过关键特征点的定位来跟踪驾驶员的面部形状模型。

本节基于将二维特征点映射到三维面部模型中，以六个自由度介绍驾驶员的姿势和视线估计。本节还首次介绍了费马点变换。

我们将锥形视线估计方法描述为分析驾驶员注意方向及其与道路上检测到的危险（如车辆）位置的相关性的初步步骤。

当前已经提出了多种不同的方法，如从正交和比例缩放（POS）进行姿态检测，或带有迭代的 POS（POSIT）[45,77,153]，三维可变形模型[295]，或更近期的研究（如应用随机化）决策森林[238]或基于多视图的训练方法[294]。

所有上述工作，即使是最新的工作，也仅考虑了通用三维对象模型或一组凸多边形来创建用于姿态检测的模型参考。但是，无论姿态检测方法和三维模型规范如何，到目前为止，三维模型与查询对象的匹配错误尚未得到解决。

本节对两个问题都做出了贡献：选择最佳的通用三维模型，并提出一种解决方案，以最小化二维到三维匹配误差；因此，可以实现更准确，更快的姿态估计。

在接下来的两个小节中，我们将提供基于三角函数的解决方案，以减小由于三维面部模型和二维面部形状在不同人（驾驶员）之间的差异而导致的姿态估计误差。

6.3.1 优化的二维到三维姿态建模

图 6-4 所示为针孔摄像机模型[45]，该模型具有校准的焦距 f，投影中心 O，轴 Ox、Oy 和 Oz 以及摄像机坐标中的单位向量 i，j 和 k。在三维对象平面中，我们有一个具有特征点 F_1，F_2，$\cdots$，F_n 的面部模型。面部参考的坐标系以 F_0 为中心，并由 $(F_0 u, F_0 v, F_0 w)$ 指定。

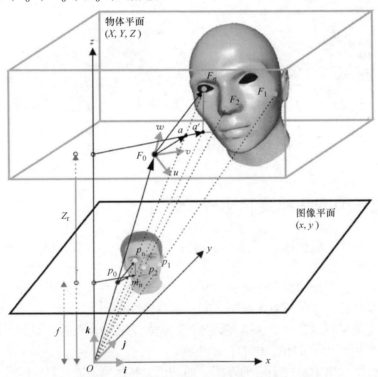

图 6-4 将三维面部模型 M 投影到图像平面 c

基于 6.2 节中介绍的步骤，驾驶员面部的形状已经计算出来。因此，对于每个特征点 F_n，我们已经知道 $(F_n u, F_n v, F_n w)$ 的坐标。因此，图像平面上的

相应的投影点 p_1, p_2, $\cdots$, p_n 也称为 (x_n, y_n)。但是，摄像机镜框上的 (X_n, Y_n, Z_n) 坐标未知，需要进行计算。通过计算旋转矩阵和平移向量 $O \to F_0$，可以定义驾驶员的面部姿态。结合到目前为止得出的信息，有

$$R = \begin{bmatrix} i_u & i_v & i_w \\ j_u & j_v & j_w \\ k_u & k_v & k_w \end{bmatrix} \quad t = \begin{bmatrix} t_x \\ t_y \\ t_z \end{bmatrix} \tag{6-10}$$

$$C = \begin{bmatrix} f & 0 & c_x \\ 0 & f & c_y \\ 0 & 0 & 1 \end{bmatrix} \quad P = \begin{bmatrix} R_{3 \times 3} & t_{3 \times 1} \\ \hline 0_{1 \times 3} & 1 \end{bmatrix} \tag{6-11}$$

其中 R 是旋转矩阵，t 是平移向量，C 是摄像机矩阵，f 是焦距，(c_x, c_y) 是摄像机的主要点，P 是姿态矩阵。因此，给定目标点在摄像机坐标系中的 (X_n, Y_n, Z_n) 投影，可以按照以下顺序表示：

$$\begin{bmatrix} i_n \\ j_n \\ k_n \end{bmatrix} = \begin{bmatrix} f & 0 & c_x \\ 0 & f & c_y \\ 0 & 0 & 1 \end{bmatrix} \begin{bmatrix} 1 & 0 & 0 & 0 \\ 0 & 1 & 0 & 0 \\ 0 & 0 & 1 & 0 \end{bmatrix}$$

$$\begin{bmatrix} i_u & i_v & j_w & t_x \\ j_u & j_v & j_w & t_y \\ 0 & 0 & 0 & 1 \end{bmatrix} \begin{bmatrix} X_n \\ Y_n \\ Z_n \\ 1 \end{bmatrix} \tag{6-12}$$

要计算 R，我们只需要 i 和 j（k 只是叉积 $i \times j$）。另一方面，根据图 6-4，平移向量 t 等于向量 OF_0。将 Op_0 和 OF_0 对齐，有如下关系：

$$t = OF_0 = \frac{Z_0}{f} Op_0 \tag{6-13}$$

因此，通过计算 i、j 和 Z_0（此处为点 F_0 的深度），可以定义面部姿态。与摄像机和面部之间的距离（即 $Oa \approx Oa'$）相比，驾驶员面部特征点内的深度变化较小。因此，我们可以将每个点 F_n 的深度近似等于 Z_r。因此，这简化了先前的表达式，任何点从物体平面到图像平面的投影 (X_n, Y_n, Z_n) 可以表示为

$$(x_n, y_n) = \left(f \frac{X_n}{Z_n}, f \frac{Y_n}{Z_n} \right) \tag{6-14}$$

或

$$(x_n, y_n) = \left(\frac{f}{1+\Delta z} \frac{X_n}{Z_r}, \frac{f}{1+\Delta z} \frac{Y_n}{Z_r} \right) \tag{6-15}$$

其中 $1 + \Delta z = \frac{Z_n}{Z_r}$。设 r_1 和 r_2 分别是由式（6-11）中矩阵 P 的第一行和第二行元

素定义的长度为 4 的向量。因此，可以如下定义四维向量 I 和 J：

$$I = \frac{f}{T_r} r_1 \quad J = \frac{f}{T_r} r_2 \tag{6-16}$$

知道物体平面中的向量 $F_0 F_n$ 的坐标，并知道图像平面中的点 p_0 和 p_n 的坐标 x_n、y_n，基本等式如下：

$$(F_0 F_n)^T \cdot I = x'_n \quad (F_0 F_n)^T \cdot J = x'_n \tag{6-17}$$

$$x'_n = x_n (1 + \Delta z_n) \quad y'_n = y_n (1 + \Delta z_n) \tag{6-18}$$

$$\Delta z_n = r_3^T \cdot \frac{(F_0 F_n)}{Z_r - 1} \tag{6-19}$$

任何给定（近似）Δz_n 的初始值都可以解决上述等式，因此可以近似驾驶员的面部姿势。

关于最佳三维模型的选择，我们从 TurboSquid 数据集[264]中对 84 个三维面部模型进行了统计分析，首先选择最佳的通用三维模型，其次评估面部在眼睛、鼻尖、嘴和耳顶区域的深度均值和方差。知道 f 和 Z_r（摄像机安装在仪表板前面的距离），并应用上述统计分析，我们得出初始值 $\Delta z_n = 0.082$。一旦计算了 i 和 j，就可以在两次或三次迭代后细化和优化 Δz_n 的值。这比盲目的 POSIT 算法要快得多，后者需要四到十次迭代来细化 Δz[153]。

6.3.2 通过费马变换进行面部匹配

本节介绍了适当的面部特征点的选择以及将驾驶员的二维面部图像匹配为通用三维面部模型的配准技术。作为获取驾驶员面部的侧倾和俯仰角的算法的一部分，我们使用了 Lepetit 等人最新的 EPnP 方法[131]，结合新颖的预处理步骤，能够最小化二维到三维对应点的失配误差。

一些使用"透视 n 点"（PnP）方法的结果通常考虑围绕鼻子边界的四个点[77,175]。通常，这可以将情况简化为平面问题，因为围绕鼻子边界的采样特征点在摄像机坐标系中具有几乎相同的 Y 深度。但是，缺点是这些特征点仅覆盖面部区域的有限区域，这也可能会受到噪声的影响。这会导致匹配到的驾驶员的面部和三维模型产生较大的误差值。

使用五点对应关系，我们将驾驶员面部的姿态估计视为 P$-$5$-$P 问题。一般而言，该方法从 n 个三维点到相应的二维点估计摄像机的姿态。主要思想是将 n 个三维点定义为四个控制点的加权和，如下：

$$F_n = \sum_{j=1}^{4} \alpha_{nj} C_j^F \quad p_n = \sum_{j=1}^{4} \alpha_{nj} C_j^p$$

$$\sum_{j=1}^{4} \alpha_{nj} = 1 \quad n = 1, \cdots, 5 \tag{6-20}$$

其中，C_j^F 和 C_j^p 分别是三维模型和图像坐标系的控制点，而 α_{nj} 是齐次质心坐标。

可以任意选择控制点或与数据的主要方向对齐。在三维模型中，令 $\{i_n\}_{n=1,\cdots,5}$，$i_n = [i_n, j_n]^T$ 作为 $\{F_n\}_{n=1,\cdots,5}$ 的二维投影参考点。则有

$$\omega_n \begin{bmatrix} i_n \\ 1 \end{bmatrix} = A p_n = A \sum_{j=1}^{4} \alpha_{nj} C_j^p \qquad (6\text{-}21)$$

或

$$\omega_n \begin{bmatrix} i_n \\ j_n \\ 1 \end{bmatrix} = \begin{bmatrix} f & 0 & c_x \\ 0 & f & c_y \\ 0 & 0 & 1 \end{bmatrix} \sum_{j=1}^{4} \alpha_{nj} \begin{bmatrix} x_j^p \\ y_j^p \\ z_j^p \end{bmatrix} \qquad (6\text{-}22)$$

其中 ω_n 是标量投影参数。

尽管世界坐标和图像坐标都有四组点，并且系统足以解决 PnP 问题，我们仍使用五个点（耳朵的顶部、鼻尖和嘴角）来保持冗余和对图像噪声的鲁棒性，并减小 ASAAM 步骤可能带来的错误影响。此外，这五个点还可能以不同的深度值覆盖面部的较宽区域。

在继续使用 EP5P 解决方案之前，我们提出了一种新的点集变换和规范化方法，以最大程度减小三维模型与实际面部形状的匹配误差。目的是获得更准确的姿态估计，并避免由于残差导致模型匹配发散和 EP5P 失效。

在求解式（6-12）后，我们重新调整了驾驶员面部的形状（从 ASAAM 阶段获得），以将点 p_4 和 p_5 与三维模型中已知的对应点 F_4 和 F_5 匹配（图 6-5）。但是，由于面部形状的变化，我们可以预期剩余的三个点（即 p_1、p_2 和 p_3）将与三维模型中的相应点（F_1、F_2 和 F_3）不完全匹配。

图 6-5　基于 ASAAM，驾驶员面部形状归一化和 EPnP 确定驾驶员面部的侧倾、偏航和俯仰

鼻尖（p_1）尤其值得关注，因为鼻子的长度可能因人而异。作为本节的新颖亮点，我们将几何世界中的费马-托里切利问题[65]应用于 CV 应用程序，以最小化模型匹配误差。找到三角形 △$F_1F_2F_3$ 和 △$p_1p_2p_3$（图 6-6）的费马点和等距中心 P_1 和 P_2，并平移 $p_1p_2p_3$（不旋转），使 P_2 与 P_1 匹配，我们得到

$$P_{x,y} = \arg\min_{x,y \in \mathbf{R}} \left\{ \sum_{n=1}^{3} \sqrt{(F_x^n - p_x^n)^2 + (F_y^n - p_y^n)^2} \right\} \quad (6\text{-}23)$$

这意味着鼻子区域三联体(p_1、p_2、p_3)的排列顺序应使它们与三维模型中相应三联体(F_1、F_2、F_3)的总距离最小。我们将上述过程称为费马点变换。

由于车辆驾驶员在驾驶过程中不会改变,因此我们针对费马点 P 对所有输入面部和所有预先计算的 Delaunay 三角形应用相同的缩放比例和相对平移。这保证了我们精致的面部形状模型尽可能地适合三维模型,而我们将 p_4 和 p_5 保持在其原始位置不变。图 6-5 所示为应用第 6.2 和第 6.3 节中提出的技术而进行的驾驶员注意力估计的最终结果。

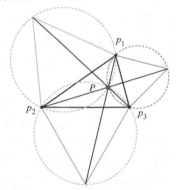

图 6-6 以距三角形顶点的最小距离计算费马点

6.4 试验结果

在建议的 ASAAM 模型的训练阶段,我们使用了 MUCT 面部数据集[172]中的 7512 张图像,每张图像均按照建议的 64 点地标方法标注(图 6-1 左图),然后从每半张脸进行 2500 像素强度采样。

6.4.1 姿态估计

除了图 6-5 所示的样本结果外,我们还进行了进一步分析,以验证与标准 AAM 相比所提出方法的鲁棒性和准确性。

图 6-7、图 6-8、图 6-9、图 6-10 和图 6-11 所示为适用于不同驾驶员、不同姿态和不同照明条件的试验结果。无需进行地面真实数据分析,与 AAM 方法相比,目视检查可以显著改善,并且三维模型的姿态与驾驶员面部的实际姿态非常匹配。无论面部形状、外观和光照条件如何,我们对所有面部都使用相同的通用三维模型,并且所提出的方法能够非常准确地跟随驾驶员的姿态,而在 26min 的白天和黑夜驾驶视频数据集上没有产生任何模型发散或失效。使用具有 8GB 安装内存的酷睿 i7 版 PC 端,整个系统能够以每秒 21 帧的速度实时执行。

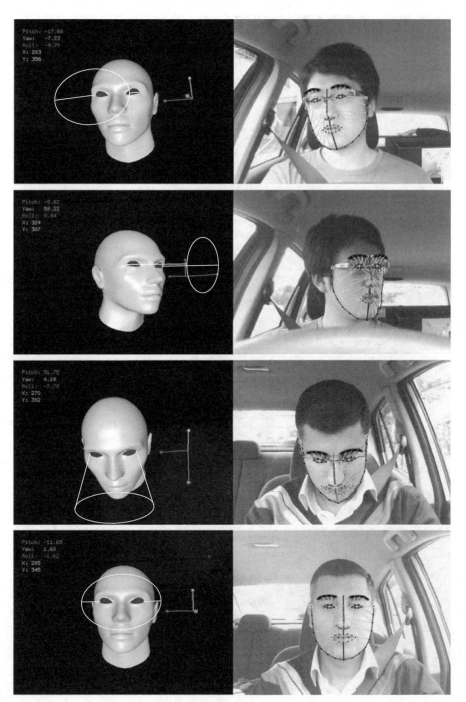

图 6-7 基于 ASAAM、费马点变换和 EPnP 的驾驶员头部姿态估计（日间 1）

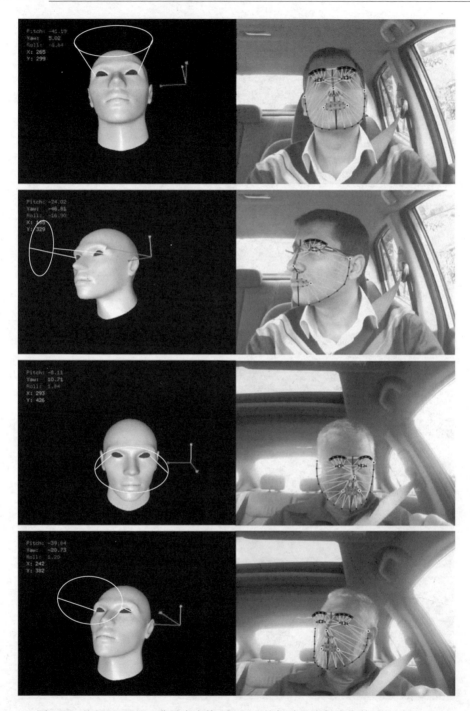

图 6-8 基于 ASAAM、费马点变换和 EPnP 的驾驶员头部姿态估计（日间 2）

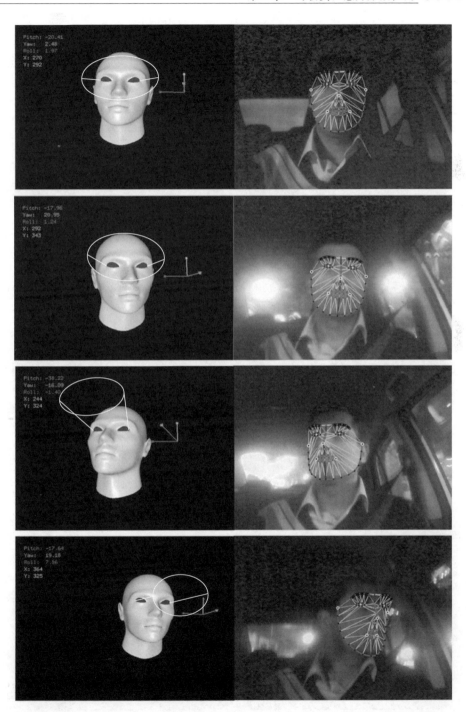

图 6-9 基于 ASAAM、费马点变换和 EPnP 的驾驶员头部姿态估计（夜间条件）

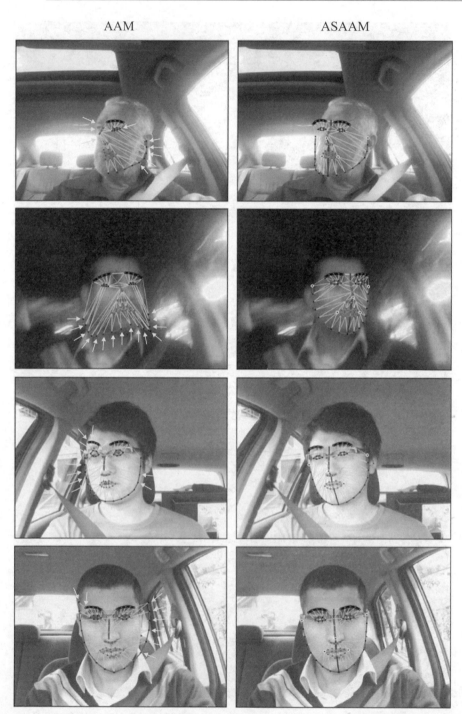

图 6-10　AAM 与拟议的 ASAAM 的对比。由残差导致的形状变形用黄色箭头突出显示（见彩插）

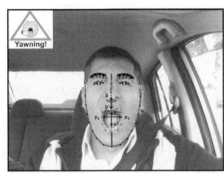

图 6-11 打哈欠和头部点头检测

6.4.2 哈欠检测和头部点头识别

在已经检测到驾驶员面部特征点之后，我们可以通过在由时间阈值定义的连续时间内测量嘴巴张开度（例如，超过 1.5s 的宽口张开度）来轻松检测出图 6-11 左图所示的哈欠：

$$f_y(t) = \begin{cases} t & \dfrac{\mathrm{d}(a,a')}{\mathrm{d}(p_2,p_3)} \geqslant 0.6 \text{ 且 } \Delta t \geqslant \tau_1 \\ 0 & \text{其他情况} \end{cases} \quad (6-24)$$

其中，t 表示时间，Δt 是第一次哈欠识别后的一段连续经过的时间。同样，对于头部点头检测，我们定义：

$$f_n(t) = \begin{cases} t & \dfrac{\mathrm{d}(b,b')}{\mathrm{d}(p_2,p_3)} \geqslant 0.16 \text{ 且 } 2.78\mathrm{e}^{-4} \cdot V_{\mathrm{km/h}} \geqslant \dfrac{2.5\mathrm{s}}{\Delta t} \\ 0 & \text{其他情况} \end{cases} \quad (6-25)$$

其中 $f_n(t)$ 测量的是嘴巴宽度与鼻尖（即 b）到上唇（即 b'）的距离比例（图 6-11 左图）。该阈值是基于 2.5m 的注意力不集中驾驶而定的，具体取决于车辆的速度以及首次发生头部点头检测后经过的时间。发出警告警报后，将驾驶员的反应时间定为 0.5~0.8s（图 6-11 右图），该系统不允许超过 4.5m 的无意识驾驶。

6.5 总结

本章回顾了有关头部姿态估计的最新研究。我们发现了所提出方法中的三个重要的缺陷，包括由于恶劣的照明条件和面部半部强度变化而导致的面部形状的建模失败；由于面部模型与通用三维模型不匹配导致的残差而导致姿态估计不稳定和姿态发散；由于需要在几次迭代（最多 10 次迭代）中进行模型优化，因此之前的工作运行缓慢。我们针对所有三个已确定的问题提出了方法和解决方案。

我们介绍了 ASAAM，以解决面部半部的强度变化问题，从而使面部形状建模更加精确。我们还选择了通用的面部模型和 5 点面部特征点分析，然后进行费马点变换，从而实现了更快、更准确地从二维到三维的匹配，具有更小的残差，运行速度提高了 3 倍，并且没有模型差异。该方法在现实世界的驾驶条件下执行，并在不同的测试对象上进行了测试。结果证明，在驾驶员姿态估计方面有了很大的进步。

经验测试和分析证实，与标准 AAM 相比，该方法在大范围视频记录和不同测试对象上具有较高的准确性和鲁棒性。但是，进一步的分析尚无定论，因为我们的非对称 2×32 点注释方法不能与其他方法（如 72 点标志）相比较。

第7章 车辆检测与距离估计

7.1 引言

当驾驶员未能与前车保持安全距离时就容易发生追尾事故。追尾事故主要是由于驾驶员注意力不集中、困倦或疲劳引起的。根据2012年发布的美国交通安全统计数据,所有交通事故中有28%是追尾事故[178]。引用的研究考虑了19种碰撞类别,如追尾、正面碰撞、撞击护栏、与动物相撞、与行人相撞或侧翻及其在造成的事故如死亡、伤害和财产损失中的比例。与其他18种类型的碰撞相比,追尾事故的受伤率最高(30.9%),死亡率是5.6%,也是最高的。截至报告时间,在美国所有类型的车辆事故中,追尾造成的财产损失占比为32.9%。

通过提前进行车辆检测和警告,可以为注意力不集中的驾驶员提供更多的时间,以采取适当的安全措施来解决驾驶冲突,从而减小追尾事故发生的可能性。

许多研究人员已经开发了基于计算机视觉的算法来检测和定位道路上的车辆。但是,大多数方法在复杂的道路场景中都缺乏鲁棒性,或者计算成本非常高。这使得许多已开发的方法不切实际并且不适用于驾驶员辅助系统。

Santos 和 Correia[227]通过静态监控摄像机,在已知估计背景的基础上进行背景减法,然后使用对称检测技术。这种方法对于具有预先分析好背景的停车场等场景下检测车辆是有效的,但它不适合未知环境或道路。

Choi[32]提出了一种基于光流的车辆检测方法。但是,如果自车与被观察车辆之间的相对速度接近于零,并且道路具有光滑或平整的纹理,则会产生许多漏检现象。

Garcia 等人的最新工作[74]提出了一种使用雷达和光流信息的融合检测技术。尽管雷达传感器可以对同一车辆进行多次检测,但光流技术只能检测到与自车相比具有较大速度差的超车车辆,因此存在与文献[32]中提出的方法相同的缺点。

Haselhoff 等人[85]介绍了一种应用哈尔特征和三角形特征的技术。其论文的结果表明与仅使用哈尔特征的标准检测器相比有较大的改进。但是,对于夜间条件或不良的照明情况,尚未考虑进行任何验证测试和试验。

Huang 和 Barth[136]，以及 Premebida 等人[202] 将 LIDAR 数据与视觉传感器数据融合在一起。LIDAR 传感器能够提供高分辨率的数据，但数据较为稀疏，因而具有非常有限的目标检测能力。然后使用基于哈尔特征的车辆检测器来处理由摄像机传感器记录的图像，但仅在使用 LIDAR 数据计算的预定 ROI 范围内。这种融合方法可以增加检测的确定性。但是，基于哈尔特征的标准检测器在黑暗、有噪声或其他非理想的照明情况下很容易发生故障。因此，在这种情况下，LIDAR 数据也无助于报告的工作。

Ali 和 Afghani[3] 和 Han 等人[84] 提供了基于阴影的车辆检测。但是，车辆下方的阴影并不是车辆存在的可靠指标。车辆阴影的大小和位置各不相同；入射角大的光照会造成较长的阴影，在许多情况下，阴影会比车辆的实际宽度长得多，而实际宽度也会落到车辆的侧面。图 7-1 所示为一个不准确的车辆检测示例，该检测结果被左下方的阴影所影响。在崎岖不平的道路上（如坡道），车辆下方的阴影通常根本看不到。

Nguyen 等人[268] 使用立体视觉和遗传算法；Toulminet 等人[257] 使用立体视觉和三维方法。两种方法都利用了视差图表示深度信息的优势，并应用了反向透视图映射。但是，所描述的检测方法不支持在夜间或复杂的道路场景中准确区分车辆与其他物体（即假正类情况）。

图 7-1 基于阴影方法的车辆非精确检测的例子

Vargas 等人[267] 提供了一种车辆检测系统，使用基于 $\sigma - \delta$ 的背景减法将行驶中的车辆（前景）与道路（背景）分离。摄像机是固定的（即未安装在移动平台上）。该方法简单并且在计算上具有成本优势。它似乎非常适合监视车流密度。但是，该方法不能识别单个车辆。

在本章中，我们介绍了一种准确、实时且有效的车辆检测算法，以防止在各种情况下（在文献［120］中描述的情况，如白天、黑夜、雨天等）发生紧急事故，并且能够成功处理图像噪声。

本章组织如下：第7.2节概述了将在本章中讨论的方法。第7.4节讨论了线和角特征分析，以提高检测精度。在第7.5节，引入了虚拟对称检测方法来进行尾灯配对。在第8.2节，基于 Dempster–Shafer 理论，提供了一种用于车辆检测的单传感器多数据融合解决方案。本章继续使用第7.7节中的检测结果进行距离估计。第7.8节提供了试验结果和内容，第7.9节结束本章。

7.2 方法概览

在已回顾的研究中被忽略的最重要的一点是，车辆的外观会根据观察者与车辆之间的距离而变化很大。即使采用尺度不变的方法也无法解决这一挑战，因为近距离（几米）处的车辆的形状和细节与距离为100m的车辆的外观是完全不同的（图7-2）。

图7-2　左图：远处的车辆看起来似乎是普通的矩形，并有着一定的阴影
　　　　右图：一个近处的车辆有着多个边缘、阴影或复杂的特征和细节

因此，依靠一维解决方案进行短距离和长距离的鲁棒车辆检测似乎很难且不切实际。如讨论的那样，有很多关于基于 LBP 或哈尔小波分类的常规目标检测或跟踪方法的出版物。但是，其中很少有适用于高度动态和实时的应用，如车辆监控或监视。实际上，我们需要从道路状况或车辆特性中纳入特定领域的信息，以防止误检或漏检。

为了检测前方的车辆，我们使用了单目摄像机，该摄像机安装在自车上并面向道路。目的是使用单个摄像机捕获的多个数据线索来检测道路场景中的多个车辆。需要谨慎考虑的挑战包括，如光照条件的变化、从晴朗的场景过渡到阴影或隧道场景、光线反射、夜间的各种灯光以及车辆类型、品牌和型号的多样性。这造成了一种复杂性，使得特征提取和车辆检测极其困难。如果应用方法是针对理想的室内条件设计的，结果通常是不稳定的[99]。

图 7-3 概述了该提案的主要思想。与将更多精力投入到单一的车辆检测解决方案中的研究相比，我们提出了一种边缘和角点特征的数据融合方法，并结合一种基于全局哈尔特征的自适应分类器，称为自适应全局哈尔分类（AGHaar）。这使我们能够检测到 15~100m 范围内的低分辨率远距离车辆。

我们还融合了时间和动态强度信息，以及一种称为虚拟对称检测（VSD）的补充技术，该技术可在距自车很近的距离（接近 1m）处进行车辆检测，即使所记录的车辆占据了输入图像的主要区域（图 7-2 右图）。

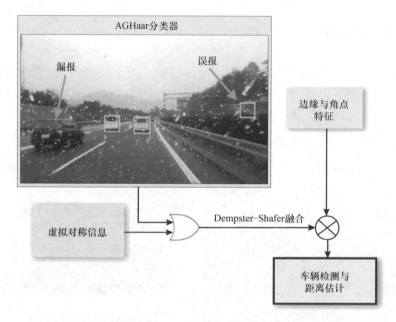

图 7-3　提出的检测方法的基本流程：通过结合使用 AGHaar 特征检测候选区域与后续对于对称、边缘、角点特征的分析

我们的算法是根据以下两个基本假设设计的：（A）无论车辆的品牌，型号或颜色如何，所有远距离的车辆都具有相似的特征和外观，包括车辆与道路背景之间的遮挡边缘，与车辆的车身相比，后风窗玻璃上的光反射率模式不同，趋向于矩形，并且在车辆后保险杠下方有一个可见的阴影条；（B）近距离情况完全不同，在这里，车辆显示更多的细节和更高的分辨率，与其他车辆的外观、设计风格、保险杠的形状或尾灯的形状明显不同。

据我们所知，目前尚无关于单目视觉在关键交通场景中检测非常近的车辆的研究报告。例如，车辆突然在十字路口出现或由于先前的遮挡而突然出现。对于

这种近距离情况,尽管车辆外观千差万别,但这些车辆仍具有一些共同的特征:
1) 尾灯配对的高置信度。
2) 光对尺寸与距离的约束几何关系。
3) 尾灯以及制动灯的红色光谱范围。

下一节我们将详细描述一个新颖的级联式算法,它能够检测近距离与远距离的车辆,并且针对 TP 的提高和 FP 的降低有很大的改善。

AGHaar 分类器提供初始感兴趣区域和候选对象。道路场景和初始检测将通过特征检测,尾灯对称性分析和最终数据融合得到进一步处理,如图 7-3 所示。整体方法消除了许多假正类检测结果并找回遗漏的检测结果(假负性)。我们还提供了使用单目视觉传感器的精确距离估计技术。

7.3 自适应全局特征哈尔分类器

扩展我们先前在第 5.5 节和第 5.8 节(也在文献 [208] 和 [216] 提出)中讨论的工作,我们采用了全局哈尔特征,采用了自适应分类器进行车辆检测。

图 7-4 所示为道路场景的全局特征的概念,其中我们提取了滑动窗口的全局强度信息。例如,这可以表示路面上的强度接近均匀(即在参考窗口中没有显示其他物体时),或者车辆的强度接近恒定(即如果车辆与参考窗口重叠)。

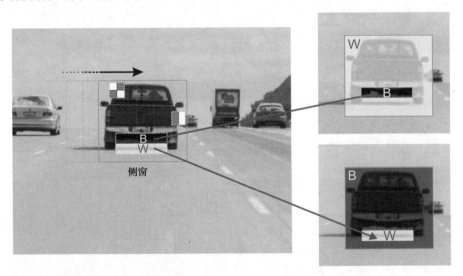

图 7-4 左图:有三个局部哈尔特征的滑动窗口 右图:在给定的窗口位置,局部哈尔特征(由白色和黑色的区域 W 和 B 来定义)通过与整个参考窗口中的像素值的总和相比较扩展成为两个全局哈尔特征

为使分类器具有针对强度变化的自适应性,我们需要对道路照明条件进行适当的估计。道路是动态且复杂的场景,由于阳光、路灯、交通信号灯、车辆的灯光、树木下方行驶引起的阴影以及行驶中的车辆、树木或交通标志的阴影,强度不同。因此,作为成功进行车辆检测的基本要求,我们需要确定正在行驶的条件,例如,晴天、晚上或午夜。

要评估道路场景的强度,我们不能简单地使用输入帧中像素的平均强度。图 7-5 说明了我们如何通过将道路场景分为两部分:"天空"和"道路"来处理强度分析。

图 7-5　在白天和夜晚状态下对于道路和天空区域强度值的测量(见彩插)

分析了在不同天气和光照条件下从 280 个道路场景样本中得出的道路和天空区域的平均强度和标准差后,我们注意到,天空区域的顶部 5% 和道路区域的底部 5% 通常是提供整个场景的可接受强度估计,其中测量值也落在场景强度标准差之内。

基于此思想,我们按照图 7-5 所示的定义区域 S_l 和 S_r,以及 R_l 和 R_r,在预期的天空和道路区域应用了 4 点强度采样。我们使用 $20 \times h/20$ 和 $w/20 \times 20$ 区域,其中 w 和 h 分别表示输入序列的宽度和高度。然后,根据确定的照明情况(如白天、晚上),我们可以按照第 5.5.3 节中的说明自适应地调整分类器参数。

由于强烈的反射点、路灯或非常暗的阴影可能落在这四个区域中的一个或几个之中,因此我们应用了混合强度平均(类似于第 5.5.2 节中的面部强度平均),包括均值和道路与天空区域的模式(Mo),以确保我们正在测量整个场景中实际强度的平衡:

$$I_s(\lambda) = \frac{1}{2}\Big[\Big(\lambda \cdot \text{Mo}(S_l) + \frac{(1-\lambda)}{\Omega_{S_l}}\sum_{i=1}^{\Omega_{S_l}} S_l^i\Big) + \Big(\lambda \cdot \text{Mo}(S_r) + \frac{(1-\lambda)}{\Omega_{S_r}}\sum_{j=1}^{\Omega_{S_r}} S_r^j\Big)\Big]$$

(7-1)

其中，$I_s(\lambda)$ 是天空区域的混合强度值，而 Ω_{S_l} 和 Ω_{S_r} 是 S_l 和 S_r 子区域中的像素总数。

图 7-5 右侧图所示为获得的天空和道路部分。基于 S_l 和 S_r 的平均强度测量值检测到深蓝色和浅蓝色部分，有着 ±10 的偏差。类似地，绿色部分显示基于 R_l 和 R_r 的路面。

在所示的夜景示例中（图 7-5 左下图），尽管期望有暗像素，但仍有一些亮像素（由于路灯）落入 S_l 区域。这会影响我们对天空左侧区域的平均强度测量；因此，深蓝色分割（图 7-5 右下图）显示了路灯周围的区域，而不是将天空区域显示为浅蓝色区域的一部分。

但是，另一方面，S_r 中的测量值支持天空的"可接受"分割，显示为浅蓝色部分。

模式像素值（$S_l \cup S_r$ 中具有最高重复频率的像素值）确定结果片段中的哪一个（浅蓝色或深蓝色）可以更好地代表天空强度。通过指定 λ 等于 0.66，我们认为检测到的模式强度与标准均值相比更重要。因此，这减小了任何不适当分割的负面影响。换句话说，对于图 7-5 底部所示的夜景，$I_s(\lambda)$ 的最终值更接近于浅蓝色部分的强度，而不是深蓝色（实际天空）部分的强度。类似的方法也适用于道路背景强度评估 $I_r(\lambda)$，其由深绿色和浅绿色部分显示。

在定义自适应哈尔特征检测器的最后阶段，我们根据 $I_s(\lambda)$ 和 $I_r(\lambda)$ 的 10 个强度值分别对上层和下层的 10 个强度值进行了试验，调整了 10 组分类器参数 SWS、SF 和 MNN 的优化值。然后，根据本节中的讨论，基于拉格朗日法和三次插值，第 5.5.3 节中讨论了此参数自适应地扩展到 256 个值的整个强度范围。

7.4 直线与角点特征

使用相同的训练数据集，我们使用 LBP、标准哈尔和 AGHaar 创建了三个车辆分类器。车辆检测样本如图 7-6 所示。提出的 AGHaar 分类器可提供更准确的初始车辆检测，明显优于 LBP 和标准哈尔分类器。但是，我们仍然认为 AGHaar 最初发现的那些车辆只是候选车辆或 ROI。为了获得更准确的结果（即更少的假正类和更少的假负类），我们在确定 ROI 是车辆之前，通过分析线条和角点特征来继续进行评估。

图 7-6 基于 LBP、标准哈尔和 AGHaar 分类的车辆检测样本

7.4.1 水平边缘

比基于阴影的车辆检测（图 7-1）更可靠、更有效，我们将平行的水平边缘作为更可靠的特征考虑在内，以指出 ROI 中可能存在的车辆。我们的假设是，由于保险杠与车身之间的深度差异，车辆牌照周围的边缘或车身的水平边界，可以感知风窗玻璃的水平边缘特征。

我们修改了渐进式概率霍夫变换（PPHT）[155]，仅用于水平边缘的快速和实时检测。PPHT 是按照 Duda 和 Hart[54] 引入的标准霍夫变换（SHT）设计的：xy 坐标系中的直线 L 可以用极坐标（θ, ρ）表示如下：

$$\rho = x\cos\theta + y\sin\theta \tag{7-2}$$

检测到 xy 空间中的边缘像素被转换为空间中的曲线,也称为霍夫空间,或者在其离散形式中,称为累加器空间。

对于 PPHT,将采用投票方案降低 SHT 的计算成本。在 SHT 中,所有边缘像素都映射到累加器空间中,而 PPHT 仅基于随机选择的像素的一部分进行投票。每个候选直线都有一个投票统计,并且最小像素数(即投票数)被视为检测直线的阈值。对于较短的线,需要较高的支持像素的空间密度,而对于较长的线,则需要较低的支持像素的空间密度。总体而言,PPHT 可得到较高的直线检测速度,同时结果的准确性几乎与 SHT 获得的结果相同[116]。

图 7-7 所示为根据道路场景计算出的累加器空间的真实样本。该图说明了高累加器值(红色区域)在 +90°或 -90°附近接近最左或最右边界。这证实了道路场景中水平边缘的数量远远高于其他斜率中的边缘和线的数量。为了针对水平线 $y \approx \mathrm{const}$,我们定义了两个感兴趣的范围:

$$90° - \tau \leq \theta \leq 90° \tag{7-3}$$

$$-90° < \theta \leq -90° + \tau \tag{7-4}$$

注意,由于 ρ 在 PPHT 中可能使用正值和负值,因此此处 θ 的值仅在 -90°和 +90°之间。

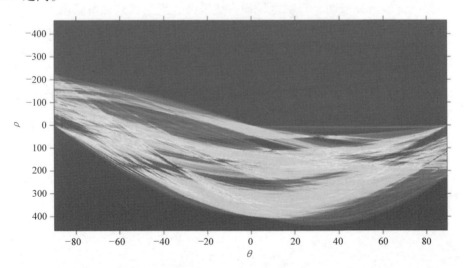

图 7-7 道路场景样本的边缘像素映射到 $\theta - \rho$ 空间(极坐标)。累加器的值通过颜色值来显示(深蓝色为 0,红色为较高的值,浅蓝色为较低的正值)(见彩插)

从霍夫空间映射到笛卡儿空间,图 7-8 右图所示为给定道路场景下检测到的水平线。由图,我们可以期望为道路上的每辆可见车辆检测到一个或多个水平边缘。

图 7-8　通过我们自定义的 PPHT 进行水平直线检测

7.4.2　特征点检测

图 7-8 右图还说明，可能还有一些不属于车辆的水平线，如由阴影（车辆或树木的阴影）、云层或矩形交通标志所致。但是，阴影区域或交通标志等非车辆物体通常具有普通或简单的纹理。为了防止错误检测，我们还考虑了分析场景中的角点特征点。

我们的试验研究表明，车辆区域通常比道路、天空或其他背景区域包括更高的角点密度。汽车后视镜的视觉复杂性由车牌、尾灯、保险杠和车身的组合定义。这种复杂性在本质上定义了车辆的重要角点，特别是在后风窗玻璃下方的区域。

在经典的和最近开发的特征点检测器（如 FAST[221]、ORB[223] 和 FREAK[2]）中，我们使用 Shi – Tomasi 方法[235] 获得了最佳性能，可用于更多"合适"角点道路场景的检测任务中。

与非角点图像区域相比，角点或特征点由与相邻像素的较大强度差定义。在该方法中，考虑了一个 $m\times n$ 的子窗口，该子窗口滑过由参考像素定义的输入图像 I 的左上角。在参考点处，窗口与相同大小的相邻窗口之间的加权差通过下式进行测量：

$$D_p(u,v) = \sum_{i=1}^{m}\sum_{j=1}^{n} w_{ij}[I(x_i+u, y_j+v) - I(x_i, y_j)]^2 \qquad (7-5)$$

其中，$0 \leq u \leq \dfrac{m}{2}$，$0 \leq v \leq \dfrac{m}{2}$，对于 $x_i = x + i$ 和 $y_i = y + j$；权重 w_{ij} 用于窗口位置 (i, j)；它们或者是 1，或者是采样的高斯函数。仅使用这些差值的泰勒展开的线性项，得出：

$$D_p(u,v) \approx \sum_{i=1}^{m}\sum_{j=1}^{n} w_{ij}[u \cdot I_x(x_i, y_j) + v \cdot I_y(x_i, y_j)]^2$$

$$= \sum_{i=1}^{m} \sum_{j=1}^{n} w_{ij} (u^2 I_x^2 + 2uv I_x I_y + v^2 I_y^2), \qquad (7\text{-}6)$$

其中，I_x 和 I_y 分别代表 I 在 x 和 y 方向上的导数。通过转换为矩阵格式，并且不包含参数 (x_i, y_j)，我们得到：

$$D_p(u,v) \approx [u\ v] \left(\sum_{i=1}^{m} \sum_{j=1}^{n} w_{ij} \begin{bmatrix} I_x^2 & I_x I_y \\ I_x I_y & I_y^2 \end{bmatrix} \right) \begin{bmatrix} u \\ v \end{bmatrix} \qquad (7\text{-}7)$$

$$= [u\ v] M \begin{bmatrix} u \\ v \end{bmatrix} \qquad (7\text{-}8)$$

其中，M 是式（7-7）中定义的矩阵的缩写。令 λ_1 和 λ_2 为 M 的特征值，分别代表原始窗口和移动窗口与 $R = \min\{\lambda_1, \lambda_2\}$ 的差。通过将 R 与给定阈值进行比较来选择角点。如果 R 大于该阈值，则选择 W_p 的中心像素作为角点[235]。

图 7-9 所示为检测到的特征点。这证实了为车辆后视区域提供更密集特征点的预期结果，尤其是在牌照、保险杠、尾灯或轮胎周围的下部。

图 7-9　检测到的特征点在车辆的后视图中相当密集

到目前为止，我们已经讨论了确认 ROI 作为车辆所需的三个可能线索：初始 AGHaar 检测、车辆下部车身中的水平边缘和角点特征。这些线索一起可以帮助防止误报。

7.5　基于尾灯的检测

与第 7.4 节主要关注预防误报的方法相反，本节提出了一种找回漏检的方法。

如前所述，我们认为任何滤波技术不仅需要鲁棒性，以检测中远距离的车辆，还需要处理车辆突然出现在自车前方非常近的情况（如在道路交叉路口或临时遮挡后）。我们发现尾灯功能为近距离和中距离车辆检测提供了非常强大的支持[215]。

7.5.1 尾灯规格：讨论

通常，训练后的分类器可以检测与训练图像数据库中的图像相似的车辆。分类器尝试在训练数据库中学习一些"常见的二进制特征"，以便检测出尽可能多的具有最高真正类率（TP）和最低误报率的车辆。这就是为什么分类器对于中远距离可能更有效，因为处于这种距离的所有车辆看起来都像一个矩形，具有一些"受限""通用"和"相似"特征。例如，风窗玻璃顶部的矩形部分、最左侧和最右侧的矩形灯、下半部装有保险杠。

如果我们查看相对较远距离的车辆，由于分辨率较差，所有车辆看起来都像是具有一些共同特征的普通矩形。对于此类情况，我们的基于自适应全局哈尔特征分类器（第7.3节）通常表现出非常成功的性能，尤其是如果我们将其与所描述的滤波器融合在一起，即使用直线和角点特征时。

但是，对于近距离行驶的车辆，情况会有所不同。图7-10所示为两辆车的图像以及哈尔和LBP分类器的错误检测。由于车辆制造商和车辆型号的高度多样性，封闭的车辆会提供更多的细节，这可能因一辆车与另一辆车完全不同，分类器无法有效地学习或处理如此大量的细节和分辨率，造成许多误检。

尽管近距离车辆的外观如此多样，我们假设所有车辆仍具有一些共同的几何特征。这些几何特征不能像几个二进制特征一样适合，因此不适用于训练基于哈尔特征或LBP特征的分类。但是，我们将它们用于方法的下一步：虚拟对称检测。

近距离车辆最明显的特征是：

1）尾灯颜色（所有车辆的尾灯和制动灯均使用橙色到红色的光谱）。
2）尾灯对称（尾灯是对称的，具有相同的大小和形状）。
3）几何关系（车辆尺寸、车灯尺寸以及灯对之间的欧几里得距离之间存在某些固有关系）。

用于车辆检测的尾灯分析的文章很少。例如，O'Malley等人[186]提出了一种基于后方红灯的对称性来检测车辆的方法，该方法使用互相关方法进行对称性检测。但是，他们的方法特别开发用于在夜间打开尾灯时检测车辆。同时他们的对称检测，使用互相关性，仅当记录摄像机（在自车中）恰好在目标车辆后方时，相关性才起作用，以确保对尾灯对进行完美的对称检测。其他车道上的车辆以不同的姿势和角度出现在记录摄像机上。因此，它们的尾灯不一定被视为对称的。

另外，对于许多车辆姿态（例如，图7-10底部两图），左灯的宽度在视觉上不等于右灯的宽度。结果，任何依赖于"实际对称性检测"的方法在现实世界中很可能会失败。为了解决所讨论的问题，我们介绍了适用于白天和黑夜以及不同车道车辆的"虚拟对称检测"方法。

图 7-10　车辆误检的特写
左图：基于哈尔特征的检测　　右图：基于 LBP 的检测

7.5.2　色谱分析

遵循虚拟对称检测的想法，我们创建了一个由 482 个来自尾灯、制动灯、指示灯的图像组成的数据库，这些图像在白天或晚上都处于打开或关闭状态。我们将收集的数据库从 RGB 转换为 HSV 颜色空间，以更好地表示尾灯像素颜色特征[215]。

图 7-11 所示为我们收集的尾灯数据库中的彩色像素的散点图。该图显示，尾灯像素通常散布在从浅橙色到深红色的各种颜色范围中。这表明我们需要仔细考虑像素分布，以防止错误分割。

由于数据库图像中的噪声，在散点图中还可以看到一些粉红色、黑色和淡黄色像素，这些像素实际上不属于尾灯像素。考虑散点图中彩色像素分布的高斯分布函数，并排除小于 -2σ 或大于 $+2\sigma$ 的离群像素点，我们删除了散点图中密度非常低的噪声像素。图 7-11 所示为优化后的像素分布图，该图排除了带有以下性质的噪声像素：

1）色相值 $H \geqslant 52°$（即浅黄色像素）。
2）色相值 $H \leqslant 342°$（即粉红色像素）。
3）强度值 $V \leqslant 0.16$（即不包括近乎黑色的像素）。

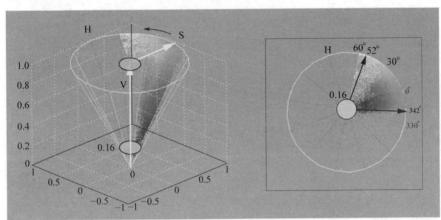

图 7-11　从车辆尾灯数据库中提取彩色像素
左图：HSV 锥形散点图　右图：此三维图的俯视图

7.5.3　尾灯分割

图 7-12 所示为用于分段和配对尾灯的步骤。从 RGB 转换为 HSV 空间（图 7-12a）之后，我们基于从图 7-11 获得的信息对所有三个通道应用像素匹配，然后进行图 7-12b 所示的二进制阈值处理。

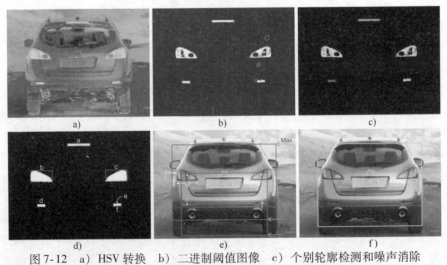

图 7-12　a）HSV 转换　b）二进制阈值图像　c）个别轮廓检测和噪声消除
d）填孔后　e）配对和车辆近似　f）最终检测效果

图 7-12c 所示为检测到的孤立轮廓。与使用编码轮廓的技术相反[140]，我们使用链编码[69]来保持轮廓的原始边界。检测仅基于阈值图像中的 8 个分量。

图 7-12d 说明了在二进制（阈值）图像中填充孔洞，从而创建连接的斑点的应用过程。如果由于噪声或照明伪影而导致像素丢失，这旨在检测尾灯的实际区域。

所示的边界框说明了检测到的轮廓组的整体宽度和高度。图 7-12e、f 显示了尾灯配对和车辆区域的近似值。尾灯配对过程的详细信息将在接下来的两个小节中讨论。

7.5.4　基于模板匹配的尾灯配对

在基于虚拟对称性（VS）方法进行尾灯配对之前，我们首先讨论其他方法的潜在弱点，如 Gu 和 Lee[81] 的基于模板匹配的对称性检测的最新研究。然后，我们可以更好地了解 VS 方法的优势。

设 T 为在 $m \times n$ 窗口（称为模板）中检测到的轮廓。我们在 $M \times N$ 图像 I 中搜索轮廓，该轮廓的形状类似于 T 的水平翻转图像。正如通常在模板匹配中一样，对于 T 中的每一个位置（如 T 在 I 中的最左上点的位置），我们计算出一个互相关分数，定义了大小为 $(M-m+1) \times (N-n+1)$ 的矩阵 R。矩阵 R 中位置为 (x, y) 包含互相关分数：

$$R(x,y) = \frac{\sum_{i,j}(T'(i,j) \cdot I'(x_i, y_j))}{\sqrt{\sum_{i,j}T'(i,j)^2 \cdot \sum_{i,j}I'(x_i, y_j)^2}} \tag{7-9}$$

其中，$1 \leq i \leq m$，$1 \leq j \leq n$，$x_i = x + i$，$y_j = y + j$。

$$T'(i,j) = T(i,j) - \frac{1}{m \cdot n}\sum_{h,k}T(h,k) \tag{7-10}$$

$$I'(x_i, y_j) = I(x_i, y_j) - \frac{1}{m \cdot n}\sum_{h,k}I(x_h, y_k) \tag{7-11}$$

其中，$1 \leq h \leq m$，$1 \leq k \leq n$，$x_h = x + h$，$y_k = y + k$。我们决定使用交叉验证来提高其匹配的精确度以及在给定环境中的时间表现。

我们将模板 T 从左到右，从上到下在图像 I 上遍历每一个图像区域。对于每一次滑动，矩阵 R 通过比较滑动区域（即在当前子图像上的模板 T）返回相似度指标。

图 7-13 右上图将矩阵 R 表示为查询模板 T 在 I 上每个位置的相关图。区域左上角的 (x, y) 对应于相关图中的匹配值。(x, y) 位置的像素越亮，则该位置上 I 与 T 的相似度越高。归一化的 R 返回介于 0 和 1 之间的值，并且任何大于 0.95 的值都被视为尾灯轮廓配对的潜在匹配。图 7-13 右下图说明配对结果仍然不准

确。这是由摄像机的不同视角导致，不能总是将一对尾灯视为完全对称，并且宽度和高度相等。我们得出结论，基于模板匹配技术的方法不能被视为可靠的解决方案。

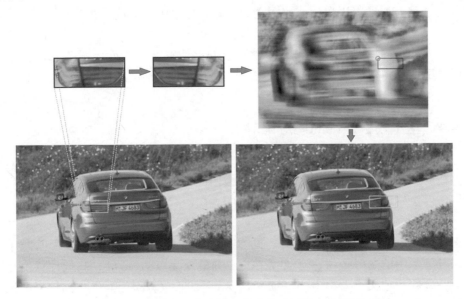

图 7-13　查询模板、相关图以及在输入图像上的模板匹配

7.5.5　基于虚拟对称检测的尾灯配对

在本节中，我们讨论虚拟对称检测（VSD）方法[215]。对于图 7-12d 中检测到的 $a=6$ 轮廓，有 $2^a=64$ 种不同的配对方式。但是，对于给定的示例，只有其中两个是尾灯的正确配对：$\{b,c\}$ 和 $\{f,d\}$。

此外，图 7-13 所示为一对尾灯的轮廓 C_i 和 C_j 可以是不对称的，具有不同的宽度或高度。我们不能依靠严格的绝对对称性。相反，我们可以基于对大量尾灯图像数据集的统计分析来定义一些几何规则，以在已检测到的轮廓之间表现出虚拟对称性（VS）。

我们从 KITTI[117] 和 EPFL[57] 数据集中评估了 400 张选定的车辆图像，我们测量了尾灯的基线尺寸，尾灯宽度与高度的比例，它们的平均尺寸、方差和标准差。根据研究的数据，我们确定了五个用于虚拟对称检测的优化原则。

如果满足以下条件，我们认为 C_i 和 C_j 实际上是对称的，并且视为 $\mathscr{P}_{ij}$ 对：

① $\quad |\mathscr{A}(C_i)-\mathscr{A}(C_j)| \leq 0.3\left[\dfrac{\mathscr{A}(C_i)+\mathscr{A}(C_j)}{2}\right] \qquad (7\text{-}12)$

② $\quad -15° \leq \angle\alpha(C_k) \leq 15° \quad k=i,j \qquad (7\text{-}13)$

③ $0.9 \cdot [W(C_i) + W(C_j)] \leq |X(C_i) - X(C_j)| \leq 5.3 \cdot [W(C_i) + W(C_j)]$ (7-14)

④ $\max(H(C_i), H(C_j)) \leq 1.35 \cdot \min(H(C_i), H(C_j))$ (7-15)

⑤ $\left| \dfrac{W(C_i)}{H(C_i)} - \dfrac{W(C_j)}{H(C_j)} \right| \leq 0.2$ (7-16)

其中，$\mathscr{A}(C)$ 是轮廓 C 的像素总数（即轮廓 C 的面积，以像素表示），$W(C)$ 和 $H(C)$ 是 C 的宽度和高度（以像素为单位），$X(C)$ 是 C 的质心的 x 坐标，而 $\angle \alpha(C)$ 是 C 的两个主轴的角度。

条件①仅对于轮廓具有大于70%面积相似度的轮廓之间才成立。条件②允许两个轮廓间具有最大倾斜15°（例如，由于道路角度；图 7-13 和图 7-14）。在条件③中，我们确保该对轮廓的基线距离落在测量的标准差范围内。通过应用条件④，我们检查左右轮廓之间的高度差，该高度差应小于35%（根据数据集中的测量平均值）。最后，条件⑤比较左轮廓线和右轮廓线的宽度与高度的比例，该比例不应大于0.2。

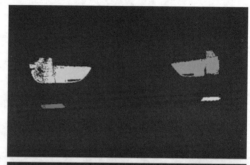

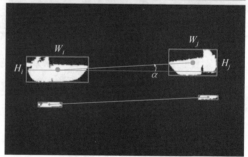

图 7-14 从图 7-13 中得到的放大的轮廓，VSD 以及尾灯配对。一个左右尾灯倾斜以及不等的例子，取决于道路曲率以及摄像机角度

图 7-15 所示为一些基于尾灯配对的试验结果，其中哈尔和 LBP 分类器未能检测到那些近距离汽车。我们基于灯对之间的距离、尾灯宽度以及检测到的灯的最左和最右像素之间的距离来考虑汽车边界框近似。在有多个平行尾灯的情况下，如保险杠上的主尾灯对和其他平行尾灯对（例如，图7-12e），我们考虑如下计算的平均边界盒：

$$X_l = \min\{x_{l0}, x_{l1}, \cdots, x_{lk}\} - \Gamma \cdot W_l \quad (7\text{-}17)$$

$$X_r = \max\{x_{r0}, x_{r1}, \cdots, x_{rk}\} + \Gamma \cdot W_r \quad (7\text{-}18)$$

$$Y_t = \min\{y_{t0}, y_{t1}, \cdots, y_{tk}\} \quad (7\text{-}19)$$

$$Y_b = \frac{\sum_{bi=0}^{n} y_{bi}}{k} \quad (7\text{-}20)$$

其中值 x_{li} 属于最初检测到的矩形的左侧垂直边，x_{ri} 属于右侧垂直边，y_{ti} 属于顶部水平边，y_{bi} 属于底部水平边，$\varGamma=0.2$ 即认为距离 $\pm 0.2W$ 的边作为尾灯对中汽车侧面的左右边缘。

如果落在另一个边界框内的任何边界框的大小远小于较大区域（例如，图 7-15d），则将其视为错误检测。由图可知，提出的 VSD 方法比第 7.5.4 节中讨论的模板匹配方法执行得更准确、更快速。

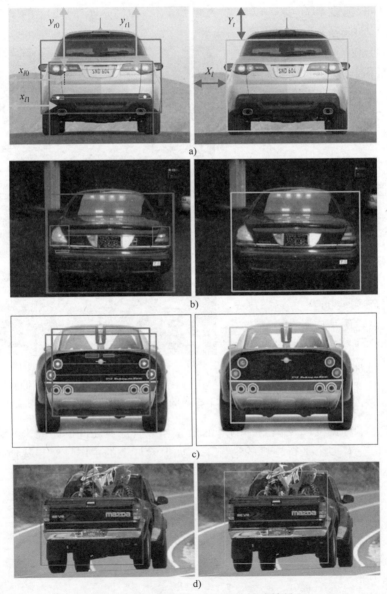

图 7-15　尾灯分割与配对的试验结果

7.6 数据融合和时间信息

本节将 AGHaar 分类、虚拟对称检测以及对水平线和角的分析获得的结果融合在一起,如图 7-16 所示(将在下面进一步讨论)。最终目标是实现准确的车辆检测和距离估计。由于获得的数据是从单个传感器导出的,具有明显的时间同步性,并且处于同一姿态,因此我们利用此优势开发了一个强大的多数据融合系统。在这种融合系统中,不需要时间对齐、传感器校正或普通多传感器融合技术通常涉及的其他问题。

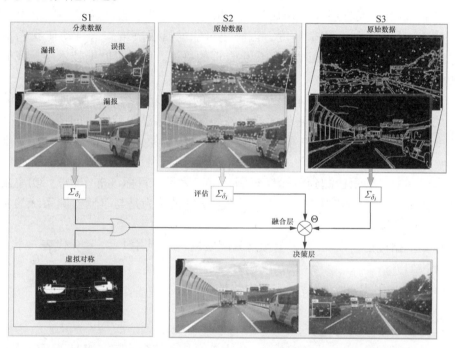

图 7-16 一个单传感器多数据融合框架展示的成功的车辆检测的例子

仅新颖的 AGHaar 方法在大多数道路场景下就具有足够的鲁棒性。为了确保更可靠的检测,我们将数据融合应用于所有可用信息,这其实就是驾驶员在驾驶时所做的。例如,如果在大雾天气中车辆不完全可见,那么驾驶员可以考虑在前方寻找牌照、尾灯或其他车辆特征,以估计其位置和大小。

我们的融合方法可得到更准确的结果,同时略微增加计算成本。这不会影响整个过程的实时性。

我们考虑了两种可能的数据融合方法,即贝叶斯方法和 Dempster - Shafer [234] 理论。贝叶斯方法将输入实体的权重解释为概率。Dempster - Shafer 理论(也称为信念理论，简称 D-S 理论）基于仅根据概率概念的人类专业知识来分配"质量"。由于贝叶斯方法基于"纯粹的"统计分析，因此我们还需要数据很"纯"（即非常准确），以提供来自每个信息源的统计数据。因此，这需要对来自不同道路场景的各种录制的视频进行全面的初始数据分析。否则，贝叶斯方法中不正确的权重分配可能会导致数据融合的错误结果[124]。

与贝叶斯方法相反，D-S 理论在表达专家的不确定性判断方面非常有效。D-S 理论基于两个思想：①从相关问题的"主观概率"定义特定问题的置信度；②Dempster 的组合规则。

通过将 D-S 理论用于车辆检测的数据融合，我们不仅考虑了"车辆"和"非车辆"两类，而且还为"未知"状态指定了一个置信度。考虑到质量为"未知"状态，我们添加了安全裕度，以防止可能的错误决策。这自动使我们根据信息共识和人类专业知识相结合做出更合理的决策。而在贝叶斯技术中，我们只有两个概率值（"存在"或"不存在"），而不是两者的组合。

在考虑的背景下，我们发现基于 D-S 的融合方法会导致更加可接受的结果，尤其是在我们信息不完整或无法单独确保每个信息源准确性的情况下。

令 $\Psi=\{T, NT\}$ 是表示在第 7.3 节、第 7.4 节和第 7.5 节（即 AGHaar、虚拟对称、角点特征和水平边缘）中介绍的四个可用信息源中的每个车辆检测状态的集合，其中 T 表示检测到目标（车辆），NT 表示非目标（非车辆）。功率集中的每个元素 $2^{\Psi}=\{\{O\},\{T\},\{NT\},\{T, NT\}\}$ 被认为是与车辆检测系统的实际状态有关的命题。

根据证据理论，以 2^{Ψ} 为每个元素分配质量 m_i，其中 $1 \leqslant i \leqslant 3$ 代表三个主要信息源，如下：

$i=1$ 用于 AGHaar，结合了虚拟对称性。

$i=2$ 用于角点检测。

$i=3$ 用于水平线（边缘）。

这三个函数 m_i 也称为信息源 1、2 或 3 的基本信念分配，满足以下三式：

$$m_i : 2^{\Psi} \rightarrow [0,1] \quad (7-21)$$

$$m_i(O) = 0 \quad (7-22)$$

$$\sum_{A \in 2^{\Psi}} m_i(A) = 1 \quad (7-23)$$

质量 $m_i(A)$ 表示支持来自第 i 个信息源的状态 A 有效性的所有相对证据和可用证据的比例。

例如，将 AGHaar 和 VSD 组合（AGHaar-VSD）作为我们车辆检测的主要来源（图 7-16 左图），我们认为 $m_l(T)=0.75, m_l(NT)=0.15$ 和 $m_l(U)=0.1$，这意味着我们对 75% 的案例中的 AGHaar-VSD 的真实检出率有信心，我们对

15%的误检也有信心,而对于其中10%的检测由于我们缺乏知识或分析不完整而导致无法给出决策(未知任务)。表7-1总结了在我们的真实测试数据集中基于AGHaar – VSD分类的准确性确定的质量。

表 7-1 对于三种信息源的质量分配

状态	来源 1(m_1) AGHaar/虚拟对称(%)	来源 2(m_2) 角点特征(%)	来源 3(m_3) 水平线(%)
T	75	55[①]	65[①]
NT	15	25	20
U	10	20	15
总计	100	100	100

① 特征与阈值 τ 匹配时的最大质量。

根据由 AGHaar 选择作为车辆候选对象的矩形区域的大小和距离,如果候选对象实际上是真正类(车辆),我们期望许多角点和水平线落入 ROI 的下部。

角点(或水平边缘)的数量越接近所选阈值(如上定义),则意味着将 ROI 确定为车辆的可能性越高。换句话说,如果检测到的角点和水平线的数量小于定义的阈值,则 D – S 框架会通过适当减小默认质量 $m_2(T)$ 和 $m_3(T)$ 来降低置信度。另一方面,在融合过程中拒绝错误候选区域会增加 $m_2(NT)$ 和 $m_3(NT)$。但是,质量 $m_2(U)$ 和 $m_3(U)$ 始终保持不变。

同样,为了防止由于噪声导致 m_2 和 m_3 的错误更新,我们通过考虑为过去 n 帧分配的质量(例如,过去 1s 中的 $n = 30$)对质量应用加权平均,以利用时间信息:

$$\overline{m_i} = \frac{\sum_{t=1}^{n} \delta_t m_i}{\sum_{t=1}^{n} \delta_t} \tag{7-24}$$

n 与 δ_t 的值取决于自车的速度。

考虑到每秒 30 帧的处理速度,过去几帧中的质量应保持与上一步中的实际更新值相近,或者只是进行"平滑"更改。因此,如果由于相当大的噪声(如强光)在当前帧中发生突然变化,则加权平均有助于时间信息的质量,从而保持当前帧的适度质量。

考虑到质量 m_i 是 2^Ψ 的每个元素的置信度,我们通过基于 Dempster 的合并规则融合源 1~3 的信息来测量组合置信度值:

$$m_{1,2,3}(Z) = (m_1 \oplus m_2 \oplus m_3)(Z)$$

$$= \frac{\sum_{A \cap B \cap C = Z} m_1(A) \cdot m_2(B) \cdot m_3(C)}{1 - \sum_{A \cap B \cap C = \emptyset} m_1(A) \cdot m_2(B) \cdot m_3(C)} \quad (7\text{-}25)$$

其中 ⊕ 表示正交和，该正交和是通过对分子部分中所有元素相交为 $A \cap B \cap C = Z$ 的质量乘积求和而定义的。分母在 [0, 1] 范围内进行归一化，它显示了这些个体来源之间没有交集（没有达成协议）时的冲突量。

图 7-16 所示为两个根据 Dempster 组合规则在雨天或晴天条件下融合结果的示例。

AGHaar 和 VSD 的检测在技术上彼此独立。但是，如前所述，我们将它们合并为 D-S 融合平台中的信息源 1。该组合在图 7-16 中用逻辑符号"OR"表示，在表 7-1 中用相同质量 m_1 表示。一旦 AGHaar 发生故障（缺少检测），VSD 将与角点要素和水平边缘要素直接"共同"起作用。如果 AGHaar 和 VSD 都检测到同一辆车，我们将简单地应用均值定义每辆候选车辆仅一个 ROI，然后再进行具有角点和水平边缘特征的数据融合。

总体而言，定义的多线索数据融合方法可以提供更可靠的检测效果，并减小单数分类技术（如仅适用于 AGHaar 方法）中可能出现的假负类率。

7.7 车距估计

在前一节中，我们以边界框的形式说明了在道路场景中检测到的车辆，这些边界框从后视角度指示了检测到的车辆的位置。下一步，在本节中，我们通过估计每个边界框到自车的距离来标记它们。仅使用单目视觉，不可能直接从道路场景中获取深度和距离信息。

但是，在将摄像机图像重新映射到二维变换域之后，我们可以基于新二维变换图像中均匀分布的像素距离进行距离估计。假设路面几乎是平坦的，并且已知摄像机的光学参数、摄像机的位置和摄像机的角度，则反向透视映射（IPM）可以将记录的图像映射为鸟瞰图[103]。鸟瞰图近似于场景的正交俯视图。作为 IPM 的替代方案，图 7-17 所示为我们使用文献 [318] 中概述的 4 点校准及随后的距离估计将记录的图像映射到鸟瞰图的实现。

在鸟瞰图中测量从目标车辆到自车的像素距离，并将其与相同摄像机参数和摄像机安装情况下的真实值进行比较，可以进行距离估计，如图 7-17b、c 所示。

Tuohy 等人的最新工作[263]也考虑了类似的距离估计方法，但是，我们忽略了图 7-17b 中突出显示的一个重要弱点。以绿色边界框的底部作为距离参考，鸟瞰图无法精确显示车辆在道路上的位置，特别是对于超过 30m 的距离（如 V_3

(图7-17c，更远的车辆)。

图7-17 基于鸟瞰图的距离估计（见彩插）

图7-17表明，所记录的透视图图像中的每个像素都需要映射到鸟瞰图中的多个点，此转换涉及插值。我们的评估表明，插值误差加上4点校准所涉及的误差，导致距离估计误差高达 $\varepsilon = \pm 8\%$。该技术适用于基本的驾驶员辅助系统，以防止在近距离发生碰撞。但是，随着距离的增加，估计误差会成倍增加。

我们旨在改进此技术，以使我们比仅使用鸟瞰图获得更准确的距离估计。

如图7-18所示，我们有一个前视摄像机（例如，靠近后视镜），我们知道摄像机的视场由 $\angle \alpha$、摄像机高于路面高度 H 和 $X_C Y_C Z_C$ 坐标系中的摄像机视角 Θ_C 定义。

假定在道路场景中（未知）的位置 (X_W, Y_W, Z_W) 处检测到的车辆。令 θ_v 为（相对摄像机）投影光线的角度，该角度指向检测到的车辆的后部近似平面与路面的交点。如图7-18上图所示，自车与前面的车辆之间的实际距离 D 等于 $d_2 - d_1$，计算如下：

$$D = H \cdot \tan\theta_v - H \cdot \tan\gamma$$

$$= H \cdot \left[\tan(\Theta_c + \beta) - \tan\left(\Theta_c - \frac{\alpha}{2}\right) \right] \quad (7\text{-}26)$$

给定 Θ_c 和 α 的值,仅需 β 就可计算出 D。另一方面,我们得到:

$$\tan\beta = \frac{\frac{h_i}{2} - d_p}{f} \quad (7\text{-}27)$$

其中,h_i 是记录的图像平面的高度(以像素为单位),d_p 是从检测到的车辆底面到图像平面底边的距离(以像素为单位),f 是摄像机焦距。我们同样可以得到:

$$f = \frac{h_i}{2 \cdot \tan\frac{\alpha}{2}} \quad (7\text{-}28)$$

最终,在等式中包括 β 和 f,距离 D 可以计算为

$$D = H \cdot \left\{ \tan\left[\Theta_c + \arctan\left(\frac{\frac{h_i}{2} - d_p}{\frac{h}{2 \cdot \tan\frac{\alpha}{2}}}\right)\right] - \tan\left(\Theta_c - \frac{\alpha}{2}\right) \right\} \quad (7\text{-}29)$$

如果自车的减振器在随机路面上振动,则 H 和 β 可能会略有变化,并对实际 D 值产生负面影响。这是我们所知道的这种方法的唯一弱点。应用鸟瞰图的加权平均值和提出的基于姿态的三角解决方案,可以确保更可靠的距离估计。我们在第 7.8.1 节中提供了更多详细信息和结果。

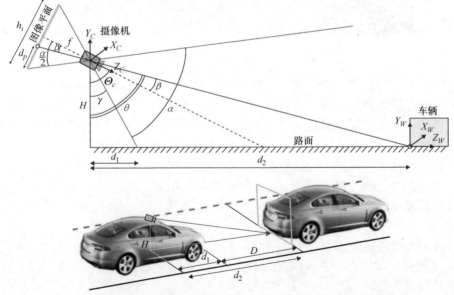

图 7-18 真实世界中基于二维图像平面的像素距离信息进行车距估计

7.8 试验结果

在本节中,我们将评估所提出的车辆检测和距离估计在各种交通场景、天气条件和较差的照明条件下的性能。

但是,只有少数基本的公开可用数据集可用于比较性能评估。大多数可用数据集仅在日间记录(如 KITTI 数据集),或从一些较高的位置记录(如从交通监控摄像机记录),这在本研究中并不适用。

由于该领域的公共数据集不完整,我们开发了一个综合的 iROADS 数据集[214],该数据集安装在后视镜背面,摄像机像素为 70 万像素(1280×720),60°视野,记录速率为 30 帧/s。摄像机的倾斜角度约为 Θ_C,并且在路面上方约 $H=153$cm 处。这些参数已用于比较真实值和距离估计。

7.8.1 距离估计

我们根据鸟瞰图或提出的三角技术来评估距离估计。

就道路标志和车道标记的一致性而言,日本有着最高的道路标准之一。我们使用日本的道路场景来评估 7.7 节中讨论的距离估计方法的准确性。已知日本道路上任何白色标记段的长度为 8.0m,两个白色段之间的间隙长度为 12.0m,我们提取了给定道路场景约 10km 的地面距离数据。

使用提出的融合分类器进行车辆检测,并了解摄像机部件和相关的姿态参数,7.7 节中讨论的两种距离估计方法(鸟瞰图和基于三角学的方法)已被评估。

图 7-19 所示为在计算出的自车与前方车辆的距离中的误差度量。通过与红线所示的真实值进行比较来衡量误差。前方车辆与自车的距离为 6~50m。对于真实值测量,我们还考虑了 ±60cm 的置信区间。

与鸟瞰图方法相比,通过基于摄影机姿态的三角法进行距离估计可显示更准确的结果。对于基于摄像机的三角法,误差主要在地面真实参考的置信范围内。值得注意的是,这两种方法在中等距离(22~27m 的范围)内都显示出非常相似的错误行为。对于远距离基于鸟瞰的技术,错误率显著增加(高达 9%)。

我们确定了两种方法的两种常见误差源,以及鸟瞰方法的第三种误差源:①来自车辆检测器的车辆定位误差(与边界框位置有关的误差);②由于车辆减振器的运动而引起的摄像机高度 H 的变化;③由于插值和四点校准不准确,导致基于鸟瞰图的方法出现了另一个错误,如 7.7 节中所述。

图 7-19 中的虚线圆圈显示的误差与其他误差大不相同。我们观察了这段时间内的视频,发现这些情况发生在自车突然制动或减振器非常活跃时。在这两种

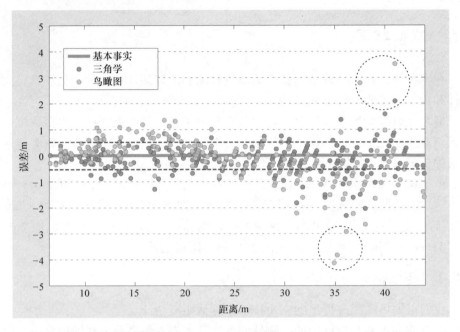

图 7-19　使用鸟瞰图方法与基于摄像机姿态的距离估计方法的估计误差

情况下，这都会引起摄像机倾斜角 Θ_c 和高度 H 的变化，从而导致更大的意外误差。

考虑到这两种技术的标准差，我们决定采用加权平均值，基于摄像机姿态的三角法的系数为 0.7，而鸟瞰图方法的系数为 0.3。

7.8.2　车辆检测器的评估

我们使用由短途汽车（第 1 组）和 iROADS 数据集[214]（第 2 组）组成的组合道路数据集进行性能分析。图 7-20 ~ 图 7-31 所示为我们试验结果的示例。Klette 等人的研究[120]讨论了由情况（或场景）定义的交通或道路状况的可变性。稳定的车辆检测技术必须在不同情况下以合理的精度执行。在我们的试验中，我们针对六种情况进行表现评估：

1）近距离：距自车最多 1m。
2）白天：白天情况。
3）晚上：傍晚和晚上的情况。
4）阴雨天：日间阴雨天气。
5）雨夜：夜晚条件下的阴雨天气。
6）雪：部分或完全积雪的道路。

通过比较 LBP 分类、标准哈尔分类、AGHaar 分类和我们提出的 Dempster –

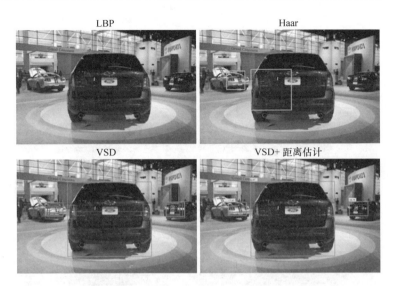

图 7-20　使用不同的方法进行短距离车辆检测以及距离估计（样本 1）

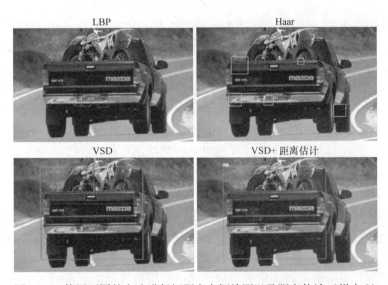

图 7-21　使用不同的方法进行短距离车辆检测以及距离估计（样本 2）

Shafer 数据融合方法，我们对真实检测和误检率进行了全面分析。

我们的检测方法的准确性和鲁棒性将在上面列出的六种不同情况下针对图像序列进行评估。首先，我们基于 VSD 方法评估近距离车辆检测效果。然后，我们将继续针对其他五种情况进行评估，以评估距自车 10~100m 的中远距离下的检测器表现。在包含 500 辆汽车图像的数据库中，从旧模型到新模型不等，我们获得了 91.6% 的正确率和 1.2% 的误检率。图 7-20~图 7-22 所示为三个不同的

图 7-22　使用不同的方法进行短距离车辆检测以及距离估计（样本 3）

示例，我们将 VSD 方法与其他技术进行了比较。如前所述，其他方法的缺点是预期会有许多误检。由于 VSD 方法只是我们整体 D－S 融合方法的一部分，因此我们将继续讨论其他五种情况。

图 7-23 和图 7-24 所示为白天情况的检测结果和接收器工作特性（ROC）曲线。基于 LBP 的分类显示出最低的检测率和最高的误报率。单独使用 AGHaar 和基于 D－S 融合的方法显示出相对相似的行为，优于 LBP，而基于 D－S 融合的方法以较小的误检率获得了更好的结果。如预期的那样，由于在第 7.8.1 节中讨论了加权平均，估计的车辆距离与通过鸟瞰技术获得的距离略有不同。

图 7-25 和图 7-26 所示为夜间情况的试验结果。图 7-26 中的 ROC 图显示 LBP 和标准 Haar 在夜间条件下表现较弱。同样，标准 Haar 和 AGHaar 曲线中的两个水平方向曲线（虚线椭圆）表明，这些算法在某些测试数据上没有成功。曲线的这些部分表示仅发生错误警报或没有发生真正检测的情况。

根据每个图像中的真实检测次数和错误警报次数对测试数据集中的图像进行排序后，绘制所有 ROC 曲线。得分最高的图像在绘图中排在第一位，并有着与垂直轴几乎对齐的倾斜。简而言之，曲线越"垂直"，性能就越好。

LBP 检测器的检测率低至 52%，并且有相当数量的错误检测。总体而言，夜间检测效果图显示 LBP，标准 Haar 和 AGHaar 的性能结果要比其对应的白天光照条件下的 ROC 图低。这是有道理的，因为这些方法不太可能在弱光条件下捕获相关特征。

第 7 章 车辆检测与距离估计

图 7-23 白天场景下的车辆检测和距离估计。从左至右，从上到下分别是：
前三幅图为所讨论的 LBP、Haar 和 AGHaar 方法的检测结果，第四幅图为鸟瞰图法的距离估计对于使用 AGHaar 方法检测的图像，第五幅图为检测出的角点特征，第六幅图显示出了水平边缘检测的效果，第七幅图显示在使用所提出的数据融合技术后车辆检测和距离估计的结果。估计的距离（单位为 m）以位于红色边框左上角的黄色矩形的形式给出（见彩插）

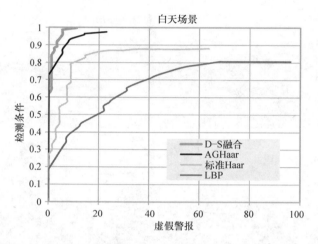

图 7-24　四种车辆检测方法在白天场景下的表现评估（见彩插）

图 7-25　夜晚状况下的车辆检测和距离估计（图像及其描述顺序同图 7-23）

图 7-25 夜晚状况下的车辆检测和距离估计（图像及其描述顺序同图 7-23）（续）

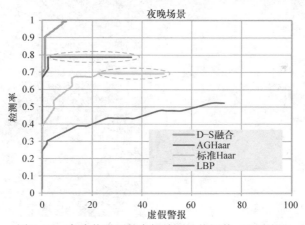

图 7-26 夜晚状况下的车辆检测性能评估（见彩插）

但是，在应用我们的 VSD 和 D－S 融合技术之后，基于融合方法的 ROC 曲线在白天和夜晚两种情况下都显示出非常高的检测率（接近 1.0），并且误检率非常小。

图 7-27～图 7-29 提供了雨天和雨夜条件下的结果样本。这些情况具有挑战性。例如，图 7-27 显示，对于 LBP 和标准 Haar 方法，存在许多误检，对于 AGHaar，存在许多漏检。但是，底图显示了结合 VSD 和 D－S 融合技术后的完美检测。绿色矩形表示在配对尾灯和应用 VSD 之后进行检测的效果。

在雨天的情况下，AGHaar 方法的性能明显不如标准 Haar 好。这主要是由于路灯在雨滴上的反射（图 7-27 顶图）构成了强烈的噪声，从而可能导致误检。但是，D－S 融合方法再次显示出很高的检测精确度，几乎与白天或夜晚的情况一样好。我们只能看到错误检测数量的微小增加（从 10 上升到 19），考虑到测试数据集中真实检测的总数，这是很小的一部分。

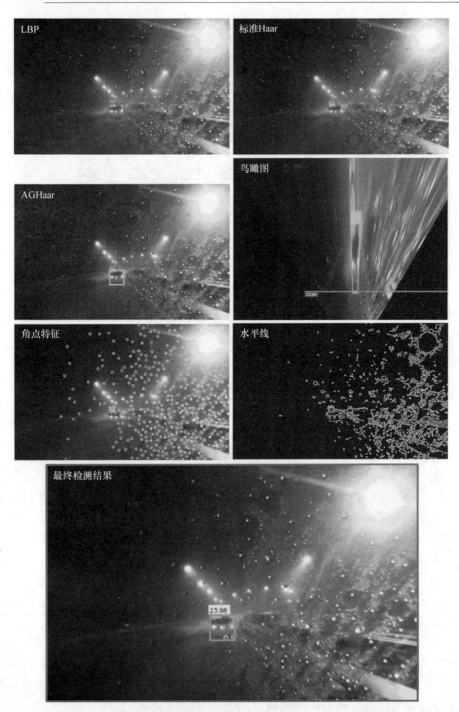

图 7-27 雨夜情况下的车辆检测及距离估计效果（图像及其描述顺序同图 7-23）（见彩插）

第 7 章　车辆检测与距离估计

图 7-28　雨天情况下的车辆检测及距离估计效果（图像及其描述顺序同图 7-23）（见彩插）

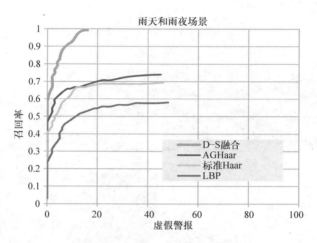

图 7-29 雨天和雨夜状况下的车辆检测性能评估（见彩插）

图 7-30 所示为下雪场景的检测结果，图 7-31 提供了第六个数据集的 ROC 曲线，其中包含来自雪道场景的 1200 帧。在这种情况下，LBP 的虚假警报率显著增加。但是，我们还可以看到对 LBP 的真实检测率有所提高（略低于 70%），优于夜间和雨天的性能。在这种情况下，标准 Haar 的表现比雨天、夜晚或白天差。

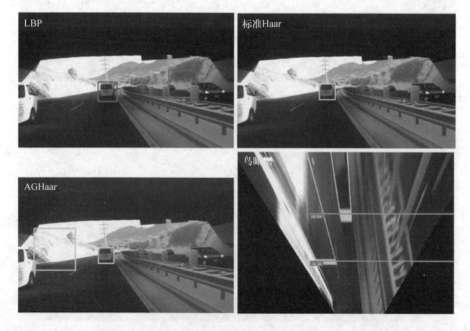

图 7-30 雪天状况下的车辆检测和距离估计效果（图像及其描述顺序同图 7-23）

图 7-30 雪天状况下的车辆检测和距离估计效果（图像及其描述顺序同图 7-23）（续）

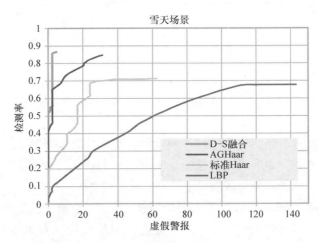

图 7-31 雪天状况下的车辆检测性能评估（见彩插）

另一方面，值得注意的是，AGHaar 的性能要好得多，这表明我们的自适应全局哈尔分类器在具有挑战性的光照条件和动态环境下的有效性。

使用 D-S 融合方法，在前四种情况下，我们的检测率接近 1.0。对于下雪情况，检测率止于 0.88（几乎与 AGHaar 相同），但它也减少了误报的次数。在下雪条件下性能较弱的原因之一可能是由于道路场景照明的显著变化。路面的深灰色外观与被雪覆盖的明亮的白色区域形成对比是一个例子。积雪覆盖的区域可能会引起强烈的反光和摄像机反光，因此很难实现高精度的检测。

表 7-2 列出了在四个讨论过的单个数据集以及包括全天候条件、具有挑战性的光照条件和近距离车辆的综合混合数据集上所提方法的准确率和召回率。尽管标准分类器在理想的日光条件下可获得高达 90% 的召回率，但在真实世界的综合数据集上，它们的检测率显著降低至 60% 以下。

除近距离数据集外，与其他分类器相比，AGHaar 显示出明显的改进。数据融合方法的性能最佳，对多种天气和光照数据集的检测率为 96.8%。我们还获得了 95.1% 的整体精度，这对于我们的综合多种天气数据集来说是可以接受的。

表7-2 提出的检测方法在五个单独的数据集和一个综合数据集上的性能评估

	LBP		Haar		AGHaar		VSD & D-S 融合	
	PR（%）	RR（%）	PR（%）	RR（%）	PR（%）	RR（%）	PR（%）	RR（%）
白天场景数据集	62.8	81.0	73.4	88.2	89.0	97.5	95.2	99.6
夜晚场景数据集	63.2	52.6	73.9	69.5	81.5	79.2	95.7	99.2
雨天场景数据集	70.6	57.7	75.6	69.8	78.7	73.8	91.6	99.3
雪天场景数据集	48.2	67.0	69.4	71.4	84.1	84.8	97.2	87.5
近距离数据集	0	0	1.9	3.0	2.1	6.1	96.1[①]	98.8[①]
混合场景数据集	54.4	57.4	65.2	66.8	74.3	75.1	95.1	96.8

① 仅基于 VSD 方法获得。

7.9 总结

这项研究证明，即使对于后视车辆检测，我们也需要处理众多参数和挑战才能获得可靠的结果。如果研究的目标是大范围车辆检测，如多方向车辆检测，那么该结果可能不会被认为是成功的。

最近的研究，Felzenszwalb 等人的最新技术[61,63]介绍了基于可变形部件模型（DPM）的多方向物体检测技术。该方法被认为是成功的对象检测方法，但是，此方法存在两个主要问题：在功能强大的 PC 中，不精确的边界框计算无法定位所检测到的对象，以及每张图像 2s 的高计算时间成本。

对于 ADAS 应用程序，任何提及的弱点都不可接受。我们已经讨论了准确的边界框计算的重要性，以便拥有适当的二维图像的距离估计。此外，高速驾驶的性质以及发生碰撞、受伤和死亡的风险使我们对每个车辆检测和距离估计输入帧的处理时间最多为几毫秒。拥有快速、定义明确、可行且明智的方法是任何 ADAS 的基本要求。

另一个例子是，我们参考了 KITTI benchmark 网站上列出的最新成就和最新工作（2013 年 11 月）。这些结果表明，即使在（理想）日光条件下，多视角车辆检测的检测准确率也非常低，为 18.4% ~ 74.9%[117]。结果仍然远远不能满足实际应用或行业期望。

在我们的研究中，我们专注于特定的检测场景，即后视车辆检测（以防止追尾事故）。但是，我们的目标是涵盖广泛的天气和照明条件。我们不仅在白天，而且在雨天、雪天、大雾天和许多其他挑战性情况下，都达到了高达 97% 的检测率和 95% 的精度。与之前报告的结果相比，这是向前迈出的重要一步。

试验表明，与常见的 LBP 或标准哈尔分类器相比，新提出的 AGHaar 车辆检测器具有优越的性能。同样明显的是，除了 AGHaar 方法可以覆盖的中距离或远距离之外，提出的虚拟对称检测对于检测非常近距离的车辆也很重要。从提出的三角距离估计获得的结果是可接受的，并且足够快，可以在即将发生的后部碰撞发生之前及时警告注意力不集中的驾驶员。

实施的 D–S 融合技术的时效性使我们能够在酷睿 i7 PC 平台上对整个系统进行 25 帧/s 的实时处理，从多车辆检测到距离估计。

对我们的全天候数据集的全面试验研究表明了该方法在各种情况下的鲁棒性。据我们所知，如此多样的具有挑战性的情况既未在已发布的基准中使用，也未以公共数据集的形式提供。作为这项研究的结果，我们还将所收集的数据集公开为 iROADS[214]。

第 8 章 避免碰撞的模糊融合

8.1 引言

能够同时监视道路和驾驶员行为的多模式高级驾驶员辅助系统（ADAS）的开发，既是计算机视觉研究的目标，也是汽车工业中心的目标。理想的目标是预测任何可能导致交通事故的潜在风险情况。

在驾驶场景中进行事故风险评估并非易事。但是，多种可用的信息来源可能有助于降低任务的复杂性并提高确定性。

在 Fletcher[66] 和 Mori 等人[169] 的相关著作中。作者基于多传感器信息评估风险，这些信息使他们能够检测道路速度标志、道路上的障碍物和碰撞时间（TTC）。如果 TTC 小于给定的阈值，并且驾驶员朝道路的相反方向看，则会发出警报。

这些警报中有一些是由于判断不正确而造成的虚假警报，也有一些可能为时已晚，具体取决于驾驶员的反应时间、驾驶情况或驾驶员的意识水平。另外，从严格的数学意义上处理所有上述信息可能很复杂或者无法验证。

通过研究专业驾驶员的驾驶行为，可以确认驾驶员既没有考虑到障碍物距离的精确测量，也没有计算出 TTC。相反，驾驶员使用一些模糊的语言来表示，如用很远、远、很近或非常接近来解释到危险的距离，或者用非常快、快、很慢或非常慢来表示车辆的速度。

基于这样的近似，驾驶员决定踩加速踏板的程度、踩制动踏板的程度以及如何调节转向盘来操纵和躲避危险。换句话说，专业驾驶员的任何判断都是基于驾驶员心中的某些与 IF‐THEN 规则相结合的近似，结果通常能足够准确地防止潜在的碰撞。

当我们有足够的专业知识，但我们缺乏准确的测量值、传感器的缺陷或涉及给定任务性质不确定时，模糊逻辑推理[305] 是一种非常有效的方法。

我们建议可以通过模糊逻辑和模糊融合概念来推断驾驶行为。Wang 等人[277] 通过研究加速和减速变化来分析驾驶员在跟车情况下的行为，从而评估了驾驶员的多规则决策机制。该研究还强调了模糊逻辑对驾驶行为建模的有效性。

除了在控制、信号处理和电气工程中的应用外，计算机视觉方面的大量研究也使用模糊逻辑的概念来实现不同的目的和不同的方面。

Soria – Frisch 等人[242]使用模糊集进行皮肤检测。Alshennawy 等人[4]提出了一种使用模糊算法和模糊规则进行边缘检测的技术。Naranjo 等人[177]开发了一种使用模糊逻辑进行自主车辆控制的方法。该系统利用转速表、GPS 信息、视觉和无线信息，通过触发各种类型的模糊规则来控制转向盘、节气门和制动器。

在最近的一些研究中，作为英国公路委员会[95]的一个项目的一部分，作者提供了一种高度精确的模糊推理系统，用于碰撞映射和危险路段分割。

Milanes 等人[162]引入了碰撞预警和回避系统，以防止在拥挤的交通状况下发生追尾事故。该研究使用从 V2I 通信获得的数据作为模糊系统的输入。

综上所述，尚未有基于驾驶员面部特征和道路状况的模糊融合来进行碰撞风险分析的工作。使用高斯、梯形和三角形隶属函数，Mamdani 组合规则，最小/最大算子和质心去模糊化，我们基于来自驾驶员道路状态的可用信息对模糊推理系统（FIS）进行建模。如前几节所述，我们引入了不同的技术，使我们能够从驾驶舱内部（驾驶员的行为）和室外（道路上）获取多达八种信息。在以下几节中，我们描述如何将这些类型的信息用作模糊平台的主要输入。

该系统分析了驾驶员对潜在道路危险的关注度，并基于整体情况实时定义驾驶情景中每个时刻的风险度量。

8.2 系统组成

模糊逻辑系统（FLS）可以看作是一个黑盒，它在模糊、推理和解模糊的三个主要过程中将"清晰"输入数据（或信息）映射为"清晰"输出[122]。图 8-1 所示为模糊逻辑系统的一般结构。

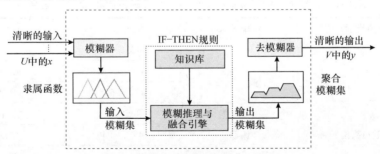

图 8-1 模糊逻辑系统的典型配置

模糊器将一系列清晰的输入值转换为模糊值（如到"非常近"的距离为 2 ~ 5m）。知识库以语言规则的形式包含专业的知识。数据库包括必需的定义，以便操作和控制输入数据。推理引擎（即我们系统中的数据融合模块）通过对预定义的语言规则应用模糊含义来执行决策。该模块基于人类专业知识来模拟决策。去模糊器将先前步骤中计算出的模糊输出转换为清晰的输出，以控制外部设备或参数。如在高风险情况下控制制动踏板或警告注意力不集中的驾驶员。

模糊器将清晰的实值 x_i 值映射到模糊集 $\underset{\sim}{A}$ 中：

$$x_i \in U \subset \mathbb{R} \quad \underset{\sim}{A} \subset U \tag{8-1}$$

其中 U 是我们的通用集合，其中包括 $0 \sim 1$ 范围内的所有实数。模糊集 $\underset{\sim}{A}$ 包括隶属函数 $\mu_{\underset{\sim}{A}}$，其中对于每个输入 x_i，它定义在 [0, 1] 范围内的隶属度：

$$\mu_{\underset{\sim}{A}}(x_i) : U \rightarrow [0, 1] \tag{8-2}$$

因此，我们可以将 U 中的模糊集 $\underset{\sim}{A}$ 表示为一组有序对，其中：

$$\underset{\sim}{A} = \{(x_i, \mu_{\underset{\sim}{A}}(x_i)) \mid x_i \in U, \mu_{\underset{\sim}{A}}(x_i) : U \rightarrow [0,1]\} \tag{8-3}$$

在本章中，我们仅使用普通隶属函数或普通模糊集。普通模糊集的最大高度为 1 (即 $\text{Height}(\mu_{\underset{\sim}{A}}(x)) = 1$)。下一节将详细介绍我们的模糊融合方法的结构。

8.3 模糊器和隶属函数

为了构造 FIS 的模糊器部分，我们基于来自驾驶员和道路状况的八种可能输入定义 23 种语言表达式及其隶属函数。驾驶员的头部姿态有 3 个输入，包括偏头、俯仰和侧倾；驾驶员保持警惕的三个输入，包括眼睛状态、哈欠和点头。以及来自道路场景的两个输入，包括前车到自车的距离及其角度位置。

根据输入参数的性质，我们为每个输入考虑 1~5 个语言变量。表 8-1 列出了主要输入、清晰范围和定义的语言变量。输入的所有"语言术语"和"范围"都是基于以下因素定义的：专业驾驶员的平均建议，或我们提出的算法（面部/姿态分析和车辆检测）的能力，可以在驾驶室中进行可靠的操作定义范围。

表 8-1 构成 FIS 的模糊器模块的输入、清晰范围和 23 个语言变量

主要类别	输入	清晰范围	语言变量
驾驶员头位	偏头	[-65°, 0°]	{Left}
		[-65°, +65°]	{Centre}
		[0°, +65°]	{Right}
	俯仰	[-45°, 0°]	{Up}
		[-45°, +45°]	{Centre}
		[0°, +45°]	{Down}
	侧倾	[-45°, 0°]	{Left}
		[-45°, +45°]	{Middle}
		[+45°, 0°]	{Right}

(续)

主要类别	输入	清晰范围	语言变量
驾驶员睡意	眼睛状态	{1 or true}	{Closed}
		{0 or false}	{Open}
	哈欠	{1 or true}	{Yawning}
		{0 or false}	{Normal}
	点头	{1 or true}	{Nodding}
		{0 or false}	{Normal}
车辆检测	距离/m	[0, 10]	{Very close}
		[7, 23]	{Close}
		[20, 40]	{Medium}
		[37, 63]	{Far}
		[50, 100]	{Very far}
	角度	[−60°, 0°]	{Left lane}
		[−60°, +60°]	{Same lane①}
		[0°, +60°]	{Right lane}

① 侦测到的车辆与自车在同一车道上。

图 8-2 所示为驾驶员头部（打哈欠）、眼睛状态（闭眼）、前车的距离和前车的角度的四个示例输入。

根据输入的性质及其特征[121]，我们使用了八种类型的隶属函数。对于驾驶员头部姿势（打哈欠、偏头、转头）和前车与自车的角度的四个输入，我们使用了高斯隶属函数：

$$\mu_{\underline{A}_1}(x_i) = e^{-\frac{(x_i-m_1)^2}{2\sigma_1^2}} \tag{8-4}$$

Z 形隶属函数：

$$\mu_{\underline{A}_2}(x_i) = \frac{1}{1+e^{(x-m_2)\sigma_2}} \tag{8-5}$$

和 S 形隶属函数：

$$\mu_{\underline{A}_3}(x_i) = \frac{1}{1+e^{(-x+m_3)\sigma_3}} \tag{8-6}$$

其中，m_i 是隶属函数的中心，σ_i 是定义曲线形状的方差。对于这些输入，我们考虑了模型驱动的方法[293]，因此我们使用了基于高斯的函数来抑制来自头部姿态估计的输入值中涉及的测量噪声。

我们还考虑了三种隶属函数，以将"距离"的输入值映射为模糊形式。如图 8-2 所示，对于近、中和远距离的语义变量，我们使用了三角隶属函数：

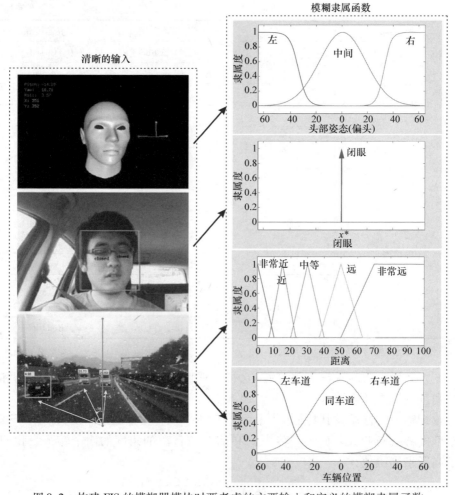

图 8-2 构建 FIS 的模糊器模块时要考虑的主要输入和定义的模糊隶属函数

$$\mu_{A_j}(x_i) = \begin{cases} \gamma\left(\dfrac{x_i - a_j}{m_j - a_j}\right) & a_j \leq x_i \leq m_j \\ \gamma\left(\dfrac{x_i - b_j}{m_j - b_j}\right) & m_j \leq x_i \leq b_j \\ 0 & \text{其他情况} \end{cases} \quad (8\text{-}7)$$

为了定义非常近和非常远的位置,我们使用了左右梯形隶属函数:

$$\mu_{A_j}(x_i) = \begin{cases} \gamma\left(\dfrac{x_i - a_j}{m_j - a_j}\right) & a_j \leq x_i \leq m_j \\ \gamma & m_j \leq x_i \leq b_j \\ 0 & \text{其他情况} \end{cases} \quad (8\text{-}8)$$

其中 a_j 和 b_j 是 x 轴上的三角形（梯形）的左右角，m_j 是三角形（梯形）的中心，且在我们的系统中 $\gamma = 1$。我们基于知识驱动的方法[293]使用了三角基函数，并抑制了输入值的不准确性（这可能是由非平面道路的单目距离估计中涉及的误差所致）。为了定义三角函数和梯形函数的支持范围，我们考虑了 10 位专业驾驶员的建议。

对于闭眼状态、打哈欠检测和点头输入，我们仅考虑了单值隶属函数：

$$\mu_{A_j}(x_i) = \begin{cases} 1 & x_i = x^* \\ 0 & \text{其他情况} \end{cases} \tag{8-9}$$

8.4 模糊推理和融合引擎

本节详细介绍了我们的模糊推理系统，在本书中也称为决策层或模糊融合模块。有许多著名的模糊逻辑系统，如 Mamdani[149]，Takagi – Sugeno – Kang (TSK)[249] 或 Larsen[152]，它们以不同的方式解释和组合模糊规则。对于我们的系统，我们使用 Mamdani 模型，该模型接收清晰的输入，并具有简单、高效和低计算成本的优势[229]。

模糊规则库是一组 IF – THEN 规则，它们是系统的核心。定义一个模糊规则如下：

$$\text{Rule}_j : \text{IF}(x_1 \text{ is } A_1^j), (x_2 \text{ is } A_2^j), \cdots, (x_i \text{ is } A_i^j) \\ \text{THEN}(y_j \text{ is } B_j) \tag{8-10}$$

或简而言之

$$R_j : A_i^j \to B_j \tag{8-11}$$

其中

$$A_i^j \subset U \tag{8-12}$$

$$B_j \subset V \tag{8-13}$$

$$x = [x_1, \cdots, x_i]^T \in U \subset \mathbb{R} \tag{8-14}$$

$$y = [y_1, \cdots, y_j]^T \in V \subset \mathbb{R} \tag{8-15}$$

对于 $i = 1, \cdots, n$ 和 $j = 1, \cdots, m$；A_i^j 表示模糊集 j 和第 i 个输入，而 B_j 是规则 j 的输出。我们系统的一些示例规则如下：

IF (Yaw – angle is Left) ∧ (Vehicle – angle is Right – lane)
  THEN (Risk – level is Very high)
  THEN (Risk – level is Very low)
IF (Yawning is True) ∧ (Vehicle angle is Same – lane)
  THEN (Risk – level is Medium)

8.4.1 隐含规则

模糊规则的推断有不同的方法和观点,如 Willmott、Mamdani 或 Brouwer – Gödel 隐含方法[94]。如果系统中的每个规则都作为独立的条件语句执行,则使用联合运算符的 Mamdani 方法将是适当的;如果规则彼此紧密联系,则建议使用带有交集运算符的 Brouwer – Gödel 方法。

尽管我们开发的系统中的所有输入都有助于确定驾驶场景的风险级别,但是系统中大多数已定义的规则彼此独立。例如,虽然"闭眼"或"注意力不集中"都可能导致识别高风险驾驶状况,但它们却充当了单独且独立的输入。因此,我们使用基于 Mamdani 的含义。

给定规则 "R_j:IF$(x_1,\cdots,x_i)$ is A_i^j THEN $(y_j$ is $B_j)$" 和 Mamdani 模型,我们将规则合并为

$$R_x(y) = \bigcup_{m-1}^{m} A_i^j(\boldsymbol{x}) \wedge B_j(y) \tag{8-16}$$

或

$$R_x(y) = R(x_1,\cdots,x_i,y) = \bigcup_{j=1}^{m} (A_1^j(x_1) \wedge \cdots \wedge A_n^j(x_n) \wedge B_j(y)) \tag{8-17}$$

其中∪是联合运算符,而∧是逻辑运算符,它们使用最小(t – 范数)运算符将规则的前提部分(作为隶属度的单个数字)转换为输出模糊集。推断阶段的输出实际上是一组截断的函数,每个函数都是一个规则的输出。

8.4.2 聚合规则

通过聚合过程,我们对所有截断函数(从推断阶段获得)应用了累积操作,以确定输出模糊集。有两种典型的聚合方法:求和与最大值[220]。由于我们使用普通的隶属函数(即隶属函数的最大权重为1),求和法不适用于我们的系统,因此我们使用最大聚合法。该方法考虑所有单独截断的隶属函数的外边距,以形成输出模糊集。图 8-1 右侧所示为三个最小截断函数聚合后的样本输出模糊集。

8.5 去模糊化

去模糊化是一个产生单个"清晰的输出数"的过程,该数字最好地描述了被截断的输出模糊集[121]。考虑到上一步给出的输出集,我们使用质心或重心(COG)作为最受欢迎的去模糊方法之一:

$$z_{COG}^* = \frac{\int_b^a z \cdot \mu_C(z)\,\mathrm{d}z}{\int_b^a \mu_C(z)\,\mathrm{d}z} \tag{8-18}$$

其中 z^* 表示清晰的质心去模糊输出，$\int$ 是代数积分，$\underline{C}$ 是聚合步骤后的输出模糊集，$\mu_{\underline{C}}$ 是输出模糊集的隶属函数，a 和 b 是该模糊集的左右支持模糊集。

我们还尝试了其他四种去模糊方法，包括平分线法、最小极大值（SOM）、最大极大值（LOM）和中间极大值（MOM）：

$$z_{\text{MOM}}^* = \frac{1}{M_r - M_l} \sum_{j=M_l}^{M_r} z_j \quad \mu_{\underline{C}}(z_j) = \max\{\underline{C}\} \tag{8-19}$$

其中 M_l 和 M_r（SOM 和 LOM）是 z_j 的左右支持边界，同时在所有 z 中都具有最大的隶属度，并且 $M_l \leq M_r$。

在平分线法中，z_{BS}^* 定义输出的去模糊值：

$$\int_a^{z_{\text{BS}}^*} \mu_{\underline{C}} \mathrm{d}z = \int_{z_{\text{BS}}^*}^b \mu_{\underline{C}} \mathrm{d}z \tag{8-20}$$

其中在点 z_{BS}^* 处的垂直线将模糊集 $\underline{C}$ 分为两个大小相等的子区域。

在下一节中，我们通过将输出结果与其他四种去模糊技术进行比较，来讨论质心方法常用的原因。

8.6 试验结果

为实现所提出系统的完整知识库，需要定义至少 3240 条规则（$\prod_{k=1}^{8} N_k$），其中 N_k 是输入 k 的语言变量的数量，见表 8-1。

为了简化讨论，我们对 9D 系统中的 4 个维度（3 个输入，1 个输出）执行以下试验。因此，我们为系统的三个主要输入定义了 45 条模糊规则，包括偏航角、车辆距离和车辆角度，如图 8-3 所示。

我们在自车中安装了两个单目 VGA 分辨率摄像机，一个摄像机面向驾驶员，另一个摄像机面向道路。我们同时录制了两个视频，每个视频长达 20min，其中一个是现场路况，另一个是驾驶员活动。图 8-4 所示为从 60s 选定的视频序列获得的处理后的图形，其中驾驶员参与了高风险驾驶活动。在评估的视频中，自车在道路的右车道上行驶。当我们提到被检测车辆的角度时，我们的参考也是道路的右车道。

图 8-4a 显示了在与自车的距离方面，在自车前方检测到的三个车辆。由图可知，在 0~4s 内，编号为 2 的车辆（V2）与自车的距离非常近（$d \approx 5\text{m}$），显然是高风险。同时（$t \in [1,4]$），驾驶员还有 2s 的迟滞时间，并且车辆向左侧偏离了 30°（图 8-4c）。

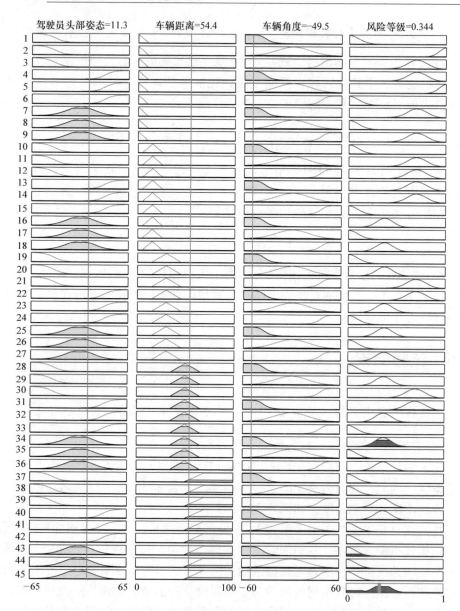

图8-3 根据45条定义的规则和样本输入值计算的去模糊风险水平，其中偏头=11.3，车辆距离=54.4，车辆角度=-49.5

但是，图8-4b显示了V2的车辆角度大约为42°，这意味着V2不与自车在同一车道上行驶（在我们的试验道路上，在同一车道上行驶的距离小于100m的车辆彼此之间的角度偏差不能超过8°）。

第8章 避免碰撞的模糊融合

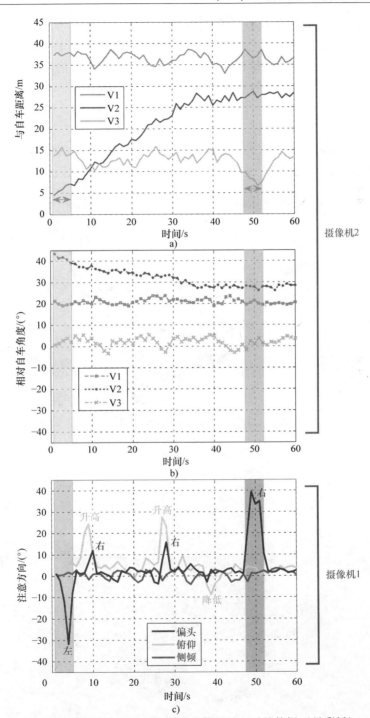

图 8-4 同时进行驾驶员和道路监控的处理后的数据（见彩插）
a）驾驶员的头部姿态 b）检测到的车辆与自车的角度 c）检测到的车辆与自车的距离

同样，V1 也在左车道行驶（车辆角度约 20°），因此不会出现 V1 的高风险情况。V3 的角度约为零，正在右车道（即与自车在同一车道）行驶；但是，图 8-4c 证实了 V3 的距离约为 15m，因此对于 V3 而言也无法预期临界条件。

基于给定的输入，针对给定的输入的 45 条规则的知识库，描述的 Mamdani 推理系统和质心去模糊来执行开发的模糊融合系统（FFS），图 8-5 所示为给定输入的风险水平的表面图。显示为 A 的点是 $t=4$、偏离角度为 $-30°$、车辆角度为 $42°$ 的计算的风险等级，其中 V2 在场景中的三辆车中最接近距离为 7m。与上面的讨论和我们的期望相似，FLS 并未检测到 $t=4$ 时的高风险情况。

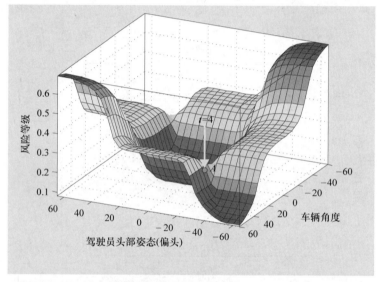

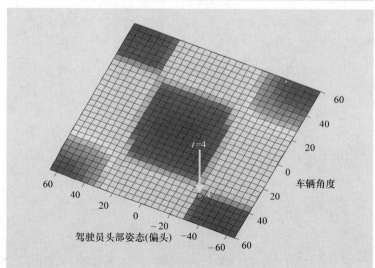

图 8-5 基于驾驶员头部注意方向和自车与前车角度的风险级别的去模糊化表面图

进一步研究图 8-4 中的曲线，我们可以看到在时间范围 $t = 47 \sim 52\text{s}$ 内，V3 的距离急剧减小（由于突然制动）。V3 在与自车相同的车道上行驶，与此同时，驾驶员在道路右侧偏离了 3s（偏移角约为 40°）。在这种情况下，我们希望 FFS 能够输出高风险级别，以警告并协助驾驶员避免可能发生的碰撞（图 8-6 B 点）。

通过查看提供的地面图，专家可以根据从现场情况和驾驶员的状态得出的输入值，确认 FFS 所检测到的风险水平是非常合理的。

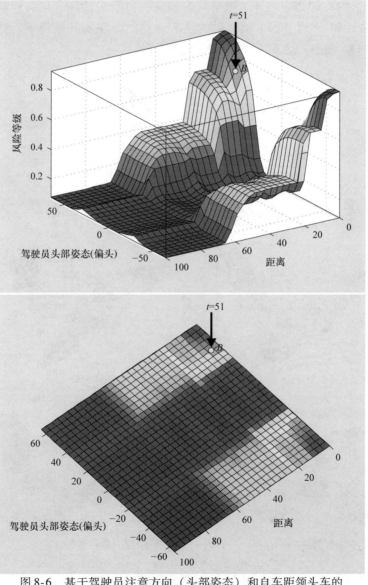

图 8-6　基于驾驶员注意方向（头部姿态）和自车距领头车的距离的风险级别的去模糊化表面图

我们还使用诸如平分线、MOM、LOM 和 SOM 等不同的去模糊方法对系统进行了评估。如可以在图 8-7 和图 8-8 中观察和比较，虽然基于平分线的去模糊化的性能更接近质心输出，其他三种去模糊化方法在我们开发的 FFS 中表现不佳，表现为风险水平图中出现了明显的不连续和急剧变化。质心去模糊化可以在图的所有区域上提供平滑的输出和连续性，因此是 FFS 首选的去模糊化方法。

在 64 位 Windows 7 平台上使用 3.4GHz 酷睿 i7 系统和 8GB RAM，整个系统（包括驾驶员的头部姿态估计、眼睛状态检测、打哈欠检测、点头检测、车辆检测、距离估计和 FFS）以 21 帧/s 的速度实时执行。在弱光条件下，处理速度可能会降低到 15 帧/s，这对于实时 DAS 仍然有效。

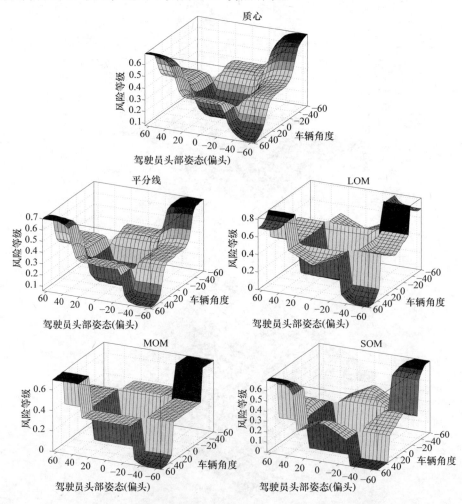

图 8-7 质心去模糊方法与平分线、LOM、MOM 和 SOM 方法的比较。头部姿态与车辆角度

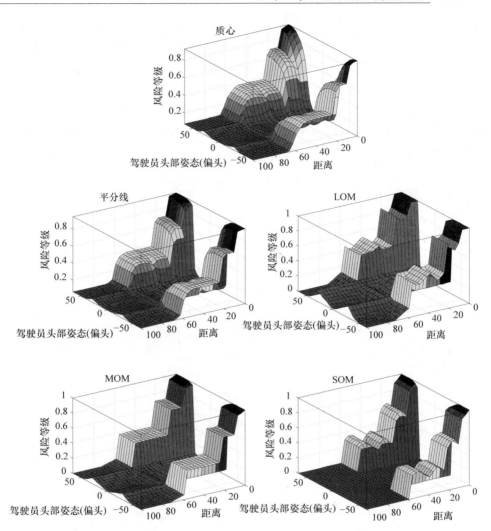

图 8-8　质心去模糊方法与平分线、LOM、MOM 和 SOM 方法的比较。头部姿态与距离

8.7　总结

在第 5 章到第 7 章中提出的解决方案使我们确定道路场景中车辆的位置和距离（作为道路危险），并成功监控驾驶员的行为，如头部姿态（作为注意或注意力分散的迹象）、眼睛的行为状态、点头和打哈欠（睡意的迹象）。

为了尽早发现碰撞，本章提供了一种基于模糊逻辑的融合方法，用于接收和处理从前几章中讨论的试验获得的数据（以八个单独的输入形式）。使用模糊逻辑概念和有关安全驾驶的现有专家知识，我们将清晰的输入数据转换为模糊语言形式，并定义了归类为"驾驶员行为"数据或"道路状况"的适当的隶属函数。我们开发了规则库和 Mamdani 推理引擎，可以根据驾驶员的行为和路况来分析驾驶的总体状态。最后，使用质心去模糊化，根据驾驶员和道路的总体状况，在现实驾驶场景中每秒钟系统能输出范围为 [0，1] 的风险等级。

我们根据来自现实驾驶场景的录制视频进行了试验，并提供了低风险和高风险驾驶条件的示例。FFS 计算出的风险水平输出令人满意，因为它们与我们的分析讨论相对应。

参 考 文 献

1. 6D Vision (2014), www.6d-vision.com
2. A. Alahi, R. Ortiz, P. Vandergheynst, FREAK: fast retina keypoint, in *Proceedings of the IEEE Computer Vision Pattern Recognition* (2012), pp. 510–517
3. A. Ali, S. Afghani, Shadow based on-road vehicle detection and verification using Haar wavelet packet transform, in *Proceedings of the IEEE Conference on Information Communication Technologies* (2005), pp. 346–350
4. A.A. Alshennawy, A.A. Aly, Edge detection in digital images using fuzzy logic technique, in *Proceedings of the World Academy of Science: Engineering & Technology* (2009), pp. 178–86
5. J.M. Alvarez, A.M. Lopez, T. Gevers, F. Lumbreras, Combining priors, appearance and context for road detection. IEEE Trans. Intell. Transp. Syst. **15**, 1168–1178 (2014)
6. A.R. Face Database (2013), www2.ece.ohio-state.edu/~aleix/ARdatabase.html
7. H. Badino, U. Franke, D. Pfeiffer, The stixel world – a compact medium level representation of the 3D-world, in *Proceedings of the DAGM – Pattern Recognition* (2009), pp. 51–60
8. Y. Ban, S. Kim, S. Kim, A. Toh, S. Lee, Face detection based on skin color likelihood. Pattern Recognit. **47**, 1573–1585 (2013)
9. A. Bar Hillel, R. Lerner, D. Levi, G. Raz, Recent progress in road and lane detection: a survey. Mach. Vis. Appl. **25**, 727–747 (2014)
10. J. Barnes, Daimler's double take sees machine vision move in-vehicle. ITS International, Nov/Dec 2013
11. N. Barnes, A. Zelinsky, Real-time radial symmetry for speed sign detection, in *Proceedings of the IEEE Intelligent Vehicles Symposium* (2004), pp. 566–571
12. A. Barth, Vehicle tracking and motion estimation based on stereo vision sequences. PhD thesis, Bonn University, 2010
13. R. Basri, D.W. Jacobs, Lambertian reflectance and linear subspaces. IEEE IEEE Trans. Pattern Anal. Mach. Intell. **25**, 218–233 (2003)
14. J. Batista, A drowsiness and point of attention monitoring system for driver vigilance, in *Proceedings of the IEEE Conference on Intelligent Transportation Systems* (2007), pp. 702–708
15. K. Bengler, K. Dietmayer, B. Farber, M. Maurer, C. Stiller, H. Winner, Three decades of driver assistance systems: review and future perspectives. IEEE Intell. Transp. Syst. Mag. **6**, 6–22 (2014)
16. L.M. Bergasa, J. Nuevo, M.A. Sotelo, R. Barea, M.E. Lopez, Real-time system for monitoring driver vigilance. IEEE Trans. Intell. Transp. Syst. **7**, 63–77 (2006)
17. D. Bétaille, R. Toledo-Moreo, J. Laneurit, Making an enhanced map for lane location based services, in *Proceedings of the IEEE Conference on Intelligent Transportation Systems* (2008), pp. 711–716
18. BioID Database (2012), www.bioid.com/downloads/software/bioid-face-database
19. C.M. Bishop, *Pattern Recognition and Machine Learning* (Springer, New York, 2006)
20. A. Borkar, M. Hayes, M.T. Smith, An efficient method to generate ground truth for evaluating lane detection systems, in *Proceedings of the IEEE International Conference on Acoustics Speech Signal Processing* (2010), pp. 1090–1093
21. G.R. Bradski, Computer vision face tracking for use in a perceptual user interface. Intel Technology J. 2nd Quarter (1998)

22. G. Bradski, A. Kaehler, *Learning OpenCV* (O'Reilly Media, Beijing, 2008)
23. T. Brandt, R. Stemmer, A. Rakotonirainy, Affordable visual driver monitoring system for fatigue and monotony. Syst. Man Cybern. **7**, 6451–6456 (2004)
24. L. Breiman, Random forests. Mach. Learn. **45**, 5–32 (2001)
25. A. Briassouli, I. Kompatsiaris, Change detection for temporal texture in the Fourier domain, in *Proceedings of the Asian Conference on Computer Vision*. LNCS 6492 (2010), pp. 149–160
26. K. Briechle, U.D. Hanebeck, Template matching using fast normalized cross correlation, in *Proceedings of the Aerospace Defense Sensing Simulation Controls* (2001), pp. 95–102
27. R.G. Brown, P.Y.C. Hwang, *Introduction to Random Signals and Applied Kalman Filtering: With MATLAB Exercises and Solutions*, 2nd edn. (Wiley Publishing, New York, 1991)
28. H. Chang, A. Haizhou, L. Yuan, L. Shihong, High-performance rotation invariant multiview face detection. IEEE Trans. Pattern Anal. Mach. Intell. **29**, 671–686 (2007)
29. S.G. Charlton, P.H. Baas, Fatigue, work-rest cycles, and psychomotor performance of New Zealand truck drivers. N. Z. J. Psychol. **30**, 32–39 (2006)
30. Y. Cheng, Mean shift, mode seeking, and clustering. IEEE Trans. Pattern Anal. Mach. Intell. **17**, 790–799 (1998)
31. S.Y. Cheung, P.P. Varaiya, Traffic surveillance by wireless sensor networks: final report. Institute of Transportation Studies, University of California at Berkeley (2007)
32. J. Choi, Realtime on-road vehicle detection with optical flows and Haar-like feature detectors. University of Illinois at Urbana-Champaign (2007)
33. CMU Face Dataset (Carnegie Mellon University, 2013), www.vasc.ri.cmu.edu/idb/html/face/frontal_images
34. D. Comaniciu, V. Ramesh, P. Meer, Real-time tracking of non-rigid objects using mean shift, in *Proceedings of the IEEE Computer Vision Pattern Recognition* (2000), pp. 673–678
35. T.F. Cootes, G.J. Edwards, C.J. Taylor, Active appearance models. IEEE Trans. Pattern Anal. Mach. Intell. **23**, 681–685 (2001)
36. P. Corke, J. Lobo, J. Dias, An introduction to inertial and visual sensing. Int. J. Robot. Res. **26**, 519–535 (2007)
37. C. Cortes, V. Vapnik, Support-vector networks. Mach. learn. **20**, 273–297 (1995)
38. J. Crisman, C. Thorpe, Unscarf: a color vision system for the detection of unstructured roads, in *Proceedings of the IEEE Conference on Robotics Automation*, vol. 3 (1991) pp. 2496–2501
39. W. Cunningham, US requiring back-up cameras in cars by 2018. Road Show by Cnet (2014), www.cnet.com/news/u-s-requiring-back-up-cameras-in-cars-by-2018/
40. A.G. Daimler, First assistance system in the fight against vehicles driving on the wrong side of the road (2013), www.daimler.com/dccom/
41. N. Dalal, B. Triggs, Histograms of oriented gradients for human detection, in *Proceedings of the IEEE Computer Vision Pattern Recognition* (2005), pp. 886–893
42. R. Danescu, S. Nedevschi, Probabilistic lane tracking in difficult road scenarios using stereovision. IEEE Trans. Intell. Transp. Syst. **10**, 272–282 (2009)
43. M. Danilum, M. Rezaei, R. Nicolescu, R. Klette, Eye status based on eyelid detection: a driver assistance system, in *Proceedings of the IEEE International Conference on Computer Vision and Graphics* (2014), pp. 171–178
44. M. Debord, 3 reasons why the auto industry should be terrified of the Google car. Business Insider Australia (2014)
45. D. Dementhon, L. Davis, Model-based object pose in 25 lines of code. Int. J. Comput. Vis. **15**, 123–141 (1995)

46. A.P. Dempster, N.M. Laird, D.B. Rubin, Maximum likelihood from incomplete data via the EM algorithm. J. R. Stat. Soc. **39**, 1–38 (1997)
47. H. Deusch, J. Wiest, S. Reuter, M. Szczot, M. Konrad, K. Dietmayer, A random finite set approach to multiple lane detection, in *Proceedings of the IEEE Conference on Intelligent Transportation Systems* (2012), pp. 270–275
48. I. Dimov, Curve fitting, interpolation, and extrapolation. Bulgarian Academy of Sciences, Institute of Information and Communication Technologies (2014)
49. P. Dollar, C. Wojek, B. Schiele, P. Perona, Pedestrian detection: an evaluation of the state of the art. IEEE Trans. Pattern Anal. Mach. Intell. **34**, 743–761 (2012)
50. T. D'Orazio, M. Leo, C. Guaragnella, A. Distante, A visual approach for driver inattention detection. Pattern Recognit. **40**, 2341–2355 (2007)
51. A. Doshi, B. Morris, M. Trivedi, On-road prediction of driver's intent with multimodal sensory cues. IEEE Pervasive Comput. **10**, 22–34 (2011)
52. A. Doshi, M.M. Trivedi, Head and gaze dynamics in visual attention and context learning, in *Proceedings of the IEEE Computer Vision Pattern Recognition Workshops* (2009), pp. 77–84
53. DPM Virtual-World Pedestrian Dataset (CVC-07), Computer Vision Center, Universitat Autonòma de Barcelona (2014), www.cvc.uab.es/adas/site/?q=node/7
54. R.O. Duda, P.E. Hart, Use of the hough transformation to detect lines and curves in pictures. Commun. ACM **15**, 11–15 (1972)
55. M.L. Eichner, T.P. Breckon, Integrated speed limit detection and recognition from real-time video, in *Proceedings of the IEEE Intelligent Vehicles Symposium* (2008), pp. 626–631
56. The .enpeda.. image sequence analysis test site (2014), ccv.wordpress.fos.auckland.ac.nz/eisats/
57. EPFL University, Computer Vision Laboratory: EPFL multi-view car dataset (2012), cvlab.epfl.ch/data/pose
58. S. Escalera, X. Baró, O. Pujol, J. Vitrià, P. Radeva, *Traffic-Sign Recognition Systems* (Springer, London, 2011)
59. The Face of Tomorrow Database (2014), www.faceoftomorrow.org/
60. Y. Fei, M. Adams, S. Roy, V2V wireless communication protocol for rear-end collision avoidance on highways, in *Proceedings of the IEEE Conference on Communications Workshops* (2008), pp. 375–379
61. P.F. Felzenszwalb, R.B. Girshick, D. McAllester, Cascade object detection with deformable part models, in *Proceedings of the IEEE Computer Vision Pattern Recognition* (2010), pp. 2241–2248
62. P. Felzenszwalb, R. Girshick, D. McAllester, D. Ramanan, Object detection with discriminatively trained part-based models. IEEE Trans. Pattern Anal. Mach. Intell. **32**, 1627–1645 (2010)
63. P.F. Felzenszwalb, R.B. Girshick, D. McAllester, D. Ramanan, Object detection with discriminatively trained part-based models. IEEE Trans. Pattern Anal. Mach. Intell. **32**, 1627–1645 (2010)
64. FERET Face Database (2012), www.itl.nist.gov/iad/humanid/feret/
65. Fermat–Torricelli problem, Encyclopedia of Mathematics (2014), www.encyclopediaofmath.org/index.php/Fermat-Torricelli_problem
66. L. Fletcher, A. Zelinsky, Driver inattention detection based on eye gaze—road event correlation. Int. J. Robot. Res. **28**, 774–801 (2009)
67. E.W. Forgy, Cluster analysis of multivariate data: efficiency versus interpretability of classifications. Biometrics **21**, 768–769 (1965)
68. U. Franke, D. Pfeiffer, C. Rabe, C. Knoeppel, M. Enzweiler, F. Stein, R.G. Herrtwich, Making Bertha see, in *Proceedings of the IEEE Conference on Computer Vision Workshops* (2013), pp. 214–221
69. H. Freeman, On the encoding of arbitrary geometric configurations. IRE Trans. Electron. Comput. **10**, 260–268 (1961)

70. Y. Freund, R.E. Schapire, A decision-theoretic generalization of on-line learning and an application to boosting, in *Proceedings of the European Conference on Computational Learning Theory* (1995), pp. 23–37
71. G.D. Furman, A. Baharav, C. Cahan, S. Akselrod, Early detection of falling asleep at the wheel: a heart rate variability approach, in *Proceedings of the Computers in Cardiology* (2008), pp. 1109–1112
72. T. Gandhi, M.M. Trivedi, Vehicle surround capture: survey of techniques and a novel omni-video-based approach for dynamic panoramic surround maps. IEEE Trans. Intell. Transp. Syst. **7**, 293–308 (2006)
73. T. Gandhi, M.M. Trivedi, Pedestrian protection systems: issues, survey, and challenges. IEEE Trans. Intell. Transp. Syst. **8**, 413–430 (2007)
74. F. Garcia, P. Cerri, A. Broggi, A. De la Escalera, J.M. Armingol, Data fusion for overtaking vehicle detection based on radar and optical flow, in *Proceedings of the IEEE Intelligent Vehicles Symposium* (2012), pp. 494–499
75. I. Garcia, S. Bronte, L.M. Bergasa, N. Hernandez, B. Delgado, M. Sevillano, Vision-based drowsiness detector for a realistic driving simulator, in *Proceedings of the IEEE Conference on Intelligent Transportation Systems* (2010), pp. 887–894
76. A. Geiger, J. Ziegler, C. Stiller, StereoScan: dense 3D reconstruction in real-time, in *Proceedings of the IEEE Intelligent Vehicles Symposium* (2011), pp. 963–968
77. T. Gernoth, K. Martinez, A. Gooben, R. Grigat, Facial pose estimation using active appearance models and a generic face model, in *Proceedings of the IEEE International Conference on Computer Vision Theory and Applications* (2010), pp. 499–506
78. D. Geronimo, A.M. Lopez, *Vision-Based Pedestrian Protection Systems for Intelligent Vehicles*. Springer Briefs in Computer Science (Springer, New York, 2013)
79. H. Grabner, T.T. Nguyen, B. Gruber, H. Bischof, On-line boosting-based car detection from aerial images. ISPRS J. Photogramm. Remote Sens. **63**, 382–396 (2008)
80. G. Grubb, E. Jakobsson, A. Beutner, M. Ahrholdt, S. Bergqvist, Automatic queue assistance to aid under-loaded drivers, in *Proceedings of the ITS World Congress Exhibition Intelligent Transport Systems Services* (2009), pp. 1–8
81. H.Z. Gu, S.Y. Lee, Car model recognition by utilizing symmetric property to overcome severe pose variation. Mach. Vis. Appl. **24**, 255–274 (2013)
82. R.A. Gupta, W. Snyder, W.S. Pitts, Concurrent visual multiple lane detection for autonomous vehicles, in *Proceedings of the IEEE Conference on Robotics Automation* (2010), pp. 2416–2422
83. R. Haeusler, R. Klette, Disparity confidence measures on engineered and outdoor data, in *Proceedings of the Iberoamerican Congress Pattern Recognition*. LNCS 7441 (2012), pp. 624–631
84. S. Han, Y. Han, H. Hahn, Vehicle detection method using Haar-like feature on real time system. World Acad. Sci. Eng. Technol. (2009), pp. 455–459
85. A. Haselhoff, A. Kummert, A vehicle detection system based on Haar and triangle features, in *Proceedings of the IEEE Intelligent Vehicles Symposium* (2009), pp. 261–266
86. A. Haselhoff, A. Kummert, G. Schneider, Radar-vision fusion for vehicle detection by means of improved Haar-like feature and AdaBoost approach, in *Proceedings of the European Association Signal Processing* (2007), pp. 2070–2074
87. Heidelberg robust vision challenge at ECCV (2012), hci.iwr.uni-heidelberg.de/Static/challenge2012/
88. S. Hermann, R. Klette, The naked truth about cost functions for stereo matching. MI-tech report 33, The University of Auckland (2009), www.mi.auckland.ac.nz/tech-reports/MItech-TR-33.pdf
89. S. Hermann, R. Klette, Iterative semi-global matching for robust driver assistance systems, in *Proceedings of the Asian Conference on Computer Vision*. LNCS 7726 (2012), pp. 465–478
90. H. Hirschmüller, Accurate and efficient stereo processing by semi-global matching and mutual information, in *Proceedings of the IEEE Computer Vision Pattern Recognition*, vol. 2 (2005) pp. 807–814

91. H. Hirschmüller, D. Scharstein, Evaluation of stereo matching costs on images with radiometric differences. IEEE Trans. Pattern Anal. Mach. Intell. **31**, 1582–1599 (2009)
92. B. Hongliang, W. Jianping, L. Changpin, Motion and Haar-like features based vehicle detection, in *Proceedings of the Multi-Media Modelling* (2006), pp. 1–4
93. F. Huang, R. Klette, City-scale modeling towards street navigation applications. J. Inform. Converg. Commun. Eng. **10**, 411–419 (2012)
94. I. Iancu, *A Mamdani Type Fuzzy Logic Controller*. Fuzzy Logic: Controls, Concepts, Theories and Applications (InTech, Rijeka, 2012), pp. 55–54
95. M.I. Imprialou, M. Quddus, D.E. Pitfield, High accuracy crash mapping using fuzzy logic. Transp. Res. C Emerg. Technol. **42**, 107–120 (2014)
96. INRIA Person Data Set, lear.inrialpes.fr/data (2005)
97. O.L.R. Jacobs, *Introduction to Control Theory*, 2nd edn. (Oxford University Press, Oxford/New York, 1993)
98. R. Jain, K. Rangachar, G.S. Brian, *Machine Vision* (McGraw-Hill, New York, 1995)
99. A. Jazayeri, C. Hongyuan, Z. Jiang Yu, M. Tuceryan, Vehicle detection and tracking in car video based on motion model. IEEE Trans. Intell. Transp. Syst. **12**, 583–595 (2011)
100. S.H. Jeong, C.G. Choi, J.N. Oh, P.J. Yoon, B.S. Kim, M. Kim, K.H. Lee, Low cost design of parallel parking assist system based on an ultrasonic sensor. Int. J. Automot. Technol. **11**, 409–416 (2010)
101. O. Jesorsky, K.J. Kirchberg, R.W. Frischholz, Robust face detection using the Hausdorff distance, in *Proceedings of the International Conference on Audio-and Video-Based Biometric Person Authentication* (Springer, Berlin/Heidelberg, 2001), pp. 90–95
102. X. Jian-Feng, X. Mei, Z. Wei, Driver fatigue detection based on head gesture and PERCLOS, in *Proceedings of the Wavelet Active Media Technology and Information Processing* (2012), pp. 128–131
103. R. Jiang, R. Klette, T. Vaudrey, S. Wang, New lane model and distance transform for lane detection and tracking, in *Proceedings of the International Conference on Computer Analysis Images Patterns*. LNCS 5702 (2009), pp. 1044–1052
104. W. Jianxin, S.C. Brubaker, M.D. Mullin, J.M. Rehg, Fast asymmetric learning for cascade face detection. IEEE Trans. Pattern Anal. Mach. Intell. **30**, 369–382 (2008)
105. X. Jie, H. Chen, W. Ding, C. Zhao, J. Morris, Robust optical flow for driver assistance, in *Proceedings of the Image and Vision Computing New Zealand* (2010), pp. 1–7
106. H. Jing, S.R. Kumar, M. Mitra, Z. Wei-Jing, R. Zabih, Image indexing using color correlograms, in *Proceedings of the IEEE Computer Vision Pattern Recognition* (1997), pp. 762–768
107. B. Jun, D. Kim, Robust face detection using local gradient patterns and evidence accumulation. Pattern Recognit. **45**, 3304–3316 (2012)
108. S.-J. Jung, H.-S. Shin, W.-Y. Chung, Driver fatigue and drowsiness monitoring system with embedded electrocardiogram sensor on steering wheel. IET Intell. Transp. Syst. **8**, 43–50 (2014)
109. R.K. Jurgen (ed.), *Adaptive Cruise Control* (SAE International, Warrendale, 2006)
110. R.E. Kalman, A new approach to linear filtering and prediction problems. J. Basic Eng. **82**, 35–45 (1960)
111. A. Kasinski, A. Schmidt, The architecture and performance of the face and eyes detection system based on the Haar cascade classifiers. Pattern Anal. Appl. **13**, 197–211 (2010)
112. W. Khan, V. Suaste, D. Caudillo, R. Klette, Belief propagation stereo matching compared to iSGM on binocular or trinocular video data, in *Proceedings of the IEEE Intelligent Vehicles Symposium* (2013), pp. 791–796
113. L.W. Kheng, Mean Shift Tracking. Department of Computer Science, National University of Singapore (2012), pp. 1–28
114. A. Kheyrollahi, T.P. Breckon, Automatic real-time road marking recognition using a feature driven approach. Mach. Vis. Appl. **23**, 123–133 (2012)
115. Z. Kim, Robust lane detection and tracking in challenging scenarios. IEEE Trans. Intell. Transp. Syst. **9**, 16–26 (2008)

116. N. Kiryati, Y. Eldar, A.M. Bruckstein, A probabilistic hough transform. Pattern Recognit. **24**, 303–316 (1991)
117. KITTI Benchmark website: car detection benchmark (2013), www.cvlibs.net/datasets/kitti/eval_object.php
118. The KITTI Vision Benchmark Suite (2013), www.cvlibs.net/datasets/kitti/
119. R. Klette, *Concise Computer Vision: An Introduction into Theory and Algorithms* (Springer, London, 2014)
120. R. Klette, N. Krüger, T. Vaudrey, K. Pauwels, M. van Hulle, S. Morales, F. Kandil, R. Haeusler, N. Pugeault, C. Rabe, M. Lappe, Performance of correspondence algorithms in vision-based driver assistance using an online image sequence database. IEEE Trans. Veh. Technol. **60**, 2012–2026 (2011)
121. A. Klir, J. George, *Fuzzy Sets and Fuzzy Logic* (Prentice Hall, Upper Saddle River, 1995)
122. G.J. Klir, B. Yuan, *Fuzzy Sets, Fuzzy Logic, and Fuzzy Systems: Selected Papers by Lofti A. Zadeh* (World Scientific Publishing, Singapore/River Edge, 1996)
123. L. Kneip, M. Chli, R. Siegwart, Robust real-time visual odometry with a single camera and an IMU, in *Proceedings of British Machine Vision Conference* (2011), pp. 16.1–16.11
124. D. Koks, S. Challa, An introduction to Bayesian and Dempster–Shafer data fusion. Technical report, TR, DSTO-TR-1436, DSTO Systems Sciences Laboratory (2005)
125. P. Kovesi, Phase preserving denoising of images, in *Proceedings of DICTA* (1999), pp. 212–217
126. V. Krüger, G. Sommer, Gabor wavelet networks for efficient head pose estimation. Image Vis. Comput. **20**, 665–672 (2002)
127. O. Langner, R. Dotsch, G. Bijlstra, D.H.J. Wigboldus, S.T. Hawk, A. van Knippenberg, Presentation and validation of the Radboud faces database. Cogn. Emot. **24**, 1377–1388 (2010)
128. S. Lazebnik, C. Schmid, J. Ponce, Beyond bags of features: spatial pyramid matching for recognizing natural scene categories, in *Proceedings of the IEEE Computer Vision Pattern Recognition* (2006), pp. 2169–2178
129. L. Le, A. Festag, R. Baldessari, W. Zhang, V2X communication and intersection safety, in *Advanced Microsystems for Automotive Applications*. VDI-Buch (Springer, Berlin/Heidelberg, 2009), pp. 97–107
130. K. Lee, J. Ho, D. Kriegman, Acquiring linear subspaces for face recognition under variable lighting. IEEE Trans. Pattern Anal. Mach. Intell. **27**, 684–698 (2005)
131. V. Lepetit, F. Moreno-Noguer, P. Fua, EPnP: an accurate O(n) solution to the PnP problem. Int. J. Comput. Vis. **81**, 155–166 (2009)
132. S.Z. Li, A.K. Jain, *Handbook of Face Recognition* (Springer, New York, 2011)
133. S.Z. Li, Z. Zhang, Floatboost learning and statistical face detection. IEEE Trans. Pattern Anal. Mach. Intell. **26**, 1112–1123 (2004)
134. R. Lienhart, A. Kuranov, V. Pisarevsky, Empirical analysis of detection cascades of boosted classifiers for rapid object detection, in *Proceedings of Joint Pattern Recognition Symposium* (2003), pp. 297–304
135. R. Lienhart, J. Maydt, An extended set of Haar-like features for rapid object detection, in *Proceedings of International Conference on Image Processing*, vol. 1 (2002)
136. H. Lili, M. Barth, Tightly-coupled LIDAR and computer vision integration for vehicle detection, in *Proceedings of Intelligent Vehicles Symposium* (2009), pp. 604–609
137. Y. Lin, F. Guo, S. Li, Road obstacle detection in stereo vision based on UV-disparity. J. Inf. Comput. Sci. **11**, 1137–1144 (2014)
138. P. Lindner, G. Wanielik, 3D LIDAR processing for vehicle safety and environment recognition, in *Proceedings of IEEE Workshop Computational Intelligence in Vehicles and Vehicular Systems* (2009), pp. 66–71
139. C. Liu, H.Y. Shum, Kullback–Leibler boosting, in *Proceedings of IEEE Computer Vision Pattern Recognition* (2003), pp. 587–594
140. Y.K. Liu, B. Žalik, An efficient chain code with Huffman coding. Pattern Recognit. **38**, 553–557 (2005)

141. M. Ljung, H. Fagerlind, P. Lövsund, J. Sandin, Accident investigations for active safety at CHALMERS – new demands require new methodologies. Veh. Syst. Dyn. **45**, 881–894 (2007)
142. S.P. Lloyd, Least square quantization in PCM. Bell Telephone Laboratories Paper (1982)
143. C. Long, X. Wang, G. Hua, M. Yang, Y. Lin, Accurate object detection with location relaxation and regionlets relocalization, in *Proceedings of Asian Conference of Computer Vision* (2014), pp. 260–275
144. A.M. Lopez, J. Serrat, C. Canero, F. Lumbreras, T. Graf, Robust lane markings detection and road geometry computation. Int. J. Automot. Technol. **11**, 395–407 (2010)
145. B.S. Lucas, T. Kanade, An iterative image registration technique with an application to stereo vision, in *Proceedings of International Joint Conference on Artificial Intelligence*, vol. 2 (1981), pp. 674–679
146. M.J. Lyons, S. Akamatsu, M. Kamachi, J. iro Gyoba, The Japanese female facial expression database (2013), www.kasrl.org/jaffe.html
147. A. Majumder, L. Behera, V.K. Subramanian, Automatic and robust detection of facial features in frontal face images, in *Proceedings of International Conference on Computer Modelling and Simulation* (2011), pp. 331–336
148. A.M. Malla, P.R. Davidson, P.J. Bones, R. Green, R.D. Jones, Automated video-based measurement of eye closure for detecting behavioral microsleep, in *Proceedings of IEEE International Conference on Engineering Medicine Biology Society* (2010), pp. 6741–6744
149. E.H. Mamdani, Application of fuzzy logic to approximate reasoning using linguistic synthesis. IEEE Trans. Comput. **100**, 1182–1191 (1977)
150. J. Marin, D. Vazquez, A.M. Lopez, J. Amores, B. Leibe, Random forests of local experts for pedestrian detection, in *Proceedings of IEEE International Conference on Computer Vision* (2013), pp. 2592–2599
151. M. Marron, J.C. Garcia, M.A. Sotelo, M. Cabello, D. Pizarro, F. Huerta, J. Cerro, Comparing a Kalman filter and a particle filter in a multiple objects tracking application, in *Proceedings of IEEE International Symposium on Intelligent Signal Processing* (2007), pp. 1–6
152. P. Martin Larsen, Industrial applications of fuzzy logic control. Int. J. Man-Mach. Stud. **12**, 3–10 (1980)
153. P. Martins, J. Batista, Monocular head pose estimation, in *Proceedings of International Conference on Image Analysis Recognition* (2008), pp. 357–368
154. H. Masnadi-Shirazi, N. Vasconcelos, Cost-sensitive boosting. IEEE Trans. Pattern Anal. Mach. Intell. **33**, 294–309 (2011)
155. J. Matas, C. Galambos, J. Kittler, Robust detection of lines using the progressive probabilistic Hough transform. Comput. Vis. Image Underst. **78**, 119–137 (2000)
156. J.C. McCall, M.M. Trivedi, Video-based lane estimation and tracking for driver assistance: survey, system, and evaluation. IEEE Trans. Intell. Transp. Syst. **7**, 20–37 (2006)
157. J.C. McCall, M.M. Trivedi, Driver behavior and situation aware brake assistance for intelligent vehicles. Proc. IEEE **95**, 374–387 (2007)
158. G.J. McLachlan, T. Krishnan, The EM algorithm and its extensions. J. Am. Stat. Assoc. **93**, 403–405 (1997)
159. F. Meng-Yin, H. Yuan-Shui, A survey of traffic sign recognition, in *Proceedings of International Conference on Wavelet Analysis Pattern Recognition* (2010), pp. 119–124
160. Mercedes Benz Tech Centre, Distronic Plus with Steering Assist (2013), techcenter.mercedes-benz.com/en/distronic_plus_steering_assist/detail.html
161. T.P. Michalke, F. Stein, U. Franke, Towards a closer fusion of active and passive safety: optical flow-based detection of vehicle side collisions, in *Proceedings of IEEE Intelligent Vehicle Symposium* (2011), pp. 181–188
162. V. Milanés, J. Pérez, J. Godoy, E. Onieva, A fuzzy aid rear-end collision warning/avoidance system. Expert Syst. Appl. **39**, 9097–9107 (2012)
163. M. Miyaji, M. Danno, H. Kawanaka, K. Oguri, Driver's cognitive distraction detection using AdaBoost on pattern recognition basis, in *Proceedings of IEEE International Conference on Vehicular Electronics Safety* (2008), pp. 51–56

164. M. Miyaji, H. Kawanaka, K. Oguri, Effect of pattern recognition features on detection for driver's cognitive distraction, in *Proceedings of IEEE International Conference on Intelligent Transportation Systems* (2010), pp. 605–610
165. A. Møgelmose, M.M. Trivedi, T.B. Moeslund, Vision based traffic sign detection and analysis for intelligent driver assistance systems: perspectives and survey. IEEE Trans. Intell. Transp. Syst. **13**, 1484–1497 (2012)
166. G. Monteiro, M. Ribeiro, J. Marcos, J. Batista, Wrongway drivers detection based on optical flow, in *Proceedings of IEEE International Conference on Image Processing*, vol. 5 (2007), pp. 141–144
167. S. Morales, Performance evaluation tools for stereo vision analysis in uncontrolled environments. PhD thesis, Department of Computer Science, The University of Auckland (2012)
168. S. Morales, R. Klette, A third eye for performance evaluation in stereo sequence analysis, in *Proceedings of International Conference on Computer Analysis Images Patterns*. LNCS 5702 (2009), pp. 1078–1086
169. M. Mori, C. Miyajima, P. Angkititrakul, T. Hirayama, L. Yiyang, N. Kitaoka, K. Takeda, Measuring driver awareness based on correlation between gaze behavior and risks of surrounding vehicles, in *Proceedings of IEEE Conference on Intelligent Transportation Systems* (2012), pp. 644–647
170. S. Motoyama, T. Ohta, T. Watanabe, Y. Ito, Development of lane departure warning system, in *Proceedings of ITS World Congress* (2000), pp. 1–8
171. F. Moutarde, B. Stanciulescu, A. Breheret, Real-time visual detection of vehicles and pedestrians with new efficient AdaBoost features, in *Proceedings of 2nd Workshop Planning Perception Navigation Intelligent Vehicles* (2008), pp. 1–7
172. MUCT Face Dataset (2014), www.milbo.org/muct/
173. S. Müller-Schneiders, C. Nunn, M. Meuter, Performance evaluation of a real time traffic sign recognition system, in *Proceedings of IEEE Conference on Intelligent Vehicles Symposium* (2008), pp. 79–84
174. E. Murphy-Chutorian, M.M. Trivedi, Head pose estimation in computer vision: a survey. IEEE Trans. Pattern Anal. Mach. Intell. **31**, 607–626 (2009)
175. E. Murphy-Chutorian, M.M. Trivedi, Head pose estimation and augmented reality tracking: an integrated system and evaluation for monitoring driver awareness. IEEE Trans. Intell. Transp. Syst. **11**, 300–311 (2010)
176. W. Murray, Improving work-related road safety in New Zealand – a research report. Department of Labour, Wellington (2007)
177. J.E. Naranjo, M.A. Sotelo, C. Gonzalez, R. Garcia, M.A. Sotelo, Using fuzzy logic in automated vehicle control. Intell. Syst. **22**, 36–45 (2007)
178. National Highway Traffic Safety Administration, Traffic safety facts, U.S. Department of Transportation (2013)
179. New Zealand Ministry of Transport, Motor vehicle crash fact sheets (2010)
180. J. Ocken, V2X telematics: taking ADAS to the next level (2011), analysis.telematicsupdate.com/v2x-safety/v2x-telematics-taking-adas-next-level
181. E. Ohn-Bar, A. Tawari, S. Martin, M.M. Trivedi, On surveillance for safety critical events: in-vehicle video networks for predictive driver assistance systems. Comput. Vis. Image Underst. **134**, 130–140 (2015)
182. E. Ohn-Bar, M.M. Trivedi, Beyond just keeping hands on the wheel: towards visual interpretation of driver and motion patterns, in *Proceedings of IEEE Conference on Intelligent Transportation Systems* (2014), pp. 1245–1250
183. E. Ohn-Bar, M. Trivedi, Fast and robust object detection using visual subcategories, in *Proceedings of IEEE Computer Vision Pattern Recognition Workshops* (2014), pp. 179–184
184. T. Ojala, M. Pietikainen, T. Maenpaa, Multiresolution gray-scale and rotation invariant texture classification with local binary patterns. IEEE Trans. Pattern Anal. Mach. Intell. **24**, 971–987 (2002)
185. R. O'Malley, M. Glavin, E. Jones, Vehicle detection at night based on tail-light detection, in *Proceedings of International Symposium on Vehicular Computing Systems*, vol. 2224 (2008)

186. R. O'Malley, E. Jones, M. Glavin, Rear-lamp vehicle detection and tracking in low-exposure color video for night conditions. IEEE Trans. Intell. Transp. Syst. **11**, 453–462 (2010)
187. M. Osadchy, Y. Le Cun, M.L. Miller, Synergistic face detection and pose estimation with energy-based models. J. Mach. Learn. Res. **8**, 1197–1215 (2007)
188. H. Pan, Y. Zhu, L. Xia, Efficient and accurate face detection using heterogeneous feature descriptors and feature selection. Comput. Vis. Image Underst. **117**, 12–28 (2013)
189. C. Papageorgiou, T. Poggio, A trainable system for object detection. Int. J. Comput. Vis. **38**, 15–33 (2000)
190. M. Pavlic, G. Rigoll, S. Ilic, Classification of images in fog and fog-free scenes for use in vehicles, in *Proceedings of IEEE Intelligent Vehicles Symposium* (2013), pp. 481–486
191. M.T.R. Peiris, R.D. Jones, P.R. Davidson, P.J. Bones, Detecting behavioral microsleeps from EEG power spectra, in *Proceedings of IEEE Conference on Engineering Medicine Biology Society* (2006), pp. 5723–5726
192. M.T.R. Peiris, R.D. Jones, P.R. Davidson, G.J. Carroll, P.J. Bones, Frequent lapses of responsiveness during an extended visuomotor tracking task in non-sleep-deprived subjects. J. Sleep Res. **15**, 291–300 (2006)
193. F. Peyret, J. Laneurit, D. Bétaille, A novel system using enhanced digital maps and WAAS for a lane-level positioning, in *Proceedings of World Congress Intelligent Transport Systems* (2008), pp. 1–12
194. M.T. Pham, T.J. Cham, Fast training and selection of Haar features using statistics in boosting-based face detection, in *Proceedings of IEEE International Conference on Computer Vision* (2007), pp. 1–7
195. M.T. Pham, Y. Gao, V.T.D. Houng, T.J. Cham, Fast polygonal integration and its application in extending Haar-like features to improve object detection, in *Proceedings of IEEE Computer Vision Pattern Recognition* (2010), pp. 942–949
196. P.J. Phillips, H. Moon, S.A. Rizvi, P.J. Rauss, The FERET evaluation methodology for face-recognition algorithms. IEEE Trans. Pattern Anal. Mach. Intell. **22**, 1090–1104 (2000)
197. PICS Image Database, Psychology Department, University of Stirling (2011), pics.psych.stir.ac.uk/
198. D. Ponsa, A.M. Lopez, F. Lumbreras, J. Serrat, T. Graf, 3D vehicle sensor based on monocular vision, in *Proceedings of IEEE Conference on Intelligent Transportation Systems* (2005), pp. 1096–1101
199. D. Ponsa, A.M. Lopez, J. Serrat, F. Lumbreras, T. Graf, Multiple vehicle 3D tracking using an unscented Kalman filter, in *Proceedings of IEEE Conference on Intelligent Transportation Systems* (2005), pp. 1108–1113
200. E. Portouli, E. Bekiaris, V. Papakostopoulos, N. Maglaveras, On-road experiment for collecting driving behavioural data of sleepy drivers. Somnologie Schlafforschung Schlafmedizin **11**, 259–267 (2007)
201. R. Preiß, C. Gruner, T. Schilling, H. Winter, Mobile vision – developing and testing of visual sensors for driver assistance systems, in *Proceedings of Advanced Microsystems Automotive Applications*. VDI-Buch (2004), pp. 95–107
202. C. Premebida, G. Monteiro, U. Nunes, P. Peixoto, A Lidar and vision-based approach for pedestrian and vehicle detection and tracking, in *Proceedings of IEEE Conference on Intelligent Transportation Systems Conference* (2007), pp. 1044–1049
203. Z.M. Qian, H.X. Shi, J.K. Yang, Video vehicle detection based on local feature. Adv. Mater. Res. **186**, 56–60 (2011)
204. L. Qiong, P. Guang-zheng, A robust skin color based face detection algorithm, in *Proceedings of International Asian Conference on Informatics Control Automation Robotics* (2010), pp. 525–528
205. H. Rein-Lien, M. Abdel-Mottaleb, A.K. Jain, Face detection in color images. IEEE Trans. Pattern Anal. Mach. Intell. **24**, 696–706 (2002)
206. M. Rezaei, R. Klette, 3D cascade of classifiers for open and closed eye detection in driver distraction monitoring, in *Proceedings of Computer Analysis Images Patterns*. LNCS 6855 (2011), pp. 171–179

207. M. Rezaei, R. Klette, Simultaneous analysis of driver behaviour and road condition for driver distraction detection. Int. J. Image Data Fusion **2**, 217–236 (2011)
208. M. Rezaei, R. Klette, Adaptive Haar-like classifier for eye status detection under non-ideal lighting conditions, in *Proceedings of International Conference on Image Vision Computing New Zealand* (ACM, 2012), pp. 521–526
209. M. Rezaei, R. Klette, Artistic rendering of human portraits paying attention to facial features, in *Proceedings of International Conference on Arts Technology*. LNCS 101 (Springer, 2012), pp. 90–99
210. M. Rezaei, R. Klette, Novel adaptive eye detection and tracking for challenging lighting condition, in *Proceedings of Asian Conference on Computer Vision Workshops*. LNCS 7729 (2013), pp. 427–440
211. M. Rezaei, R. Klette, Look at the driver, look at the road: No distraction! No accident! in *Proceedings of IEEE Computer Vision Pattern Recognition* (2014), pp. 129–136
212. M. Rezaei, J. Lin, R. Klette, Hybrid filter blending to maintain facial expressions in rendered human portraits. Int. J. Arts Technol. **7**, 128–147 (2014)
213. M. Rezaei, M. Terauchi, Vehicle detection based on multi-feature clues and Dempster–Shafer fusion theory, in *Proceedings of Pacific-Rim Symposium on Image Video Technology* (2013), pp. 60–72
214. M. Rezaei, M. Terauchi, iROADS dataset (Intercity Roads and Adverse Driving Scenarios), EISATS, Set 10 (2014), ccv.wordpress.fos.auckland.ac.nz/eisats/set-10/
215. M. Rezaei, M. Terauchi, R. Klette, Monocular vehicle detection and distance estimation under challenging lighting conditions. IEEE Trans. Intell. Transp. Syst. **16**, 2723–2743 (2014)
216. M. Rezaei, H. Ziaei Nafchi, S. Morales, Global Haar-like features: a new extension of classic Haar features for efficient face detection in noisy images, in *Proceedings of Pacific-Rim Symposium on Image Video Technology*. LNCS 8333 (2013), pp. 302–313
217. B. Ristic, S. Arulampalam, N. Gordon, *Beyond the Kalman Filter: Particle Filters for Tracking Applications* (Artech House, London, 2004)
218. G. Ros, A. Sappa, D. Ponsa, A.M. Lopez, Visual SLAM for driverless cars: a brief survey, in *Proceedings of IEEE Intelligent Symposium on Workshop* (2012), pp. 1–6
219. G. Ros, S. Ramos, M. Granados, A.H. Bakhtiary, D. Vazquez, A.M. Lopez, in *Proceedings of IEEE Winter Conference on Applications Computer Vision* (2015), pp. 231–238
220. T.J. Ross, *Fuzzy Logic with Engineering Applications* (Wiley, Hoboken 2009)
221. E. Rosten, T. Drummond, Machine learning for high-speed corner detection, in *Proceedings of European Conference on Computer Vision* (2006), pp. 430–443
222. J.C. Rubio, J. Serrat, A.M. Lopez, D. Ponsa, Multiple target tracking for intelligent headlights control. IEEE Trans. Intell. Transp. Syst. **13**, 594–609 (2012)
223. E. Rublee, V. Rabaud, K. Konolige, G. Bradski, ORB: an efficient alternative to SIFT or SURF, in *Proceedings of IEEE International Conference on Computer Vision* (2011), pp. 2564–2571
224. H. Ryu, J. Yoon, S. Chun, S. Sull, Coarse-to-fine classification for image-based face detection, in *Proceedings of International Conference on Image Video Retrieval* (2006), pp. 291–299
225. M.J. Saberian, N. Vasconcelos, Boosting classifier cascades, in *Proceedings of the Neural Information Processing Systems* (2010)
226. M.J. Saberian, N. Vasconcelos, Learning optimal embedded cascades. IEEE Trans. Pattern Anal. Mach. Intell. **34**, 2005–2018 (2012)
227. D. Santos, P.L. Correia, Car recognition based on back lights and rear view features, in *Proceedings of the Image Analysis Multimedia Interactive Services* (2009), pp. 137–140
228. M. Sarshar, M. Rezaei, A novel system for advanced driver assistance systems, in *Proceedings of the IEEE Systems Conference* (2013), pp. 529–534
229. S. Schmidt, R. Steele, T.S. Dillon, Towards usage policies for fuzzy inference methodologies for trust and QoS assessment, in *Proceedings of the Computational Intelligence Theory Applications* (2006) pp. 263–274

230. M. Schreier, V. Willert, Robust free space detection in occupancy grid maps by methods of image analysis and dynamic B-spline contour tracking, in *Proceedings of the IEEE Conference on Intelligent Transportation Systems* (2012), pp. 514–521
231. Y. Sekimoto, Y. Matsubayashi, H. Yamada, R. Imai, T. Usui, H. Kanasugi, Light weight lane positioning of vehicles using a smartphone GPS by monitoring the distance from the center line, in *Proceedings of the IEEE Conference on Intelligent Transportation Systems* (2012), pp. 1561–1565
232. A. Selloum, D. Bétaille, E. Le Carpentier, F. Peyret, Robustification of a map aided location process using road direction, in *Proceedings of the IEEE Conference on Intelligent Transportation Systems* (2010), pp. 1504–1510
233. R. Senaratne, B. Jap, S. Lal, A. Hsu, S. Halgamuge, P. Fischer, Comparing two video-based techniques for driver fatigue detection: classification versus optical flow approach. Mach. Vis. Appl. **22**, 597–618 (2011)
234. G. Shafer, *A Mathematical Theory of Evidence* (Princeton University Press, Princeton, 1976)
235. J. Shi, C. Tomasi, Good features to track, in *Proceedings of the IEEE Computer Vision Pattern Recognition* (1994), pp. 593–600
236. B.-S. Shin, D. Caudillo, R. Klette, Evaluation of two stereo matchers on long real-world video sequences. Pattern Recognit. **48**, 113–1124 (2014)
237. B.-S. Shin, Z. Xu, R. Klette, Visual lane analysis and higher-order tasks: a concise review. Mach. Vis. Appl. **25**, 1519–1547 (2014)
238. J. Shotton, A. Fitzgibbon, M. Cook, T. Sharp, M. Finocchio, R. Moore, A. Kipman, A. Blake, Real-time human pose recognition in parts from single depth images. Stud. Comput. Intell. **411**, 119–135 (2013)
239. M.H. Sigari, Driver hypo-vigilance detection based on eyelid behavior, in *Proceedings of the International Conference on Advances Pattern Recognition* (2009), pp. 426–429
240. S. Sivaraman, M.M. Trivedi, Looking at vehicles on the road: a survey of vision-based vehicle detection, tracking and behavior analysis. IEEE Trans. Intell. Transp. Syst. **14**, 1773–1795 (2013)
241. S. Sivaraman, M.M. Trivedi, Looking at vehicles on the road: a survey of vision-based vehicle detection, tracking, and behavior analysis. IEEE Conf. Intell. Transp. Syst. **14**, 1773–1795 (2013)
242. A. Soria-Frisch, R. Verschae, A. Olano, Fuzzy fusion for skin detection. Fuzzy Sets Syst. **158**, 325–336 (2007)
243. M.Á. Sotelo, J. Barriga, Blind spot detection using vision for automotive applications. J. Zhejiang Univ. Sci. A **9**, 1369–1372 (2008)
244. G.P. Stein, Y. Gdalyahu, A. Shashua, Stereo-assist: top-down stereo for driver assistance systems, in *Proceedings of the IEEE Intelligent Vehicles Symposium* (2010), pp. 723–730
245. V. Struc, B. Vesnicer, F. Mihelic, N. Pavesic, Removing illumination artifacts from face images using the nuisance attribute projection, in *Proceedings of the IEEE Conference on Acoustics Speech Signal Processing* (2011), pp. 846–849
246. V.B. Subburaman, S. Marcel, Alternative search techniques for face detection using location estimation and binary features. Comput. Vis. Image Underst. **117**, 551–570 (2013)
247. J. Sun, N.N. Zheng, H.Y. Shum, Stereo matching using belief propagation. IEEE Trans. Pattern Anal. Mach. Intell. **25**, 787–800 (2003)
248. Synthetic Lane Data (2013), www.cvc.uab.es/adas/projects/lanemarkings/IJAT/videos.html
249. T. Takagi, M. Sugeno, Fuzzy identification of systems and its applications to modeling and control. IEEE Trans. Syst. Man Cybern. **1**, 116–132 (1985)
250. J. Tao, B.-S. Shin, R. Klette, Wrong roadway detection for multi-lane roads, in *Proceedings of the International Conference on Computer Analysis Images Patterns* (2013), pp. 50–58
251. A. Tawari, K.H. Chen, M.M. Trivedi, Where is the driver looking: analysis of head, eye and iris for robust gaze zone estimation, in *Proceedings of the IEEE Intelligent Transportation Systems Conference* (2014), pp. 988–994

252. A. Tawari, S. Sivaraman, M.M. Trivedi, T. Shanon, M. Tippelhofer, Looking-in and looking-out vision for urban intelligent assistance: estimation of driver attention and dynamic surround for safe merging and braking, in *Proceedings of the IEEE Intelligent Vehicles Symposium* (2014), pp. 115–120
253. Technology award for BLIS in 2006 (2006), www.roadsafetyawards.com/national/view.aspx?winnerid=107
254. L. Teijeiro-Mosquera, J.L. Alba-Castro, Recursive pose dependent AAM: application to drivers' monitoring, in *Proceedings of the IEEE Intelligent Vehicles Symposium* (2011), pp. 356–361
255. K. Teknomo, *k*-means clustering tutorials. Medicine **100**, 1–12 (2005)
256. C. Tomasi, T. Kanade, Detection and tracking of point features. Technical report CMU-CS-91-132. Int. J. Comput. Vis. (1991)
257. G. Toulminet, M. Bertozzi, S. Mousset, A. Bensrhair, A. Broggi, Vehicle detection by means of stereo vision-based obstacles features extraction and monocular pattern analysis. IEEE Trans. Image Process. **15**, 2364–2375 (2006)
258. C. Tran, A. Doshi, M.M. Trivedi, Modeling and prediction of driver behavior by foot gesture analysis. Comput. Vis. Image Underst. **116**, 435–445 (2012)
259. B. Triggs, P. McLauchlan, R. Hartley, A. Fitzgibbon, Bundle adjustment – a modern synthesis, in *Proceedings of the Vision Algorithms Theory Practice* (2000), pp. 298–375
260. M.M. Trivedi, S.Y. Cheng, E. Childers, S. Krotosky, Occupant posture analysis with stereo and thermal infrared video: algorithms and experimental evaluation. IEEE Trans. Veh. Technol. **53**, 1698–1712 (2004)
261. M.M. Trivedi, T. Gandhi, J. McCall, Looking-in and looking-out of a vehicle: computer-vision-based enhanced vehicle safety. IEEE Trans. Intell. Transp. Syst. **8**, 108–120 (2007)
262. W. Tsao, A.J.T. Lee, Y. Liu, T. Chang, H. Lin, A data mining approach to face detection. Pattern Recognit. **43**, 1039–1049 (2010)
263. S. Tuohy, D. O'Cualain, E. Jones, M. Glavin, Distance determination for an automobile environment using inverse perspective mapping in OpenCV, in *Proceedings of the Signals and Systems Conference* (2010), pp. 100–105
264. TurboSquid (2013), www.turbosquid.com/Search/3D-Models/face
265. U.S. Department of Transportation, National Highway Traffic Safety Administration. The impact of driver inattention on near-crash/crash risk. DOT HS 810 594 (2006)
266. U.S. Department of Transportation, Research and Innovation Technology Administration, Vehicle-to-vehicle (V2V) communications for safety (2013), www.its.dot.gov/research/v2v.htm
267. M. Vargas, J.M. Milla, S.L. Toral, F. Barrero, An enhanced background estimation algorithm for vehicle detection in urban traffic scenes. IEEE Trans. Veh. Technol. **59**, 3694–3709 (2010)
268. N. Vinh Dinh, N. Thuy Tuong, N. Dung Duc, J. Jae Wook, Toward real-time vehicle detection using stereo vision and an evolutionary algorithm, in *Proceedings of the Vehicular Technology Conference* (2012), pp. 1–5
269. P. Viola, M. Jones, Rapid object detection using a boosted cascade of simple features, in *Proceedings of the IEEE Computer Vision Pattern Recognition*, vol. 1 (2001), pp. 511–518
270. P. Viola, M. Jones, Robust real-time face detection, in *IEEE International Conference on Computer Vision* (2001), pp. 1–8
271. P. Viola, M. Jones, Robust real-time face detection. Int. J. Comput. Vis. **57**, 137–154 (2004)
272. Virginia Tech Transportation Institute, 100-car naturalistic driving study fact sheet (2005)
273. Visage Tech (2014), http://www.visagetechnologies.com/
274. C. Wang, H. Zhang, M. Yang, X. Wang, L. Ye, C. Guo, Automatic parking based on a bird's eye view vision system. Adv. Mech. Eng. **6**, 1–13 (2014)
275. H. Wang, L.B. Zhou, Y. Ying, A novel approach for real time eye state detection in fatigue awareness system, in *Proceedings of Robotics Automation Mechatronics* (2010), pp. 528–532
276. R. Wang, L. Guo, B. Tong, L. Jin, Monitoring mouth movement for driver fatigue or distraction with one camera, in *Proceedings of IEEE International Conference on Intelligent Transportation Systems* (2004), pp. 314–319

277. W. Wang, Y. Mao, J. Jin, X. Wang, H. Guo, X. Ren, K. Ikeuchi, Driver's various information process and multi-ruled decision-making mechanism: a fundamental of intelligent driving shaping model. Int. J. Comput. Intell. Syst. **4**, 297–305 (2011)
278. X. Wang, M. Yang, S. Zhou, Y. Lin, Regionlets for generic object detection, in *Proceedings of the IEEE Confernce on Computer Vision* (2013), pp. 17–24
279. A. Wedel, H. Badino, C. Rabe, H. Loose, U. Franke, D. Cremers, B-spline modeling of road surfaces with an application to free-space estimation. IEEE Trans. Intell. Transp. Syst. **10**, 572–583 (2009)
280. A. Wedel, U. Franke, H. Badino, D. Cremers, B-spline modeling of road surfaces for freespace estimation, in *Proceedings of the IEEE Intelligent Vehicles Symposium* (2008), pp. 828–833
281. Y. Wei, U. Stilla, Comparison of two methods for vehicle extraction from airborne LiDAR data toward motion analysis. Geosci. Remote Sens. Lett. **8**, 607–611 (2011)
282. W. Wen, C. Xilin, Y. Lei, Detection of text on road signs from video. IEEE Trans. Intell. Transp. Syst. **6**, 378–390 (2005)
283. WHO 2013 Global status report on road safety (2013), www.who.int/violence_injury_prevention/road_safety_status/2013/en/
284. W.W. Wierwille, L.A. Ellsworth, Evaluation of driver drowsiness by trained raters. Accid. Anal. Prev. **26**, 571–581 (1994)
285. W.S. Wijesoma, K.R.S. Kodagoda, A.P. Balasuriya, Road-boundary detection and tracking using ladar sensing. IEEE Trans. Robot. Autom. **20**, 456–464 (2004)
286. Wikipedia, Automobile safety (2013), en.wikipedia.org/wiki/Automobile_safety
287. Wikipedia, *k*-means clustering (2016), en.wikipedia.org/wiki/K-means_clustering
288. Wikipedia, Radar gun (2013), en.wikipedia.org/wiki/Radar_speed_gun
289. P.I. Wilson, J. Fernandez, Facial feature detection using Haar classifiers. J. Comput. Sci. Coll. **21**, 127–133 (2006)
290. J. Wiśniewska, M. Rezaei, R. Klette, Robust eye gaze estimation, in *Proceedings of the IEEE International Conference on Computer Vision Graphics* (2014), pp. 636–644
291. World Health Organization (WHO), Road traffic injuries. Fact sheet No. 358 (2013)
292. World recognized Haar classifier contributors for face and eye detection (2014), code.opencv.org/projects/opencv/wiki/Contributors?version=3
293. D. Wu, Twelve considerations in choosing between Gaussian and trapezoidal membership functions in interval type-2 fuzzy logic controllers, in *Proceedings of the IEEE Conference on Fuzzy Systems* (2012), pp. 1–8
294. Z. Xiangxin, D. Ramanan, Face detection, pose estimation, and landmark localization in the wild, in *Proceedings of the IEEE Computer Vision Pattern Recognition* (2012), pp. 2879–2886
295. J. Xiao, S. Baker, I. Matthews, T. Kanade, Real-time combined 2D+3D active appearance models, in *Proceedings of the IEEE Computer Vision Pattern Recognition* (2004), pp. 535–542
296. J. Xiao, T. Fang, P. Zhao, M. Lhuilier, L. Quan, Image-based street-side city modeling. ACM Trans. Graph. **28**, article no.114 (2009)
297. R. Xiao, L. Zhu, H.J. Zhang, Boosting chain learning for object detection, in *Proceedings of the IEEE Conference on Computer Vision* (2003), pp. 709–715
298. H. Xinwen, L. Cheng-Lin, T. Tieniu, Learning boosted asymmetric classifiers for object detection, in *Proceedings of the IEEE Computer Vision Pattern Recognition* (2006), pp. 330–338
299. W. Xuezhi, Y. Huai, Y. Chunyang, S. Chunyan, D. Bobo, Z. Hong, Improved Haar wavelet feature extraction approaches for vehicle detection, in *Proceedings of the IEEE Conference on Intelligent Transportation Systems* (2007), pp. 1050–1053
300. YALE Face Database (2013), vision.ucsd.edu/~iskwak/ExtYaleDatabase/ Yale20Face20-Database.htm
301. M.H. Yang, D. Kriegman, N. Ahuja, Detecting faces in images: a survey. IEEE Trans. Pattern Anal. Mach. Intell. **24**, 34–58 (2002)

302. W. Yan-Wen, A. Xue-Yi, Face detection in color images using AdaBoost algorithm based on skin color information, in *Proceedings of the International Workshop Knowledge Discovery Data Mining* (2008), pp. 339–342
303. J.J. Yebes, L.M. Bergasa, R. Arroyo, A. Lazaro, Supervised learning and evaluation of KITTI's cars detector with DPM, in *Proceedings of the IEEE Intelligent Vehicle Symposium* (2014), pp. 768–773
304. M. Yu, G. Ma, 360° surround view system with parking guidance. SAE Int. J. Commer. Veh. **7**, 19–24 (2014)
305. L.A. Zadeh, Is there a need for fuzzy logic? Inf. Sci. **178**, 2751–2779 (2008)
306. O.R. Zaiane, Principals of knowledge discovery in data. University of Alberta (2016)
307. E. Zaytseva, S. Segui, J. Vitria, Sketchable histograms of oriented gradients for object detection, in *Proceedings of the Iberoamerican Congress Pattern Recognition* (2012), pp. 374–381
308. S. Zehang, G. Bebis, R. Miller, On-road vehicle detection: a review. IEEE Trans. Pattern Anal. Mach. Intell. **28**, 694–711 (2006)
309. Y. Zeng, R. Klette, Multi-run 3D streetside reconstruction from a vehicle, in *Proceedings of the International Conference on Computer Analysis Images Patterns*. LNCS 8047 (2013), pp. 580–588
310. C. Zhang, Z. Zhang, A survey of recent advances in face detection. Microsoft Research. Technical Report MSR-TR-2010-66 (2010)
311. C. Zhang, Z. Zhang, *Face Detection and Adatation*. Synthesis Lectures Computer Vision, vol. 2 (Morgan and Claypool Publishers, San Rafael, 2010)
312. X. Zhang, Y. Gao, Face recognition across pose: a review. Pattern Recognit. **42**, 2876–2896 (2009)
313. Z. Zhang, Y. Shan, Incremental motion estimation through local bundle adjustment Microsoft Research. Technical report MSR-TR-01-54 (2001)
314. K. Zhao, M. Meuter, C. Nunn, D. Muller, S. Muller-Schneiders, J. Pauli, A novel multi-lane detection and tracking system, in *Proceedings of the IEEE Intelligent Vehicles Symposium* (2012), pp. 1084–1089
315. N. Zhiheng, S. Shiguang, Y. Shengye, C. Xilin, G. Wen, 2D cascaded AdaBoost for eye localization, in *Proceedings of the International Conference on Pattern Recognition* (2006), pp. 1216–1219
316. Z. Zhu, Q. Ji, Robust real-time eye detection and tracking under variable lighting conditions and various face orientations. Comput. Vis. Image Underst. **98**, 124–154 (2005)
317. P. Zoratti, Automotive driver assistance systems: using the processing power of FPGAs. *EE Catalog*, vol. 1.0 (2011), pp. 1–8
318. K. ZuWhan, Robust lane detection and tracking in challenging scenarios. IEEE Trans. Intell. Transp. Syst. **9**, 16–26 (2008)

Translation from the English language edition:
Computer Vision for Driver Assistance Simultaneous Traffic and Driver Monitoring.
By Mahdi Rezaei and Reinhard Klette.
Copyright © Springer International Publishing AG 2017.
This Springer imprint is published by Springer Nature.
The registered company is Springer International Publishing AG.
All Rights Reserved.
版权所有，侵权必究。
北京市版权局著作权合同登记：图字01-2018-1650。

图书在版编目（CIP）数据

驾驶辅助系统计算机视觉技术/（伊朗）马哈迪·雷猜（Mahdi Rezaei），（新西兰）莱茵哈德·克莱特（Reinhard Klette）著；高振海，胡宏宇，沈传亮译. —北京：机械工业出版社，2020.7

（汽车先进技术译丛. 智能网联汽车系列）

书名原文：Computer Vision for Driver Assistance

ISBN 978-7-111-65456-8

Ⅰ. ①驾… Ⅱ. ①马…②莱…③高…④胡…⑤沈… Ⅲ. ①计算机视觉－应用－汽车驾驶－自动驾驶系统－辅助系统－研究 Ⅳ. ①U463.61

中国版本图书馆CIP数据核字（2020）第072589号

机械工业出版社（北京市百万庄大街22号　邮政编码100037）
策划编辑：孙　鹏　　责任编辑：孙　鹏　赵　帅
责任校对：刘雅娜　　封面设计：鞠　杨
责任印制：李　昂
北京汇林印务有限公司印刷
2020年8月第1版第1次印刷
169mm×239mm·12.5印张·20插页·265千字
0 001—2 500册
标准书号：ISBN 978-7-111-65456-8
定价：99.00元

电话服务	网络服务
客服电话：010-88361066	机　工　官　网：www.cmpbook.com
010-88379833	机　工　官　博：weibo.com/cmp1952
010-68326294	金　书　网：www.golden-book.com
封底无防伪标均为盗版	机工教育服务网：www.cmpedu.com